Genitori gentili

Titolo originale: *The Gentle Parenting Book*
Copyright © Sarah Ockwell-Smith 2016
First published in the United Kingdom
in the English language in 2016 by Piatkus,
an imprint of Little, Brown Book Group
Illustrazioni di Rodney Paull

Traduzione di Alessandra Armenise

www.giunti.it

© 2020 Giunti Editore S.p.A.
Via Bolognese 165 - 50139 Firenze - Italia
Via G.B. Pirelli 30 - 20124 Milano - Italia
Prima edizione: febbraio 2020

MISTO
Carta da fonti gestite
in maniera responsabile
FSC® C021883

Stampato presso Grafica Veneta S.p.A., stabilimento di Trebaseleghe

Sarah Ockwell-Smith

Genitori gentili

Interpretare le emozioni
per crescere figli calmi e felici

GIUNTI

Introduzione
Cos'è la genitorialità gentile?

Non dubitare mai che un gruppetto di cittadini coscienti e risoluti sia in grado di cambiare il mondo. In verità, è così che da sempre avviene ogni cambiamento.

Margaret Mead, antropologa culturale

Genitori tigre, genitori alla francese, genitori elicottero, genitori ruspanti... il ventunesimo secolo è stato inondato da nuove tendenze in fatto di metodi educativi. Non sarà eccessivo allungarne ulteriormente la lista?

E qui viene il bello della genitorialità gentile: non è una tendenza, non è un'etichetta utilizzata per identificare un modo specifico di fare qualcosa secondo il punto di vista di qualcuno. La genitorialità gentile è un ethos, un modo di essere. Tiene conto dei ritrovati scientifici attuali e della psicologia infantile, pur mantenendosi rispettosa delle pratiche tradizionali di puericultura. È una filosofia olistica che comprende la sfera emotiva, ma anche quella pratica, dell'essere genitori. In poche parole, è uno stile di vita che abbraccia il comportamento fisico e psicologico dei genitori, non solo nei confronti dei propri figli, ma anche nei confronti di sé stessi: essere genitori dovrebbe infatti essere una danza in equilibrio fra i propri bisogni e quelli dei bambini. Con un po' di pratica, questa danza può portare a qualcosa di molto bello e a una crescita impressionante di tutti gli individui coinvolti.

I genitori gentili possono venire dai percorsi di vita più disparati e fare le scelte più variegate. C'è chi opta per un parto naturale in casa, chi per un cesareo; chi porta i bambini nelle fasce, chi nel passeggino. Alcune mamme allattano al seno, altre usano il latte artificiale. Alcuni genitori scelgono di educare i propri figli a casa, altri di iscriverli a scuola. Tutti, però, hanno qualcosa in comune: le loro decisioni vengono prese attraverso un lavoro di informazione e autoeducazione e scaturiscono da rispetto ed empatia per i propri figli e per sé stessi. Questo vuol dire essere genitori gentili, niente di più e niente di meno.

Troppo a lungo essere genitori è stato visto come un campo di battaglia. Alcuni metodi genitoriali assegnano controllo totale ai genitori, per paura che i bambini, crescendo, diventino piccoli tiranni ingestibili; altri danno troppo controllo ai bambini, infondendo nei genitori la paura di imporre disciplina quando necessario, per timore di turbare i loro fragili pargoletti. La genitorialità gentile consiste nel trovare un equilibrio, dando ai bambini la giusta quantità di controllo, in un'età in cui siano in grado di gestirla, stabilendo allo stesso tempo limiti e paletti appropriati. Consiste nel tener conto degli effetti a lungo termine delle proprie azioni, così come della sicurezza dei bambini e delle aspettative della società.

Per quanto riguarda queste aspettative, i genitori gentili sono coscienti del fatto che molte delle credenze della società relative al comportamento di bambini più o meno piccoli sono poco realistiche e che alcune pratiche genitoriali odierne non solo vanno contro i bisogni dei bambini sul momento, ma potrebbero inibire il loro corretto sviluppo in futuro. I genitori gentili non hanno paura di mettere in discussione opinioni generalmente condivise, da chiunque queste vengano espresse, o di difendere i propri figli, anche quando il loro comportamento è giudicato negativamente dall'opinione corrente. I genitori gentili hanno una forte connessione con i propri figli, che li fa sentire sicuri, rispettati e valorizzati. In cambio, quest'atmosfera edificante aiuta i bambini a diventare adulti sicuri di sé e liberi pensatori.

I genitori gentili hanno una forte connessione con i propri figli, che li fa sentire sicuri, rispettati e valorizzati.

E cosa accadrebbe se tutti abbracciassero il concetto di genitorialità gentile? Il mondo cambierebbe? Penso proprio di sì.

I genitori gentili non sono perfetti

Essere genitori gentili non vuol dire essere perfetti. Tutti i genitori commettono errori. L'importante è imparare dai propri errori: capire cosa è successo, perché e come si può agire meglio la volta successiva. In questa prospettiva, che un genitore faccia un errore non è solo comprensibile, ma fondamentale. Perché è proprio quando non agiamo nel migliore dei modi, che possiamo imparare ad agire meglio in futuro. Essere genitori gentili vuol dire, quindi, accettarci in quanto imperfetti, perdonare i nostri errori e impegnarci a crescere come genitori. Così come i nostri figli, anche noi siamo in un processo di apprendimento. Abbiamo tutti giornate storte, giornate in cui alziamo la voce, giornate di cui ci vergogniamo. Ma essere genitori gentili vuol dire mantenere i piedi per terra e capire quando siamo stressati e abbiamo bisogno di un po' di tempo per noi stessi in modo da poter essere genitori migliori. Questa necessità è così importante che le ho dedicato un intero capitolo (vedi capitolo 10).

La genitorialità gentile non richiede altro che amore, dedizione e coerenza. Non è una scienza riservata a genitori naturalmente predisposti alla calma o eruditi, a genitori che decidono di restare a casa con i figli o a quelli con un figlio unico. Denaro, lauree e carattere non sono importanti, né lo sono il tipo di genitori con cui si è cresciuti, o se si è cominciato il proprio percorso da genitore usando un approccio diverso. Il capitolo 8 è dedicato a quei genitori che utilizzavano altri metodi, forse meno gentili, e stanno cercando un'altra via. Troverete anche una sezione dedicata a come affrontare le critiche dirette al vostro modo di essere genitore e cosa aspettarvi in termini di risultati (quando questi potrebbero iniziare a vedersi e cosa fare se la genitorialità gentile sembra non funzionare).

Perché la genitorialità gentile è importante?

Viviamo in un mondo in cui le cose sono più importanti delle persone. Tutto ruota intorno ad acquistare oggetti e a ricercarne sempre di più. Passiamo così tanto tempo rimuginando sul passato e pianificando il futuro, che ci dimentichiamo di vivere nel presente, spesso trascurando le cose davvero importanti. La nostra società è egoista, violenta e di corte vedute. Preferisce che ci si conformi ai più, piuttosto che rispettare l'individualità. E questo è il mondo a cui stiamo preparando i nostri figli. Ma dobbiamo davvero farli crescere in linea con quest'ideologia?

Cos'è più importante: la felicità o l'adeguamento al sistema? Possiamo crescere bambini che rispettino il proprio corpo e i propri pensieri, invece di creare le basi per futuri problemi di autostima e di accettazione della propria immagine? Possiamo crescere una generazione che prenda a cuore l'ambiente, invece di vedere tutto come veloce, facile e usa e getta? Paradossalmente, cercando di inserire i nostri figli nella società, ci dimentichiamo di cos'è davvero meglio per loro. Come possiamo sperare che cambi qualcosa nel mondo, se non mettiamo in discussione le credenze comunemente accettate e incoraggiamo i nostri figli a fare altrettanto?

La genitorialità gentile va oltre i singoli momenti passati con i propri figli: essere genitori gentili pone le basi per un futuro migliore per tutti noi. Essere genitori gentili vuol dire creare un futuro in cui la felicità non dipenda dalla casa in cui si vive, dalla macchina che si guida o dalla marca dei vestiti che si indossano. Vuol dire creare un futuro in cui la violenza sia drasticamente ridotta e in cui opinioni e credenze diverse non siano solo rispettate ma apprezzate. Un futuro in cui la disciplina non si ottenga infliggendo, ai membri più vulnerabili della società, pene corporali, dolore, esclusione, vergogna e colpe.

Paradossalmente, cercando di inserire i nostri figli nella società, ci dimentichiamo di cos'è davvero meglio per loro.

Opinioni comuni sull'educazione dei bambini durante il secolo scorso

Per capire meglio il modo in cui siamo stati cresciuti e le opinioni comunemente diffuse nella società odierna, penso sia importante analizzare l'evoluzione delle tendenze dominanti sull'educazione dei bambini nel corso del secolo scorso.

All'inizio del ventesimo secolo, si tendeva a esigere molto dai bambini e a rispondere poco ai loro bisogni, esercitando un forte controllo genitoriale: uno stile che può essere definito come autoritario. Nel 1913, Sir Frederick Truby King, medico fondatore della Plunket Society neozelandese (un servizio che fornisce una varietà di servizi per la salute dei bambini), pubblicò un libro sull'educazione dei bambini, intitolato *Feeding and Care of Baby* (Cura e alimentazione dei neonati). A Truby King viene attribuito il merito di un miglioramento radicale della nutrizione dei bambini in Nuova Zelanda, ma è più noto, forse, per il suo approccio autoritario alla disciplina e il suo ethos del distacco. Il medico consigliava, infatti, di adottare un rigido orario che prevedeva di allattare i neonati ogni quattro ore di giorno e di non allattarli affatto durante la notte. Raccomandava di far dormire i bambini nella loro cameretta fin dalla nascita, di lasciarli fuori nel passeggino per i riposini e di non coccolarli per più di dieci minuti al giorno. Ciò, riteneva egli, avrebbe lasciato il bambino libero di utilizzare tutta la sua energia per crescere e svilupparsi, senza essere disturbato dal legame con i genitori. Truby King sosteneva che la scuola dovesse temprare i bambini per prepararli al servizio militare e addestrare le bambine per diventare madri e brave donne di casa.

Nel 1928, lo psicologo americano John B. Watson pubblicò il libro *Psychological Care of Infant and Child* (Cura psicologica dell'infante e del bambino). Per Watson, i bambini venivano, in un certo senso, prodotti più che dati alla luce. Egli riteneva che il sentimento dell'amore nei neonati scaturisse dal contatto e dalle carezze, e, per questo, consigliava alle madri di non coccolare troppo i propri bambini, per evitare che diventassero adulti con un permanente bisogno di coccole e difficoltà a formare relazioni a causa di un attaccamento troppo forte alla propria madre. Watson sintetizzò le sue idee come segue: «Non abbracciateli né baciateli mai e non teneteli seduti in braccio. Se proprio dovete, baciateli sulla fronte e solo al momento della buonanotte. Salutateli con una stretta di mano al mattino. Premiateli con un buffetto sulla testa se hanno fatto un ottimo lavoro o portato a termine un compito particolarmente difficile». Inoltre, Watson enfatizzava l'importanza di una rigida tabella oraria che regolarizzasse tutte le aree della vita del bambino, stabilendo quando farli mangiare, bere, dormire, giocare e quando cambiargli il pannolino. Benché Watson sia famoso per le sue raccomandazioni dure e potenzialmente nocive, non tutte le sue opinioni sono da scartare. Ad esempio, Watson consigliava di far crescere i bambini in un ambiente calmo e non violento e incoraggiava i genitori a promuovere la loro indipendenza, tenendoli occupati e coinvolti, in modo da ridurre l'insorgenza di accessi di rabbia.

Nel 1946, il pediatra americano Benjamin Spock pubblicò il libro *Il bambino. Come si cura e come si alleva*. Spock è noto per aver introdotto più affetto ed emozioni nel mondo della genitorialità e per aver proposto un approccio considerevolmente innovativo rispetto a quello vigente all'epoca. Spock è famoso per essersi rivolto alle madri di tutto il mondo dicendo loro «Sai più di quello che pensi di sapere» e incoraggiandole a dare ascolto e fiducia a sé stesse e ai loro bambini. Spock promuoveva una routine più flessibile, individuale e improntata ai bisogni del bambino, in un periodo in cui quasi tutti gli esperti raccomandavano ai genitori di esercitare un rigido controllo. Questo gli costò una valanga di critiche che lo accusavano di promuovere un tipo di educazione permissivo, basato sulla gratificazione istantanea di neonati e bambini. Benché il libro abbia venduto più di cinquanta milioni di copie, queste critiche lo accompagnarono per oltre cinquant'anni, fino alla sua morte nel 1998.

Negli anni cinquanta e sessanta, Donald Winnicott, pediatra e psicoanalista britannico, elaborò i concetti di holding (sostegno) e di «madre sufficientemente buona», tuttora validi. Per Winnicott, l'atto della madre di «sostenere» suo figlio, sia fisicamente sia psicologicamente, serve a fornirgli la fiducia e il supporto necessari per crescere e svilupparsi, diventando un adulto sano. Riteneva infatti che «le fondamenta della salute sono poste dalla madre comune nel suo atto, anch'esso comune, di accudire amorevolmente il suo bambino» e fu inoltre promotore di una maggiore empatia e fiducia nei confronti delle mamme. Il suo concetto di madre sufficientemente buona metteva in evidenza il fatto che sono proprio i piccoli errori della madre ad agevolare lo sviluppo del figlio. Sosteneva che non ci fossero madri perfette e che, in realtà, la perfezione fatta madre fosse controproducente: «la madre dà il meglio di sé quando si affida al proprio giudizio».[1]

Nel 1951, l'Organizzazione mondiale della sanità pubblicò l'opera dello psicologo britannico John Bowlby: *Cure materne e salute mentale del bambino*. Il suo pensiero si basava in gran parte sull'osservazione di bambini ricoverati in ospedale separati dai loro genitori e sull'opera di René Spitz, che aveva studiato le conseguenze subite da bambini orfani o separati dai loro genitori durante e dopo la Seconda guerra mondiale. Al contrario di Watson e Truby King, Bowlby riteneva che l'amore e l'affetto fossero indispensabili alla crescita sana del bambino. Le sue teorie promuovevano un alto grado di reattività. In uno dei suoi passaggi più conosciuti, scrive che «un principio d'importanza fondamentale per la salute mentale» è che «il neonato ed il bambino piccolo dovranno essere allevati in un'atmosfera calda e dovranno essere uniti alla propria madre (o alla persona che ne fa le veci) da un legame affettivo intimo e costante, fonte per entrambi di soddisfazione e di gioia».[2] Più tardi, insieme alla sua collega Mary Ainsworth, Bowlby sviluppò le sue idee raggruppandole attorno a un concetto noto come «teoria dell'attaccamento», alcuni elementi del quale hanno formato le basi per la definizione di uno stile di genitorialità chiamato appunto dell'attaccamento.

1 Donald Winnicott, *Getting to know your baby*, Heinemann, London 1945.

2 John Bowlby, *Cure materne e salute mentale del bambino*, Giunti, Firenze 1957, p. 10.

Nel 1977, fu pubblicato il libro di Penelope Leach *Come allevare il bambino dalla nascita ai 6 anni*, che ha venduto a oggi più di due milioni di copie. I temi portanti erano empatia, fiducia e connessione, veicolati da uno stile genitoriale autorevole, con un alto grado di reattività. Leach sosteneva fermamente una genitorialità guidata dal bambino, libera dalle routine imposte dai genitori.

Poi, nel 1985, il pediatra americano Richard Ferber portò alla ribalta il concetto di educazione al sonno attraverso l'estinzione graduale del pianto, il *cry-it-out*, un metodo promosso quasi cento anni prima dal pediatra americano Luther Emmett Holt. Benché Ferber abbia esaminato molteplici approcci volti ad affrontare i problemi relativi al sonno dei bambini, è forse meglio conosciuto per la cosiddetta «ferberizzazione»: il processo che consiste nel lasciar piangere un bambino per intervalli di tempo crescenti fino a che non impari a dormire tutta la notte senza piangere e senza bisogno di aiuto da parte dei genitori. Questo approccio è molto esigente nei confronti dei bambini e richiede poco sforzo di reattività da parte dei genitori: è un classico esempio di un approccio autoritario alla genitorialità.

Nel 1999, il bestseller della puericultrice Gina Ford *Il primo anno del bambino*, segnò un netto ritorno a uno stile genitoriale più autoritario, incentrato sui genitori. Ford sosteneva la necessità di seguire una routine imposta dai genitori che coprisse quasi tutti gli aspetti della giornata del bambino, stabilendo quando dovesse mangiare, dormire e giocare. Inoltre, consigliava di sottoporre i bambini all'educazione al sonno.

Queste tendenze continuarono a imperversare nel primo decennio degli anni 2000, con la «super tata» Jo Frost, che, attraverso i suoi libri e programmi televisivi, guidò milioni di famiglie verso uno stile di genitorialità autoritario, rigido e severo. Frost viene generalmente ricordata per il suo «scalino del bambino cattivo», un metodo per controllare comportamenti indesiderati che consiste nel punire i bambini mettendoli in isolamento su un gradino. Così, nel giro di poco più di cento anni, sembrerebbe si sia chiuso il cerchio, nonostante molti studi scientifici abbiano dimostrato che lo stile genitoriale reattivo e autorevole, e non autoritario, sia il più sano ed efficace. Non dimentichiamoci, quindi, che le tendenze prevalenti al tempo in cui sono cresciuti i nostri genitori e nonni erano probabilmente di stampo autoritario. Probabilmente, avranno pensato che i loro genitori avessero fatto del loro meglio crescendoli in quel modo e che di sicuro quello fosse il modo migliore di crescere voi. Per questo, forse, si chiederanno perché non stiate scegliendo di seguire lo stesso metodo per crescere i vostri figli.

Cosa *non vuol dire* essere genitori gentili

Chiariamo questo punto una volta per tutte: essere genitori gentili non vuol dire essere permissivi. La critica più comune fra coloro che si sono appena avvicinati a questo concetto, e che forse praticano metodi più tradizionali, è che sia troppo permissivo. In realtà, paletti, limiti e disciplina hanno un ruolo cruciale nell'essere genitori gentili. Se non disciplinassimo i nostri figli, potremmo realmente rispettarli?

> La disciplina implica due ruoli attivi, quello dell'adulto che insegna e quello del bambino che impara.

Parte del fraintendimento nasce dalla concezione comune di disciplina. La parola disciplina viene da «discepolo», definito come «seguace delle dottrine di un insegnante o di una scuola di pensiero». Viene dal latino *discipulus*, allievo, e *discere*, imparare. Quindi, la disciplina implica due ruoli attivi, quello dell'adulto che insegna e quello del bambino che impara, ed entrambi dovrebbero avere un ruolo di pari importanza nel processo. I bambini imparano meglio quando ci imitano, seguendo il proprio ritmo naturale (in termini di sviluppo), in un luogo sicuro e in un ambiente in cui il loro desiderio naturale di comprendere il mondo non sia solo rispettato, ma incoraggiato. Ciò nonostante, se si chiedesse a un gruppo di persone cosa significa per loro l'idea di disciplina, ci sono buone probabilità di ottenere risposte del tipo: «Con me usavano la bacchetta», «I miei me le davano quando non ubbidivo», «Bisogna mettere il bambino in punizione nell'angoletto», «Se fa il cattivo, lo mettiamo in punizione», «Se rispondevo male, mi mandavano a letto senza cena» e via dicendo.

Secondo me, questi non sono affatto strumenti efficaci di disciplina. Funzionano tutti infliggendo dolore fisico o psicologico, attraverso la vergogna e l'esclusione. Come può un bambino imparare qualcosa se nessuno gli mostra cosa fare, se non ha niente e nessuno che gli faccia da modello o se non capisce cosa ha fatto di male e come si sarebbe dovuto comportare?

La disciplina vera e propria si trova raramente nella nostra società. La maggior parte dei bambini oggi giorno viene punita. Vengono puniti perché sono bambini, perché non si comportano come adulti, perché sono troppo curiosi e desiderosi di imparare e perché il loro sistema di autocontrollo non è ancora ben sviluppato. Un bambino che si comporta male sta di solito chiedendo aiuto, sta cercando di dirci che nel suo universo non sta andando tutto per

Un bambino che si comporta male sta di solito chiedendo aiuto, sta cercando di dirci che nel suo universo non sta andando tutto per il meglio.

il meglio. Ma la maggior parte dei metodi utilizzati al giorno d'oggi per controllare il comportamento dei bambini li penalizza per il fatto di avere un problema, piuttosto che cercare di aiutarli a risolverlo.

La definizione di punizione è «un atto che causa, o è caratterizzato da, un trattamento duro o nocivo, severo, brutale». Quando un bambino viene punito, non si verifica alcun apprendimento: il ruolo del bambino è passivo e l'obiettivo dell'adulto è quello di esercitare controllo e conformare il bambino alle regole. È possibile che le loro manifestazioni vocali o fisiche spariscano, ma i problemi veri e propri dei bambini rimangono, pronti a sorgere nuovamente l'indomani, come una ferita infetta coperta da una fasciatura pulita. Perché non dovremmo aiutare i bambini a risolvere i loro problemi? Di sicuro, se lo facessimo, saremmo insegnanti migliori.

Genitori autoritari, autorevoli e permissivi

Nel 1966, la psicologa Diana Baumrind identificò tre distinti stili genitoriali: autoritario, autorevole e permissivo.[3]

Questi stili possono essere riassunti come segue:

Autoritario

- Molto esigente nei confronti del bambino. I genitori si aspettano comportamenti forse non adeguati all'età del bambino.
- Limiti e paletti rigidi, spesso eccessivi.
- Limiti e paletti fatti rispettare attraverso l'uso di punizioni.

[3] Diana Baumrind, «Effects of authoritative parental control on child behaviour», in *Child Development*, 37(4), 1966, pp. 887-907; Diana Baumrind, «Child care practices anteceding three patterns of preschool behaviour», in *Genetic Psychology Monographs*, 75(1), 1967, pp. 43-88.

- Al bambino è concessa pochissima autonomia.
- Non viene data molta importanza a quanto le punizioni siano appropriate all'età del bambino.
- L'approccio è completamente incentrato sul genitore: l'adulto sa cosa fare.
- I genitori non si preoccupano del proprio comportamento e spesso non costituiscono buoni modelli.
- Scarso livello di affetto. Scarsi livelli di reattività.
- Si rispetta poco il bambino, pur esigendo molto rispetto nei confronti del genitore.

Autorevole

- I genitori sono esigenti, ma le loro aspettative sono adeguate all'età del bambino.
- I genitori stabiliscono limiti e paletti realistici.
- I limiti e paletti vengono sempre fatti rispettare in modo rispettoso.
- Libertà e autonomia sono in linea con l'età del bambino.
- La disciplina è appropriata all'età del bambino.
- L'approccio è incentrato sul bambino. Sia il bambino che i genitori vengono rispettati.
- I genitori capiscono gli effetti delle proprie emozioni.
- I genitori dimostrano molto affetto e instaurano una buona connessione con il bambino.
- I genitori sono molto reattivi ai bisogni dei bambini.

Permissivo

- I genitori sono poco esigenti nei confronti del bambino e hanno poche aspettative riguardo al loro comportamento.
- Il bambino sarebbe spesso capace di comportarsi meglio, ma non viene incoraggiato a farlo.

- Non vengono stabiliti limiti e paletti, o in modo minimo.
- I pochi paletti stabiliti non vengono fatti rispettare.
- Al bambino viene spesso data troppa libertà o gli è permesso di fare quello che vuole.
- I comportamenti indesiderati non vengono scoraggiati e spesso vengono giustificati.
- Il bambino ha il controllo totale e i genitori hanno poco controllo.
- I genitori hanno difficoltà a gestire le proprie emozioni.
- I genitori sono molto affettuosi.
- I genitori sono molto reattivi ai bisogni dei bambini, ma corrono il rischio di non interpretarli correttamente.

Dunque, qual è lo stile ideale di genitorialità? Quello in cui i genitori camminano su un filo ben equilibrato, rispondendo ai bisogni del bambino e facendogli richieste adeguate alla sua età, tenendo sempre conto dello stadio del suo sviluppo. Qual è la definizione che riassume questa tendenza? Genitorialità autorevole, o, come mi piace chiamarla, genitorialità gentile.

1

I sette mari

Non puoi fermare le onde, ma puoi imparare a cavalcarle.

Jon Kabat-Zinn, professore
di medicina ed esperto di *mindfulness*

Essere genitori è un viaggio di scoperta: osservando un figlio che esplora il mondo, anche voi crescerete e vi evolverete come adulti. E, come in tutte le avventure più belle, avrete un fantastico compagno di viaggio: vostro figlio. Navigando insieme per terre sconosciute e inesplorate, vi imbatterete in svolte e deviazioni inaspettate, ostacoli da superare e pericoli da evitare.

> Così come i grandi esploratori navigavano per i sette mari, i genitori devono trovare la loro rotta nel mondo della genitorialità.

Così come i grandi esploratori navigavano per i sette mari, i genitori devono trovare la loro rotta nel mondo della genitorialità e dell'infanzia, coltivando la conoscenza di sé stessi così come quella dei loro figli. Ed è qui che entrano in gioco i miei sette mari, i sette punti cardine della genitorialità gentile. Sono sette punti, e non regole, che permettono a ogni genitore, qualsiasi sia il suo vissuto o il tipo di genitorialità praticato finora, di trovare la propria strada nel mondo della genitorialità con calma e fiducia, con lo sguardo rivolto verso la destinazione finale: la creazione di un individuo felice e sicuro di sé. I sette punti sono:

- Connessione
- Comunicazione
- Controllo
- Contenimento
- Sostegno
- Fiducia
- Coerenza

I sette punti sono validi per ogni età, che si abbia a che fare con un neonato, un bambino di due, cinque o dieci anni o con un adolescente. In questo libro, tuttavia, ci dedicheremo all'applicazione dei sette punti dalla nascita ai sette anni di età.

Connessione

La connessione, o piuttosto la sua mancanza, è spesso la radice di molti problemi comportamentali nei bambini di ogni età. Può trattarsi di un lattante di nove mesi che soffre d'ansia da separazione e si sveglia molte volte durante la notte, un bambino di uno o due anni che inizia ad andare al nido e piange inconsolabilmente a ogni distacco, un bambino di quattro o cinque anni che ha difficoltà a fare i suoi bisogni nel vasino subito dopo la nascita di un altro figlio o un bambino di sei anni che compete con fratelli e sorelle per ottenere l'attenzione di genitori occupati. Tutte queste situazioni possono essere migliorate considerevolmente accorgendosi del desiderio di connessione che il bambino sta dimostrando e rispondendo con ciò di cui ha più bisogno: la vostra presenza.

La connessione è importante sia nel momento specifico, sia a lungo termine. A breve termine, può succedere che un bambino si «comporti male» per cercare di riconnettersi con il genitore. Per esempio, un bambino di due anni potrebbe avere un accesso di rabbia come reazione alla mancanza di attenzione ricevuta dal genitore, impegnato in una lunga conversazione con un amico o al telefono. In questo caso, per risolvere il comportamento, è necessario che il genitore riconosca il bisogno del bambino. A lungo termine, una mancanza di connessione cronica può portare a problemi comportamentali più gravi. Spesso questo accade con bambini leggermente più grandi, che passano sempre più tempo lontano dai genitori, soprattutto se hanno fratelli e sorelle e in particolare se i genitori utilizzano metodi punitivi, come ad esempio il time out, che prevede che il bambino resti qualche minuto in isolamento dopo il comportamento indesiderato. Se al bisogno di connessione del bambino si risponde con un ulteriore allentamento del legame con il genitore, probabilmente il problema si aggraverà invece di risolversi. È quindi di fondamentale importanza che i genitori passino regolarmente del tempo riconnettendosi con i propri figli, preferibilmente tutti i giorni. In che modo?

A lungo termine, una mancanza di connessione cronica può portare a problemi comportamentali più gravi.

Una chiacchierata serale di un quarto d'ora mentre si mette il bambino a letto è un ottimo inizio; o giocare insieme per dieci minuti ogni sera quando tutta la famiglia è a casa, dedicando del tempo individuale al bambino durante il fine settimana; passare un'ora al parco, fare una torta insieme o leggere un libro abbracciati sul divano. Non dev'essere niente di complicato o costoso. Spesso portiamo i nostri figli a svolgere attività e lezioni per incoraggiare il loro sviluppo, quando, paradossalmente, quello di cui hanno più bisogno è un po' di tempo da trascorrere spensieratamente con noi.

È inoltre importante riconoscere il bisogno di riconnessione con il proprio figlio durante un periodo di comportamenti indesiderati. Neonati che piangono, bimbi che urlano, bambini un po' più grandi che si lamentano o mettono il muso possono spossare il genitore ed è comprensibile. Ma è proprio quando siamo esausti, sull'orlo di una crisi di nervi e ci chiediamo come ci sia venuto in mente di fare dei figli, che è fondamentale riconnettersi. Non solo questo sarà d'aiuto per ridurre il comportamento indesiderato a breve termine, ma farà sentire al bambino che fate parte della stessa squadra, e questo ridurrà le possibilità che simili comportamenti si ripresentino a lungo termine. I bambini dovrebbero sentirsi sempre amati dal genitore, qualsiasi cosa facciano. Anche se il loro comportamento non vi piace, il vostro amore è incondizionato e, per quanto arrabbiati ed esausti possiate sentirvi, è essenziale che loro lo sappiano, particolarmente nei momenti in cui le vostre reazioni potrebbero far apparire il contrario.

> I bambini dovrebbero sentirsi sempre amati dal genitore, qualsiasi cosa facciano.

Comunicazione

Il comportamento dei bambini è sempre una forma di comunicazione: che piangano, si lamentino, lancino oggetti, picchino, mordano, mettano il muso, non si stacchino un momento da voi e così via. Il vostro compito è tradurre quello che il loro comportamento vuole comunicarvi. Il bambino potrebbe avere un bisogno fisico come fame, sete, stanchezza, fastidio o dolore. Di solito, queste sono le ragioni più facili da individuare e sono quelle che i genitori tendono a considerare per prime. E se il comportamento avesse ragioni più emotive? Potrebbero esserci troppi stimoli o una nuova situazione che lo mette in difficoltà? O, al contrario, potrebbe sentirsi annoiato e avere pochi stimoli? C'è un altro bambino che sta invadendo il suo spazio personale e lo fa sentire minacciato? O forse si sente solo o spaventato? Quando il bambino impara a parlare, è più facile lavorare sui suoi bisogni emotivi, ma anche un eloquente bambino di sette anni può avere difficoltà a tradurre i suoi sentimenti in parole e può esprimere disagio attraverso il comportamento.

Allo stesso modo, pensate attentamente al vostro modo di comunicare. La comunicazione non è solo verbale. Che cosa state dicendo a vostro figlio attraverso le vostre azioni e il vostro linguaggio corporale? Che cosa gli state trasmettendo se siete immersi in una conversazione e mettete a tacere i tentativi di vostro figlio di dirvi qualcosa di importante? Che cosa gli state dimostrando se scattate e gli urlate contro mentre litiga con suo fratello?

Comunicare vuol dire ascoltare, oltre che parlare. Mostrare ai bambini che li ascoltiamo e diamo valore a quello che hanno da dirci è fondamentale per la loro autostima e fiducia in sé stessi. La vecchia frase autoritaria «Fa' quello che dico e non quello che faccio» è un ottimo esempio di quello che spesso comunichiamo. E i bambini sono ottimi imitatori: quello che facciamo, lo faranno anche loro. Il modo in cui vi comportate, quindi, comunica ai vostri figli come si dovrebbero comportare. Se state passando un periodo difficile con un bambino che urla troppo, è probabile che siate voi a urlare troppo. Cercate quindi di soppesare attentamente il vostro linguaggio corporale e il vostro comportamento, oltre che le parole.

È inoltre importante ricordarvi che i bambini non hanno la stessa comprensione del linguaggio che hanno gli adulti. Il loro modo di recepire le istruzioni, ad esempio, è molto più elementare del nostro. Dire a un bambino di smettere di correre, ad esempio, non gli spiega cosa vogliamo che faccia invece di correre. Dovrebbe forse saltellare? Stare immobile? Certo, un adulto sa bene che con quella frase voleva dirgli di smettere di correre e camminare lentamente, ma non l'ha comunicato al bambino. Dirgli «cammina, per favore» funzionerebbe molto meglio.

Comunicare in modo efficace con un bambino può essere paragonato al modo che un medico ha di trattare i pazienti. Abbassarsi al livello del bambino sia a livello verbale che fisico, parlare guardandolo negli occhi e magari instaurare un contatto fisico delicato, ad esempio tenendogli la mano, è molto meno minaccioso e crea un effetto più positivo che parlargli dall'alto della vostra statura. Pensate al modo in cui vorreste che gli altri comunicassero con voi e applicatelo al modo in cui voi comunicate con i vostri figli.

Controllo

Neonati e bambini piccoli hanno poco controllo, o non lo hanno affatto, sulla loro vita quotidiana. Su che cosa hanno davvero potere decisionale? Possono decidere quando andare a letto? Cosa mangiare? Quando mangiare? Come passare il loro tempo? Nella maggior parte dei casi, il controllo è nelle mani dei genitori e molti dei comportamenti indesiderati sono quindi disperati tentativi del bambino di riprendersi un po' di quel controllo e affermare la sua autonomia. Problemi comportamentali legati all'uso del vasino o del bagno, al cibo e al

> Dare a un bambino maggiore controllo non vuol dire essere genitori permissivi.

sonno derivano spesso da un problema di controllo: permettere al bambino di esercitare più controllo possibile (in modo sicuro e adatto alla sua età) può sortire effetti positivi considerevoli nel suo comportamento.

L'attribuzione del controllo deve andare di pari passo con l'imposizione di limiti e paletti. Dare a un bambino maggiore controllo non vuol dire essere genitori permissivi. I bambini cresciuti con pochi limiti e scarsa disciplina possono sentirsi poco sicuri e, se il loro compito è di testare i limiti, il nostro è quello di stabilirli e farli rispettare. I bambini hanno bisogno di sapere cosa ci si aspetta da loro e stabilire dei paletti è un ottimo modo per insegnarglielo. Decidere quali sono i paletti adatti per il proprio nucleo familiare è una parte importante dell'essere genitori e farli rispettare con calma e comprensione è fondamentale.

Contenimento

Neonati e bambini piccoli non sono neurologicamente in grado di regolare le proprie emozioni. Non è un difetto o un problema, è un semplice fatto biologico. Da adulti, il centro di regolazione delle emozioni nel nostro cervello è maturo e riesce a comunicarci che non è socialmente accettabile urlare in un cinema affollato se siamo spaventati. Se siamo frustrati, il nostro cervello ci dice che strillare e dire parolacce in mezzo al supermercato non è la cosa giusta da fare. E se siamo arrabbiati, il nostro cervello ci avvisa che non è raccomandabile picchiare o mordere la persona che ci sta dando fastidio. Purtroppo, i bambini sotto i sette anni non hanno queste risorse; non hanno la capacità di usare il dialogo interiore per calmarsi. Sono come una pentola in ebollizione senza coperchio. Tutto esplode senza controllo. E se pensate a quante cose possano turbarli nella loro vita quotidiana, in gran parte cose legate al bisogno di connessione e controllo, aggravate dalle loro relativamente scarse abilità comunicative, non deve meravigliarvi la facilità con cui la loro pentola straborda.

Per questo, neonati e bambini hanno bisogno di un adulto maturo che funzioni da contenitore per le loro grandi emozioni (e sono proprio emozioni, non cattiveria, per cui sarebbe necessario avere controllo sulle proprie azioni). In questo modo, si lascia ai bambini lo spazio per sfogare queste emozioni in modo sicuro. Hanno bisogno di un adulto che dica «È tutto a posto, sono abbastanza grande per entrambi, ti posso aiutare a esprimere le tue emozioni». Il ruolo di un genitore, in questo caso, è quello di fungere da regolatore esterno per il bambino, fino a che non sia cresciuto abbastanza per governare le sue emozioni, cosa che può avvenire molto più tardi di quanto la società pensi.

Neonati e bambini hanno bisogno di un adulto che funzioni da contenitore per le loro grandi emozioni.

Certo, anche il contenitore di un genitore può riempirsi troppo e, a volte, anche esplodere e strabordare. Questo è un segnale del fatto che è arrivato il momento di svuotare un po' del nostro carico emotivo. Trovare un amico che vi ascolta, un hobby o un modo di rilassarvi che vi permetta di creare lo spazio interiore necessario per contenere i sentimenti di vostro figlio è fondamentale. Analizzeremo in profondità questa necessità nel capitolo 10.

Sostegno

Avete qualcuno che crede in voi, che vi difende e si prende cura dei vostri interessi? Forse il vostro compagno, un amico, un familiare? Pensate all'ultima volta che qualcuno vi ha aiutato o che vi ha davvero capito e difeso, in un momento in cui nessun altro lo faceva. Tutti i bambini hanno bisogno di qualcuno che li sostenga e il loro primo sostegno dovrebbero essere i genitori.

Anche prima che nascesse, avevate cominciato a essere il sostegno di vostro figlio, facendo scelte informate sul parto e sull'ambiente in cui avrebbe visto la luce per la prima volta. E durante tutta l'infanzia si continuano a prendere decisioni difficili, sempre avendo a cuore l'interesse del bambino. Al momento di prendere ognuna di queste decisioni, siete il sostegno di vostro figlio. Anche quando crescerà, andrà a scuola e oltre, vostro figlio avrà bisogno di sapere che siete dalla sua parte, che non deve aver paura di venire da voi e raccontarvi la sua versione dei fatti, che lo ascolterete e che, anche se siete arrabbiati per il suo comportamento, sarete lì per lui, impegnandovi a risolvere la situazione insieme.

Più i bambini crescono, più avranno bisogno di questo tipo di sostegno. Quando si avventureranno nei nuovi territori dei problemi con gli amici e delle difficoltà con gli insegnanti, avranno un enorme bisogno di sapere che c'è almeno una persona su cui possono contare. Quando tutti si allontanano, la consapevolezza che voi credete ancora in loro è impagabile. Il vostro incrollabile supporto può dar loro la sicurezza e il coraggio di affrontare il mondo, anche quando vorrebbero solo scappare e nascondersi.

Fiducia

I genitori gentili hanno fiducia nei loro figli e anche in sé stessi. Avere fiducia in noi stessi e nelle nostre decisioni ci può aiutare a essere genitori in un modo molto più calmo e attento. Ciò potrebbe voler dire che dobbiamo allontanarci da una situazione che ci sta mettendo alla prova e prendere le distanze da persone che ci fanno dubitare di noi stessi. Quando abbiamo davvero fiducia nelle nostre scelte, riusciamo anche a evitare più facilmente l'assillo dei sensi di colpa e a prendere decisioni migliori. Avere fiducia in noi stessi vuol dire instaurare una connessione migliore con il nostro cuore e la nostra mente, oltre che con i nostri figli. Può anche voler dire rappacificarci con il modo in cui siamo cresciuti, specialmente se diverso dal modo in cui vorremmo crescere i nostri figli.

Quando abbiamo fiducia nelle nostre scelte, riusciamo a evitare più facilmente l'assillo dei sensi di colpa e a prendere decisioni migliori.

La fiducia in voi stessi si costruisce prendendo decisioni informate e circondandovi di persone con vedute simili, genitori che condividono gli stessi sentimenti e crescono i loro figli in modo simile al vostro, costruendo una rete di supporto intorno a voi e alla vostra famiglia. La fiducia in voi stessi si costruisce con il tempo e con l'esperienza, vivendo nel momento, facendo attenzione alla fase di sviluppo che il bambino sta attraversando e prendendovi cura di voi stessi. Non si costruisce seguendo un modo specifico di essere genitori, ma sentendovi forti e in grado di fare le vostre scelte. Analizzeremo tutti questi punti in dettaglio più avanti.

Avere fiducia nei vostri figli è altrettanto importante che averla in voi stessi. In alcuni ambiti, ci aspettiamo troppo da neonati e bambini, ma in altri esercitiamo troppo controllo e non lasciamo loro abbastanza spazio per esplorare e crescere. A volte può capitare di porgere a un infante un giocattolo che ha provato a prendere da solo per dieci minuti, finire un puzzle che un bambino piccolo fa fatica a finire, suggerire a un bambino di cinque anni la parola che non riesce a leggere in un libro o intervenire immediatamente in un litigio fra due bambini di sette anni. Questi sono tutti esempi di quanto sottovalutiamo le abilità dei bambini senza dar loro la possibilità di raggiungere un traguardo da soli. Imparare a stare accanto a un bambino in difficoltà senza intervenire può essere difficile, ma dimostrargli che credete che sia in grado di fare qualcosa e dargli fiducia mentre lo fa è davvero importante.

Coerenza

Molti genitori mettono in pratica sei dei sette punti per alcune settimane, ma la frenesia della vita quotidiana o la mancanza di risultati immediati finisce per scoraggiarli. Fare la transizione verso una genitorialità gentile non è facile e gli effetti spesso si vedono molto lentamente, il che può essere esasperante. Viviamo in un mondo dalle soluzioni facili e veloci e siamo abituati a gratificazioni istantanee e risultati rapidi, ma con la genitorialità gentile si può dover aspettare da un mese a veri e propri anni prima di vedere una differenza. Ecco perché ragionare a lungo termine è fondamentale per non scoraggiarvi e dubitare del vostro modo di essere genitori.

È essenziale stabilire limiti e paletti, farli sempre rispettare e aderire a quello in cui credete, anche quando siete stanchi o impegnati. Troppo spesso i genitori trasmettono segnali confusi ai loro figli, permettendogli di fare qualcosa un giorno e non permettendogliela l'indomani. Anche se può essere una grande tentazione quella di cedere e concedere qualcosa «solo per questa volta», pensate a quanto questo possa confondere un bambino. Allo stesso modo, mantenere sotto controllo i vostri sentimenti e prendervi cura di voi non sono eventi occasionali. Sono cose che devono essere fatte quotidianamente.

In poche parole, più coerenti siete nel vostro modo di essere genitori, migliori saranno i risultati.

Questi sette mari, i sette punti elencati, vi forniranno gli strumenti adeguati a navigare nel mondo della genitorialità in modo gentile.

2
Si comincia da subito: dal pancione al parto

Fiducia è salire il primo gradino anche se ancora non si vede il resto della scala.

Martin Luther King, attivista per i diritti civili

Spesso, durante la gravidanza, i futuri genitori si concentrano su questioni pratiche. Dedicano molto tempo a preparare la cameretta, scegliere passeggini, lettini e seggiolini per la macchina, fare la scorta di tutine e pannolini e preoccuparsi di questioni economiche. Una delle maggiori preoccupazioni dei genitori in attesa sono il travaglio e parto imminenti ed è su questo che si focalizza la maggior parte dei corsi preparto. È relativamente raro, invece, che si parli della quotidianità di essere genitori: come crescere un bambino, come affrontare le notti insonni, come alimentare il bambino (dall'allattamento ai cibi solidi), come introdurre la disciplina al momento giusto e di cosa si parla quando si parla di disciplina. Eppure, secondo me, è fondamentale creare le condizioni che consentano di fare scelte informate, discutere tra voi e pianificare (in modo flessibile) il più possibile.

La gravidanza è il momento perfetto per ripensare al modo in cui siete stati educati, rievocare pensieri e sentimenti relativi all'infanzia e analizzare le vostre opinioni su come educare i figli. È anche il momento giusto per creare una «tribù»: una rete di supporto valida non solo durante la gravidanza, ma anche per gli anni a venire. Quando si pensa al parto, è importante considerare anche tutti gli altri individui coinvolti, senza dimenticare il bambino stesso. Più tempo si dedica a discutere e analizzare queste questioni in questa fase, più preparati si arriva al momento del parto e più facile sarà la vita dopo l'arrivo del bambino. Questo capitolo è dedicato all'analisi dettagliata di questi punti.

Far pace con la propria infanzia

In che modo siete stati educati? Vi hanno sempre trattato con rispetto? Vi siete sentiti valorizzati? Vi siete sentiti ascoltati? Avevate un bel legame con i vostri genitori? Avete sempre avuto il sostegno di cui avevate bisogno?

C'è chi è stato cresciuto in modo positivo e non ha problemi ad applicare gli stessi metodi ai suoi figli e c'è chi, avendo ricevuto un'educazione più rigida, preferisce discostarsi da quei metodi. C'è anche chi, avendo ricevuto un'educazione severa che prevedeva punizioni fisiche e umiliazione, la difende con affermazioni del tipo «Io sono cresciuto così e non ho avuto problemi». Mi sento sempre molto a disagio quando sento questo tipo di frasi, perché sono spesso usate per difendere pratiche come quella di picchiare i bambini, che, sappiamo per certo, può causare danni psicologici. E se un adulto sostiene che picchiare un bambino non abbia effetti negativi, non è un segnale che abbia subito dei danni? Il solo fatto che creda che sia giusto alzare le mani su un bambino dimostra una mancanza di empatia.

Una delle cose più importanti da fare durante la gravidanza è far pace con il modo in cui siete stati cresciuti. Se i vostri genitori sono vivi, parlare con loro dei motivi per cui hanno fatto determinate scelte può essere illuminante. Se invece non ci sono più e il loro stile era autoritario, potete perdonarli, pensando che le loro scelte erano probabilmente in linea con le opinioni prevalenti all'epoca.

Diventando genitori, non state solo crescendo i vostri figli, ma potreste anche influenzare il modo in cui verranno cresciuti i vostri nipoti.

La cosa più importante è ricordarvi che ogni generazione ha l'opportunità di ricominciare da capo, e questa è la vostra possibilità di dare a vostro figlio o a vostra figlia un'infanzia colma di amore e rispetto. Diventando genitori, non state solo crescendo i vostri figli, ma potreste anche influenzare il modo in cui verranno cresciuti i vostri nipoti e pronipoti.

Formare una tribù

Nel corso della loro esistenza, gli esseri umani, così come gli altri mammiferi, hanno sempre preferito svolgere il ruolo di genitori in gruppi o tribù: in particolare, le donne tendevano a formare cerchie sociali in cui far crescere i loro piccoli con il supporto di altre madri. È stato così per gran parte della storia dell'essere umano. Finora. Al giorno d'oggi, i genitori tendono a ritrovarsi isolati, lontani dalla propria famiglia, dall'occhio attento e dalle ali protettive di chi ha più esperienza di loro: esattamente il contrario di ciò di cui avrebbero bisogno. Siamo esseri sociali e questo lavoro non dovrebbe essere fatto in solitudine.

Nel suo libro *La costellazione materna*, lo psicologo Daniel Stern parla dell'importanza di formare una tribù. Sostiene che, durante la gravidanza e i primi mesi di vita del bambino, la madre si concentra totalmente sul benessere del bambino e sul legame che si forma fra loro. Questo l'aiuta a costruire una nuova percezione di sé, totalmente incentrata sul suo bambino. Se da un lato questo meccanismo costituisce una parte importante di essere genitori, Stern ritiene che la madre possa sentirsi sopraffatta in questo nuovo mondo e che abbia bisogno di incoraggiamento, comprensione e consigli da parte di altri adulti per poter completare la transizione. Stern spiega che questa rete di supporto, definita come «matrice di supporto», viene tessuta quasi inconsciamente dalla futura mamma prima e dalla neomamma poi. E benché Stern si concentri sulla figura materna, io credo fermamente che lo stesso principio valga per i neopapà, e che una «costellazione paterna» sia altrettanto importante.

Nel ventunesimo secolo, queste matrici sono sempre più virtuali: si costruiscono sui social media e sui forum di discussione nei siti per genitori. Se riuscite a trovare i gruppi e siti giusti, questi possono essere certamente di grande aiuto ma, per quanto grande sia il supporto ottenuto online, non sottovalutate l'importanza di una matrice reale e fisica: una «tribù di genitori» o un «villaggio».

Se non avete vicino familiari o amici con figli, uno dei modi più semplici di formare una tribù, o matrice, è frequentare corsi preparto o attività per neonati. In particolare, i corsi preparto servono, spesso, più a formare nuovi legami che a immagazzinare nozioni sul parto. Se possibile, sarebbe meglio frequentare questi corsi insieme al vostro compagno o compagna, se ne avete. Potete cercare corsi che hanno luogo di sera o nel fine settimana, in modo da poterli frequentare assieme. Di solito, si consiglia vivamente alle mamme di rimanere in contatto fra loro dopo il corso, ma mantenere una tribù di supporto è altrettanto

I corsi preparto servono, spesso, più a formare nuovi legami che a immagazzinare nozioni sul parto.

importante per i papà. Pensate a che tipo di tribù vorreste avere attorno e immaginate in che tipo di lezioni e posti sia possibile incontrare persone simili, che condividano il vostro stesso ethos. La vicinanza fisica è un altro fattore da tenere in considerazione.

Andando a queste lezioni, ci si può sentire già abbastanza intimoriti anche senza lo stress aggiunto di dover stringere nuove amicizie: se nessuno si fa avanti a chiedere il vostro numero di telefono, non vuol dire che non voglia farlo; molto probabilmente gli altri si sentono altrettanto ansiosi, imbarazzati o intimiditi. Potreste suggerire un incontro di gruppo alla fine del corso, o chiedere a chi tiene il corso di organizzare una riunione informale o di far circolare i contatti su un foglio o via e-mail. I membri di questi gruppi potrebbero diventare le persone più importanti della vostra vita, se non per sempre, almeno per un anno o due, quindi vale la pena fare questo sforzo iniziale.

Un parto a misura di bambino

Molti sanno che è possibile scrivere un «piano del parto», o, come preferisco chiamarla, una lista di «preferenze per il parto», visto che raramente le cose vanno secondo i piani, ma non credo che tutti si rendano conto di quanto sia importante.

Le preferenze per il parto entrano in gioco già da molto prima del giorno del parto.

Le preferenze per il parto entrano in gioco già da molto prima del giorno del parto. Credo che il loro compito principale sia forse quello di spingervi a pensare alle opzioni che avete (e per molti questo significa rendersi conto di avere delle opzioni!) e a discuterne con il vostro compagno o compagna. Comunicare è fondamentale, non solo per l'esito del parto, ma anche per aiutarvi a fare gioco di squadra e a considerare i bisogni di tutti gli individui coinvolti: genitori, medici, ostetriche e, forse il partecipante più importante di tutti, il vostro bambino. Spesso la sua esperienza non viene tenuta nella giusta considerazione, o non viene considerata affatto.

Una volta fatte le ricerche adeguate e discusso le vostre preferenze con il vostro compagno o compagna e con chiunque altro sarà con voi al momento del parto, bisognerà metterle per iscritto in modo che siano facilmente leggibili (non più di una pagina), farne varie copie (potrebbero andare perse facilmente) e assicurarsi che vengano lette nel giorno del parto.

Preferenze per il parto ben scritte saranno ottimistiche ma anche realistiche, descrivendo le vostre scelte in condizioni ideali, ma anche quello che vorreste che accadesse se le cose non dovessero andare nel modo voluto. Potreste desiderare un parto naturale, ma occorre che pensiate a cosa preferireste nel caso ci sia bisogno di un intervento medico. Se state considerando un parto in casa, dovete pensare a come vorreste che le cose si svolgessero nel caso sia necessario un trasferimento all'ospedale.

Di seguito, affronteremo gli argomenti che suggerirei di trattare nelle preferenze per il parto.

1. L'inizio del travaglio e perché lasciare che accada naturalmente

Se volete che il vostro modo di essere genitori sia guidato dal bambino, uno dei modi per applicare questo principio al parto è lasciare che il bambino nasca quando è davvero pronto per farlo: quindi, se non ci sono problemi medici, aspettare che il travaglio cominci naturalmente. Così facendo, non solo il bambino sarà più pronto per la vita ex utero, ma aumentano anche le probabilità che il parto stesso sia più facile per la mamma e per il bambino.

È opinione comune che i bambini nascano intorno alla quarantesima settimana di gravidanza. L'idea di una gravidanza di quaranta settimane, tuttavia, non si basa su alcuna prova scientifica: solo il 4-5% dei bambini nasce nella data prevista e la maggior parte nasce dopo. Il calcolo delle quaranta settimane, noto come regola di Naegele (dal nome dell'ostetrico tedesco che la mise a punto all'inizio del diciannovesimo secolo), si ottiene contando 280 giorni dal primo giorno dell'ultimo ciclo mestruale (LMP) e presume che tutte le donne abbiano un ciclo regolare di 28 giorni, con l'ovulazione al quattordicesimo giorno. Secondo la regola di Naegele, dunque, l'intervallo medio di tempo fra l'ovulazione è il parto è di 266 giorni.

In realtà, è stato dimostrato che la durata media di una gravidanza è di 274 giorni a partire dall'ovulazione, per le donne incinte del primo figlio e di 269 giorni per le gravidanze successive.[4] Ciò vorrebbe dire che la data prevista per il parto dovrebbe essere calcolata contando quarantuno settimane e un giorno per la prima gravidanza e quaranta settimane e tre giorni per le successive. Questo nuovo calcolo, basato su dati reali, metterebbe in discussione la prassi attuale di indurre il parto fra le quarantuno e le quarantadue settimane di gravidanza. È possibile che molte delle induzioni praticate avvengano semplicemente troppo presto.

Spesso, i vantaggi di un'induzione, quando è in gioco la salute del bambino, sono certamente più dei rischi, ma molto spesso non è così e l'induzione potrebbe presentare rischi maggiori di quelli in cui si incorrerebbe aspettando che il travaglio cominci spontaneamente. I rischi di un'induzione includono:

- maggiori probabilità di aver bisogno di un'epidurale;
- maggiori probabilità di aver bisogno di un cesareo d'emergenza;

[4] R. Mittendorf, M.A. Williams, C.S. Berkey e P.F. Cotter, «The length of uncomplicated human gestation», in *Obstetrics and Gynecology*, 75(5), 1990, pp. 929-32.

- effetti negativi sull'avvio dell'allattamento;
- iperstimolazione dell'utero, che può mettere in pericolo il bambino a causa della mancanza di ossigeno;
- maggiori probabilità di eccessiva perdita di sangue post-parto;
- maggiori probabilità di prolasso del cordone ombelicale (situazione in cui il cordone ombelicale scivola nella vagina prima del parto, rischiando di privare il bambino dell'ossigeno necessario).[5]

L'obiettivo del futuro genitore dovrebbe essere quello di trovare un equilibrio fra rischi e benefici.

Un buon modo di affrontare la scelta di un'induzione è quello di usare l'acronimo BRAIN (cervello):

B = benefici: quali sono i benefici di un'induzione?

R = rischi: quali sono i rischi di un'induzione?

A = alternative: quali sono le altre opzioni?

I = intuizione: cosa vi suggerisce l'istinto?

N = niente: cosa succederebbe se non faceste niente o aspettaste qualche giorno in più?

Usare il proprio cervello, mettendo in pratica questo acronimo, può aiutare a soppesare l'offerta di un'induzione insieme al personale medico e a prendere la decisione che vi fa sentire più a vostro agio. Questo acronimo non si applica solo alla scelta di un'induzione: può essere adattato e usato in ogni momento in cui dobbiate prendere decisioni informate durante il travaglio, il parto e anche nella futura vita da genitori.

[5] Birthplace in England Collaborative Group, «Perinatal and maternal outcomes by planned place of birth for healthy women with low-risk pregnancies: the Birthplace in England national prospective cohort study», in *BMJ*, 343, 2011, pp. 641-8.

L'ultima questione da considerare su questo argomento è se ci siano modalità di indurre il travaglio che possono considerarsi naturali. Ci sono molte dicerie su metodi «naturali» per accelerare il travaglio, alcune delle quali nascondono un pizzico di verità, anche se non è questo il punto. Se forzate l'inizio del travaglio, che sia attraverso un intervento medico o attraverso metodi «naturali», state forzando l'avvio di un processo che non è ancora pronto. E questo, se non ci sono ragioni mediche per farlo, non è affatto naturale né rispettoso. Credo fermamente che, in una gravidanza sana, aspettare che il travaglio cominci naturalmente sia il modo più gentile di affrontarlo.

2. L'ambiente del parto

Cosa vi fa sentire più a vostro agio, l'idea di partorire in un ospedale, a casa o in un centro nascita? Tutte queste opzioni sono considerate sicure nel caso di una gravidanza a basso rischio. Le ricerche suggeriscono che un parto in casa presenti rischi di complicazione leggermente superiori nel caso di una prima gravidanza.[6] Tuttavia, se la gravidanza è a basso rischio, questi rischi di complicazioni sono comunque molto bassi. Per chi aspetta dal secondo figlio in poi, i rischi di complicazioni di un parto in casa non sono maggiori che quelli di un parto in ospedale.

Se avete una gravidanza a basso rischio, quindi, potete scegliere l'ambiente in cui pensate di sentirvi più calme, rilassate.

[6] E.D. Hodnett, S. Gates, G.J. Hofmeyr, C. Sakala, «Continuous support for women during childbirth», in *Cochrane Database of Systematic Reviews*, 2007 Chichester, Numero 3.

Se avete una gravidanza a basso rischio, quindi, potete scegliere l'ambiente in cui pensate di sentirvi più calme, rilassate e con la situazione sotto controllo durante il processo del parto. Alcune donne potrebbero sentirsi rassicurate in una situazione ospedaliera mentre altre sentiranno di poter avere la situazione sotto controllo in un contesto familiare, circondate dalle comodità di casa propria e da ostetriche con cui abbiano già instaurato un rapporto.

L'ambiente ideale per il parto dovrebbe essere silenzioso, calmo, caldo e poco illuminato, privo di odori, suoni o oggetti che possano trasmettere ansia alla madre. Il travaglio e il parto si affidano alla secrezione dell'ormone dell'ossitocina, lo stesso ormone associato al rilassamento, all'amore e al sesso. Perché il travaglio cominci e progredisca senza intoppi, la madre deve produrre sufficiente ossitocina. Tuttavia, questa produzione viene ostacolata dalla secrezione dell'ormone dello stress, l'adrenalina, e da luci forti e fredde. Quindi è naturale che l'ambiente ideale per il parto sia romantico e rilassante.

Quando insegnavo nei corsi preparto, chiedevo ai futuri genitori di disegnare un luogo in cui sentivano di potersi rilassare profondamente. Di solito, disegnavano oceani, grandi letti e divani, cuscini, candele, caminetti e chiari di luna. È in uno di questi ambienti che si dovrebbe partorire. Molti genitori, invece, si ritrovano in atmosfere tutt'altro che rilassanti.

Oltre alle vostre preferenze personali, dovreste anche considerare in che tipo di luogo darete il benvenuto al vostro bambino. Come immaginate l'ambiente ideale per il vostro bambino appena nato (vedi il paragrafo sull'ora d'oro a pagina 46)?

Ovunque scegliate di partorire, è possibile rendere l'ambiente confortevole per il parto e per il bambino. Probabilmente non potrete accendere delle candele in ospedale ma, ad esempio, potreste portare con voi delle candele a batteria altrettanto efficaci. Potreste anche portare con voi asciugamani morbidi per asciugare il vostro bambino. Potreste prendere in considerazione il parto in acqua e richiedere contatto pelle a pelle immediato, chiedendo di lasciar passare del tempo prima di vestirlo, pesarlo e tagliare il cordone ombelicale. Potreste chiedere di aspettare prima di fargli indossare un cappello, in modo che possiate baciarlo e sfiorargli la testa con il viso. Anche portare oggetti personali da casa, come un cuscino o una coperta, può essere utile per rilassarvi, il che a sua volta può contribuire a un parto senza complicazioni.

3. L'accompagnatore

C'è qualcuno che vi fa sentire davvero rilassate? L'accompagnatore ideale durante il parto dovrebbe essere in grado di rimanere calmo e avere fiducia nella capacità della madre di partorire. Alcuni future mamme decidono di avere accanto un amico o parente durante il parto (insieme o al posto del proprio compagno), mentre altre preferiscono rimanere sole. Se decidete di volere accanto un amico o parente, dovrebbe essere qualcuno che condivida il vostro modo di vedere il parto e che sia completamente informato sui vostri desideri. Cercate di scegliere un accompagnatore che, oltre a essere calmo di natura, sia bravo a leggere le vostre emozioni e i vostri bisogni.

Alcune persone ingaggiano un'accompagnatrice professionista, chiamata doula. Una doula è spesso una donna che ha già vissuto l'esperienza del parto, anche se esistono doule uomini e doule che non hanno avuto figli. Tradotto letteralmente, il termine doula in greco antico vuol dire «serva», «schiava» e, in un certo senso, questo significato si addice al ruolo della doula, che è quello di adoperarsi per la futura madre, per darle la migliore esperienza di parto possibile, nelle modalità decise dalla madre stessa. Le doule si assicurano che i futuri genitori siano informati sulle loro opzioni e scelte e infondono loro fiducia in sé stessi. Di solito aiutano la madre in travaglio (e il padre) a sentirsi a proprio agio fisicamente ed emotivamente e si occupano dell'ambiente circostante, rendendolo il più possibile confortevole per il parto e per il bambino. Le ricerche hanno dimostrato che la presenza di una doula può migliorare di molto l'esito del parto, riducendo i rischi di aver bisogno di un cesareo o di un'epidurale, accorciando i tempi del travaglio e contribuendo a migliori risultati nell'allattamento e a un recupero post-parto più veloce.[7]

Le doule si assicurano che i futuri genitori siano informati sulle loro opzioni e scelte e infondono loro fiducia in sé stessi.

4. Strategie di rilassamento

Rimanere rilassati durante il travaglio è una condizione fondamentale per un parto tranquillo. Ciò vale per tutti coloro che circondano la madre in travaglio, oltre che per la madre stessa. Questo ci rimanda all'importanza dell'ambiente del parto, ma ci sono anche altre modalità per rimanere calmi che occorre

[7] P. Keenan, «Benefits of massage therapy and use of a doula during labor and childbirth» in, 2000, 6(1), pp. 66-74; S.K. McGrath e J.H. Kennel, «A randomized controlled trial of continuous labor support for middle-class couples: effect on cesarean delivery rates», in *Birth*, 2008, 35(2), pp. 92-7; D.A. Campbell, M.F. Lake, M. Falk, e J.R. Backstrand, «A randomized control trial of continuous support in labor by a lay doula» in *Alternative Therapies in Health and Medicine, Journal of Obstetric, Gynecologic & Neonatal Nursing*, 2006, 35, pp. 456-64; D. Campbell, K.D. Scott, M.H. Klaus e M. Falk, «Female relatives or friends trained as labor doulas: outcomes at 6 to 8 weeks postpartum», in *Birth*, 2007, volume 34(3), pp. 220-7.

prendere in considerazione. Che cosa vi aiuta a rilassarvi? Un pezzo musicale, un profumo?

Per gli accompagnatori, avere un buon libro con sé può essere un'ottima strategia di rilassamento (il travaglio può essere lungo e noioso ed è molto meglio leggere un libro che rimanere seduti a fissare la madre). Assicuratevi anche che i vestiti che pensate di indossare siano comodi e tenete a portata di mano cibo pronto, bevande e spuntini.

Metodi di rilassamento come *mindfulness*, ipnosi per il parto e tecniche di respirazione possono essere di grande aiuto per rimanere calmi. Questa tecnica di respirazione è molto semplice ed è una delle mie preferite: chiudete gli occhi e, respirando solo con il naso, inspirate contando fino a sette e poi espirate, sempre dal naso, contando fino a undici. Concentratevi sull'addome e sul diaframma che si alzano e si abbassano e sentite il flusso dell'aria mentre inspirate ed espirate lentamente.

Le strategie di rilassamento sono importanti anche per gli accompagnatori e per i compagni, non solo per le future mamme. Un compagno di parto ansioso può essere causa di stress per una mamma in travaglio.

5. Antidolorifici

Ogni forma di antidolorifico ha i suoi rischi e i suoi vantaggi ed è necessario comprendere appieno quali sono le opzioni a vostra disposizione. Applicare l'acronimo BRAIN (vedi pagina 37) può aiutarvi a fare delle scelte informate. C'è un'enorme varietà di antidolorifici a disposizione, da quelli farmaceutici (epidurale, gas esilarante, petidina) a quelli alternativi, come acqua calda, massaggi, aromaterapia, omeopatia, ipnoterapia e respirazione, movimento e apparecchi TENS.

Prima di tutto, pensate alle vostre aspettative. Pensate che il dolore sia parte integrante del parto? Se tutto va per il meglio, in un ambiente calmo, con l'ossitocina e le endorfine (gli antidolorifici naturali prodotti dal corpo) libere di fluire e con la concentrazione mantenuta sulla respirazione, il travaglio non comporta necessariamente un dolore insopportabile. Molte donne partoriscono facilmente, senza bisogno di antidolorifici. Io stessa ho partorito due bambini di cinque chili senza antidolorifici. Non ho una grande tolleranza al dolore e non ho rifiutato gli antidolorifici perché volessi avere necessariamente un parto completamente naturale. Semplicemente non ne ho avuto bisogno perché non sentivo così tanto dolore.

Se pensate di voler ricorrere agli antidolorifici, tuttavia, è essenziale che studiate tutte le opzioni in anticipo e vi assicuriate che gli accompagnatori siano a conoscenza delle vostre scelte (che saranno comunque indicate nelle vostre preferenze per il parto). Ad esempio, per me è stato utile aggiungere questa frase alle mie preferenze: «Vorrei che nessuno mi proponga di prendere antidolorifici. Se ne dovessi aver bisogno, li chiederò spontaneamente». Questo perché se qualcuno mi avesse proposto di prendere antidolorifici, avrei pensato di dare l'impressione di averne bisogno e avrei messo in discussione le mie sensazioni.

6. Situazioni particolari

È importante pensare al contesto ideale in cui vorreste partorire, ma è altrettanto fondamentale essere realistici e considerare cosa potrebbe succedere in caso di situazioni particolari che vi obblighino a discostarvi dal piano: ad esempio la necessità medica di un'induzione, di un cesareo d'emergenza o dell'uso di forcipe o ventosa. Ancora una volta, l'acronimo BRAIN (vedi pagina 37) può essere estremamente utile per prendere decisioni informate. Il più delle volte è comunque possibile rendere l'esperienza positiva, ad esempio chiedendo di poter mettere della musica nella sala operatoria, di fare immediatamente contatto pelle a pelle con il neonato e di avere il proprio accompagnatore accanto durante tutto il processo.

7. La seconda e terza fase

La seconda fase del parto è quella caratterizzata dalle spinte e la terza consiste nell'espulsione della placenta. Spesso, non si dà abbastanza importanza a queste due fasi nella lista delle proprie preferenze, eppure entrambe possono avere un impatto considerevole nei primi momenti da genitori.

Il corpo femminile non è fatto per «spingere» intensamente per un'ora o due. In realtà, se il parto avviene in modo normale e fisiologico, un insieme di reazioni chimiche e fisiche associate all'ossitocina dovrebbe stimolare un riflesso che da solo basterebbe a espellere il bambino dal canale uterino senza che la madre sia significativamente coinvolta a livello conscio. Negli anni sessanta, lo psicologo americano Niles Newton definì questo fenomeno come «riflesso di eiezione del feto», dopo aver condotto degli studi sulla gravidanza nei topi.[8] Tuttavia, perché questo riflesso entri in funzione, c'è bisogno di tranquillità, silenzio, fiducia e calma. L'ostetrico Michel Odent scrive nel suo saggio *Fetus Ejection Reflex and the Art of Midwifery* (Il riflesso di eiezione del feto e l'arte ostetrica):

l'avvio del riflesso di eiezione del feto è inibito da ogni eventuale interferenza con una condizione di privacy. Non avviene se

[8] Niles Newton, «The Fetus Ejecton Reflex Revisited», in *Birth*, articolo pubblicato online il 31 marzo 2007.

qualcuno dei presenti al momento del parto si comporta come un allenatore, un osservatore, un aiutante, una guida o un esperto. Può essere inibito da esami vaginali, dal contatto visivo o da un cambiamento di ambiente imposto. Non avviene se l'intelletto della donna in travaglio viene stimolato da un linguaggio razionale («La dilatazione è completa, ora deve spingere»). Non avviene se la stanza è troppo fredda o se ci sono luci troppo forti.[9]

Spesso, subito dopo la nascita, si accendono le luci, si tirano i fuori i cellulari per fare telefonate e mandare messaggi per diffondere la bella notizia, ci si scambiano congratulazioni e l'ambiente diventa all'improvviso molto più rumoroso e luminoso. Ma, in quel momento, solo due delle fasi del parto si sono concluse: la madre è ancora nel mezzo del travaglio e ci rimarrà fino a quando la placenta non sarà stata espulsa. Per questo, è fondamentale che lo stesso ambiente calmo, silenzioso e poco illuminato di poco prima rimanga tale. Gli stessi ormoni che hanno fatto sì che la madre partorisse il bambino sono necessari per espellere la placenta, ma spesso l'ossitocina viene inibita a causa delle forti luci e della confusione post-parto, che oltretutto costituisce uno stimolo eccessivo per il bambino appena nato.

A molte neomamme a questo punto viene somministrata un'iniezione (di ergometrina e ossitocina) per espellere la placenta. Questo processo si chiama gestione attiva del terzo stadio del parto ed è abbastanza comune perché accelera l'espulsione della placenta e riduce il rischio di importanti perdite di sangue. Ma ciò che molte donne non sanno è che quest'iniezione presenta alcuni rischi. Fra i rischi minori, ci sono nausea e vomito, che possono influenzare negativamente i primi momenti di costruzione del legame fra madre e figlio.

[9] www.wombecology.com

Un rischio più grave derivante dalla gestione attiva del terzo stadio è che può far decrescere le probabilità di successo dell'avvio dell'allattamento.

Se il parto ha subito delle complicazioni di qualsiasi tipo (per esempio un lungo travaglio, un'estrazione con forcipe o ventosa o una somministrazione di ossitocina sintetica per accelerare il travaglio), allora l'iniezione per l'espulsione della placenta può avere dei reali benefici. Se invece il parto è avvenuto naturalmente e senza complicazioni, potrebbero esserci più rischi che vantaggi.

Uno studio del 2009 ha rilevato un collegamento fra la somministrazione di iniezioni durante il terzo stadio e una minore probabilità di riuscita nell'allattamento a quarantotto ore dal parto.[10] Alcuni esperti hanno avanzato l'ipotesi che l'uso di ossitocina esogena, ovvero prodotta fuori dal corpo umano, possa inibire il rilascio da parte del corpo dell'ossitocina naturale, in particolare quella che circola all'interno del cervello. Se si pensa al ruolo vitale dell'ossitocina nella nascita dell'amore e del legame fra madre e figlio, non è possibile che un'iniezione di ossitocina artificiale sia deleteria per la formazione del legame con il proprio bambino? Ancora una volta, l'acronimo BRAIN può essere d'aiuto per fare la scelta migliore per la vostra famiglia.

8. L'ora d'oro

Immaginate di aver appena passato nove mesi in un posto caldo e scuro, dove tutto ciò che sfioravate era morbido. Eravate

[10] S. Jordan, S. Emery, A. Watkins, J.D. Evans, M. Storey, M e G. Morgan, «Associations of drugs routinely given in labour with breastfeeding at 48 hours: analysis of the Cardiff Births Survey», in *BJOG*, 2009, 116(12), pp. 1622-9.

circondati da acqua calda e sorretti costantemente. Ora immaginate che sensazioni può avere un bambino al momento della nascita: viene improvvisamente catapultato in un mondo di luci forti e aria fredda, strofinato con un asciugamano, pesato in una fredda bilancia di plastica o metallo, gli viene messo addosso un pannolino ruvido e viene vestito per la prima volta. E come si sentirà venendo maneggiato da estranei dall'odore sconosciuto?

Se fossi un neonato, sceglierei di essere avvolto dalla pelle tiepida e dal tocco di mia madre, di cui conosco l'odore e il corpo.

Se fossi un neonato, di sicuro sceglierei di essere avvolto dalla pelle tiepida e dal tocco di mia madre, di cui conosco l'odore e il corpo. Sceglierei di non avere addosso vestiti, pannolini, asciugamani e cappelli che possano ostacolare questo contatto pelle a pelle. Sceglierei di aspettare prima di essere preso in braccio da altre persone e di venire pesato solo dopo essermi abituato al mio nuovo mondo. Sceglierei luci il più soffuse possibile mentre i miei occhi si abituano alla presenza della luce, dopo aver vissuto al buio per nove mesi. Di certo non vorrei esporre i miei occhi sensibili a fotografie con il flash. E vorrei una stanza silenziosa, calma e tranquilla, in cui alle mie orecchie arrivino solo i sussurri rassicuranti dei miei genitori. E voi, che cosa scegliereste?

La prima ora dopo il parto è fondamentale per un avvio ottimale dell'allattamento, per un'espulsione fisiologica della placenta (senza iniezione) e per instaurare un legame con il neonato. Se possibile, in questo lasso di tempo, l'ambiente circostante dovrebbe essere lo stesso del parto. Le luci dovrebbero essere ancora soffuse, l'ambiente caldo e silenzioso e il bambino dovrebbe, preferibilmente, riposare sul petto della neomamma, coperto solo da morbidi asciugamani o coperte.

Se decidete di allattare, è durante quest'ora che il bambino impara ad attaccarsi al seno grazie al *breast crawl* (gattonamento al seno). Il *breast crawl* è un riflesso per cui i neonati gattonano spontaneamente verso il seno della madre e cominciano a succhiare. I neonati non hanno bisogno di essere maneggiati e aiutati ad attaccarsi al seno: al contrario, questo può talvolta ostacolare l'avvio dell'allattamento e può causare difficoltà con l'attacco. Per permettergli di sfruttare al meglio le sue abilità innate, il neonato dovrebbe essere posizionato sull'addome della madre e lasciato fare: in questo modo si creeranno le condizioni ottimali per l'allattamento. Inoltre, il concetto di «nutrimento biologico», messo a punto dall'ostetrica e consulente all'allattamento Suzanne Colson, evidenzia l'importanza della posizione della madre, che dovrebbe essere inclinata all'indietro o sdraiata supina durante questo lasso di tempo, in modo che la gravità non respinga il bambino dal seno, come succederebbe se fosse seduta o sdraiata di lato.

Quest'«ora d'oro» ha un ruolo fondamentale nella futura salute fisica e psicologica del bambino.

Durante la prima ora dopo la nascita, è bene ricordarsi di tutte le considerazioni fatte finora. È meglio che il bambino non venga separato dal petto della madre (neanche per essere preso in braccio dal padre) e che non s'interferisca in alcun modo sulla loro connessione. Quest'«ora d'oro» ha un ruolo fondamentale nella futura salute fisica e psicologica del bambino.

9. Il taglio del cordone ombelicale

Secondo una delle revisioni sistematiche Cochrane (progetti di ricerca portati avanti da scienziati e professionisti), un terzo del volume del sangue di un bambino appena nato si trova nel cordone ombelicale.[11] Questo sangue appartiene al bambino ed è ricco di sostanze nutritive importanti, ferro e cellule staminali. Non ha senso, quindi, tagliare il cordone immediatamente dopo la nascita, lasciando una parte del sangue del bambino nel cordone invece che nel suo corpo. Se il cordone viene tagliato troppo presto dopo la nascita, ci sono anche maggiori probabilità che il bambino contragga l'ittero, abbia un basso livello di emoglobina e carenze di ferro durante la crescita.[12] Gli autori della revisione Cochrane di cui sopra sintetizzano le loro scoperte come segue:

> *Sembrerebbe che un approccio più aperto al clampaggio ritardato sia giustificato nel caso di bambini in salute e nati a termine, specialmente alla luce delle sempre più numerose evidenze che il clampaggio ritardato sia associato a un aumento dei livelli di concentrazione di emoglobina e delle riserve di ferro del neonato.*

Oltre ai vantaggi per la salute del bambino, il taglio del cordone ritardato contribuisce a salvaguardare l'ora d'oro, evitando la separazione di madre e bambino e, di conseguenza, agevolando l'espulsione fisiologica della placenta e l'avvio dell'allattamento.

[11] Heike Rabe, Gillian M.L. Gyte, José L Díaz-Rossello, Lelia Duley, «Effect of timing of umbilical cord clamping and other strategies to influence placental transfusion at preterm birth on maternal and infant outcomes» in *Cochrane Database of Systematic Reviews*, 2012.

[12] M. Boulvain, S. Marcoux, M. Bureau, M. Fortier, W. Fraser, «Risks of induction of labour in uncomplicated term pregnancies», in *Paediatric Perinatal Epidemiology*, 15(2), 2001, pp. 131-8; Caitlin Dunne, Orlando Da Silva, Gail Schmidt, Renato Natale, «Outcomes of elective labour induction and elective caesarean section in low-risk pregnancies between 37 and 41 weeks' gestation», in *Journal of Obstetrics and Gynaecology Canada*, 31(12), 2009, pp. 1124-30.

Nel caso optiate per il clampaggio ritardato, il cordone ombelicale verrà tagliato quando tutto il sangue sarà defluito dal cordone in maniera evidente. Il cordone, che inizialmente appare rigido all'aspetto, tendente al violaceo e lievemente pulsante (per via del sangue che vi circola), verrà quindi tagliato solo quando si presenterà flaccido e bianco (una volta che il sangue sarà entrato a far parte del sistema circolatorio del bambino). In media, questo processo dura dieci minuti dal momento della nascita, ma può protrarsi fino a venti minuti. Alcuni genitori scelgono di tagliare il cordone di persona, vedendolo come un privilegio. Nel caso vogliate farlo, assicuratevi di esprimere questo desiderio nelle preferenze del parto, insieme alla nota relativa al clampaggio ritardato, se questa è la vostra preferenza. Alcuni genitori decidono di usare un nastro o un laccio in tessuto per legare il cordone, perché si ritiene sia più confortevole per il neonato rispetto alla molletta di plastica comunemente utilizzata. Se volete utilizzare del tessuto, è meglio chiedere alla vostra ostetrica se queste opzioni sono disponibili; altrimenti, potete procurarvelo e portarlo con voi.

Infine, alcuni genitori preferiscono non tagliare affatto il cordone, secondo un processo chiamato «nascita del loto». Questo gesto simbolico permette al bambino di staccarsi dal cordone spontaneamente: una separazione naturale, che avviene solitamente da due a cinque giorni dopo la nascita.

10. L'allattamento

Decidere come allattare il proprio bambino è una scelta difficile per alcuni genitori, mentre per altri è molto semplice. Ancora una volta, l'acronimo BRAIN (vedi pagina 37) può accorrere in aiuto.

Il punto più importante da considerare al momento di prendere questa decisione è che l'allattamento materno è la norma fisiologica per la nostra specie. È quindi il punto di riferimento al quale comparare gli altri metodi di alimentazione. Questo significa che bisogna considerare i rischi che la scelta di allattare il bambino in un modo non previsto dalla nostra specie implica per la madre e per il bambino. I genitori che optano per l'allattamento artificiale devono essere coscienti di questi rischi.

Fra i possibili problemi derivanti dall'allattamento artificiale, figurano maggiori rischi di:

per i bambini:
- otite;
- gastroenterite;
- polmonite;
- diabete di tipo 1 e 2;
- leucemia;
- obesità;
- sindrome della morte improvvisa del lattante (morte in culla);
- enterocolite necrotizzante (patologia che si manifesta con l'infezione e necrosi dei tessuti intestinali);

per le madri:
- cancro al seno;
- cancro alle ovaie;
- diabete di tipo 2.[13]

La ragione specifica dell'aumento di questi rischi non è sempre chiara, ma l'opinione condivisa è che deviare dalla norma dell'alimentazione del neonato può bloccare i naturali meccanismi

[13] Alison Stuebe, «The risks of not breastfeeding for mothers and infants», in *Reviews in Obstetrics and Gynaecology*, 2(4), 2009, pp. 222-31.

di protezione del bambino e della madre. A titolo di esempio, quando una donna allatta, avviene una soppressione degli estrogeni che non si verifica nel caso di allattamento artificiale: così, una madre che allatta artificialmente è più esposta ai tumori tipicamente «femminili» correlati ad alti livelli di estrogeno, rispetto a una madre che allatta al seno. Per quanto riguarda i benefici per il neonato, il latte materno è una sostanza viva, piena di proprietà che rafforzano il suo sistema immunitario e di batteri «buoni», che entrano a farne parte. Al contrario, il latte artificiale è privo di tali proprietà, non è un prodotto sterile e può contenere batteri indesiderati che possono far ammalare il bambino (ragione per cui aumentano i rischi di gastroenterite). Il latte artificiale può inoltre provocare delle reazioni nel corpo del bambino che non seguono la norma biologica; ad esempio, può far diminuire il sonno «attivo» (una fase di sonno leggero) e incentivare un sonno più profondo associato a un aumento del rischio di morte in culla. I bambini allattati al seno, al contrario, passano più tempo in uno stadio del sonno più leggero e sicuro.

> Il latte materno è una sostanza viva, piena di proprietà che rafforzano il sistema immunitario e di batteri «buoni», che entrano a farne parte.

Nel prendere questa decisione, fate attenzione a non farvi condizionare dai sottili messaggi pubblicitari lanciati dall'industria multimilionaria dell'allattamento artificiale. I produttori di latte artificiale e di biberon hanno tutto l'interesse nel dipingere l'allattamento al seno come doloroso, scomodo e difficile. E per convincervi, assumono esperti e operatori sanitari per promuovere i loro prodotti attraverso linee telefoniche di supporto, campioni gratuiti, conferenze e articoli in giornali e riviste. Perché non dovreste seguire i loro consigli? Spesso, non vi sarà neanche dato sapere che gli esperti in questione sono sul libro paga di questi giganti industriali.

Se decidete di allattare al seno, assicuratevi di menzionarlo nelle vostre preferenze. A volte negli ospedali si fa pressione sui neogenitori con il fine di somministrare latte artificiale ai neonati, quando, nella maggior parte dei casi, non è necessario. Se qualcuno in ospedale dovesse mettere in discussione la vostra scelta di allattare al seno o dovesse suggerirvi di integrare con il latte artificiale, ricordatevi di utilizzare l'acronimo BRAIN al momento di prendere la decisione (vedi pagina 37) e di ricercare immediatamente l'aiuto di un consulente in allattamento. Anche se il vostro bambino dovesse davvero aver bisogno di un'integrazione, le ricerche suggeriscono che sia meglio utilizzare latte umano donato piuttosto che latte artificiale.[14] Secondo la «Strategia globale per l'alimentazione dei neonati e dei bambini» dell'Organizzazione Mondiale della Sanità, è raccomandabile rispettare il seguente ordine di preferenza:

1. latte della madre tramite allattamento al seno
2. latte tirato in precedenza dalla stessa madre
3. latte di una balia sana, oppure
4. latte proveniente da una banca del latte umano, oppure
5. sostituto del latte materno (latte artificiale), da somministrare con una tazzina.

[14] C.A. Boyd, M.A. Quigley e P. Brocklehurst, «Donor breast milk versus infant formula for preterm infants: systematic review and meta-analysis», in *Archives of Disease in Childhood*, 92, 2007, pp. 169-75; A.F. Williams, C.C. Kingdon e G. Weaver, «Banking for the future: investing in human milk», in *Archives of Disease in Childhood*, 92, 2007, pp. 158-9; L.D.W. Arnold, «Global health policies that support the use of banked donor human milk: a human rights issue», in *International Breastfeeding Journal* 1:26, 2006, pp. 1-26.

Infine, c'è anche il lato pratico da considerare. Prima di diventare genitori, molti pensano che l'allattamento artificiale sia più pratico e che porti a notti migliori. In realtà, raramente è così e di solito è proprio il contrario. Assicurarsi di avere sempre con sé accessori sterilizzati e la possibilità di approvvigionarsi di acqua bollente per uccidere i batteri presenti nel latte artificiale può rivelarsi un compito arduo. Dover preparare i biberon nel mezzo della notte, mentre il bambino piange, porta spesso a notti più insonni per tutti. Le ricerche hanno dimostrato che le madri che allattano, e quindi anche i papà, dormono meglio e più a lungo dei genitori che allattano artificialmente e sono anche meno esposti a depressione post-natale e spossamento.[15]

Le ricerche hanno dimostrato che le madri che allattano, e quindi anche i papà, dormono meglio e più a lungo dei genitori che allattano artificialmente.

In caso decidiate di allattare il vostro bambino usando latte artificiale o latte materno tirato, non dimenticate che è assolutamente possibile farlo in modo naturale, con amore e cura, facendovi guidare dal bambino. Nel prossimo capitolo, scopriremo come (vedi pagina 56).

[15] D.M. Blyton, C.E. Sullivan, C. E. e N. Edwards, «Lactation is associated with an increase in slow-wave sleep in women», in Journal of Sleep Research, 11(4), 2002, pp. 297-303; T. Doan, A. Gardiner, C.L. Gay, e K.A. Lee, «Breastfeeding increases sleep duration of new parents», in Journal of Perinatal & Neonatal Nursing, 21(3), 2007, pp. 200-6; S.K. Dorheim, G.T. Bondevik, M. Eberhard-Gran e B. Bjorvatn, «Sleep and depression in postpartum women: A population-based study'», in Sleep, 32(7), 2009, pp. 847-55; C.L. Gay, K.A. Lee e S.Y. Lee, «Sleep patterns and fatigue in new mothers and fathers», in Biological Nursing Research, 5(4), 2004, pp. 311-18.

Prendere decisioni informate sulle strategie genitoriali

Sarete genitori autorevoli? È senza dubbio lo stile più adatto per un approccio gentile alla genitorialità. Il vostro compagno o compagna condivide le vostre opinioni sul modo di essere genitori?

Come affronterete le notti insonni? Come affronterete un bambino piccolo che ignora le vostre richieste? Come affronterete lo sfinimento che il diventare genitori comporta? Cosa farete per soddisfare i vostri bisogni oltre a quelli del bambino? Questi sono tutti punti importanti da considerare prima dell'arrivo di vostro figlio.

Ovviamente non è possibile prepararsi in anticipo a tutte le eventualità, ma una volta diventati genitori si finisce spesso per ritrovarsi talmente invischiati nella situazione del momento e così esausti, che non si ha tempo né spazio mentale per analizzare e confrontare le proprie convinzioni sul modo di essere genitori. Per questo, informandosi e parlandone da subito, ci si potranno risparmiare grandi quantità di stress e ansia in futuro.

3

Il quarto trimestre: da zero a tre mesi

Perché questo io penso, che ognuno è importante, sia piccolo o immenso.
Dottor Seuss, *Ortone e i piccoli Chi!*

I neonati umani sono forse i mammiferi con meno risorse per affrontare la vita fuori dal ventre materno: per molti mesi devono affidarsi totalmente ai genitori per soddisfare ogni loro bisogno. Il corpo e il cervello di un neonato si evolvono e crescono rapidamente, ma hanno bisogno di tempo per adattarsi alla vita «sulla terra» e, durante questa transizione, i bambini hanno bisogno che i genitori li tengano al sicuro, sia fisicamente che emotivamente. Il modo più semplice per farlo e per ridurre i pianti al minimo è pensare alle prime dodici settimane di vita del bambino come a un «quarto trimestre» (considerando che la gravidanza viene divisa in tre trimestri). Questo quarto trimestre dovrebbe essere il più simile possibile alla vita all'interno dell'utero.

Per capire davvero l'enormità della transizione che il neonato deve affrontare passando dall'utero alla vita dopo la nascita, può essere utile fare un confronto fra i due mondi. La tabella qui sotto illustra il radicale cambiamento a cui è sottoposto un neonato nel giro di poche ore.

Ambiente circostante durante la gravidanza	Ambiente circostante dopo la nascita
Oscurità ventiquattr'ore su ventiquattro.	Luce naturale per almeno dieci ore al giorno e luce artificiale di sera.
Suoni emessi dal corpo della madre e suoni esterni molto attutiti.	Contrasto netto fra silenzio assoluto (di solito di notte) e suoni forti, inaspettati e variabili.
Temperatura piacevole e costante (intorno ai 37 °C).	Temperatura fluttuante, spesso troppo alta o bassa.
Alimentazione costante attraverso il cordone ombelicale; assenza di fame e sete.	Fame e sete frequenti.
Spazio ristretto attorno al corpo.	Ampio spazio attorno al corpo.
Ambiente acquatico.	Aria.
Sostegno continuo da parte dell'utero materno e costante contatto con la madre.	Poche ore al giorno trascorse in braccio, molte ore trascorse disteso in solitudine, senza contatto fisico con la madre.
Nudità.	Vestiti.
Spazio circostante caldo e morbido.	Spazio circostante spesso duro e freddo.
Capacità olfattiva inibita dall'acqua.	Molteplicità di odori sempre nuovi.

Queste informazioni rivelano la radicalità del contrasto fra il mondo uterino del feto e il nostro. Riuscite a immaginare che shock dev'essere nascere e perdere in un istante tutto quello che si conosce da sempre? Nell'utero, il mondo del feto è invariabile, non ci sono cambiamenti, mentre dopo la nascita ogni giorno è diverso, in costante mutazione. Forse la transizione più significativa di tutte è il passaggio dal contatto continuo con la madre a un contatto relativamente scarso nell'arco delle ventiquattr'ore. Questo cambiamento è quello a cui i neonati faticano di più ad abituarsi, mettendo i genitori di fronte alla difficile constatazione che, il più delle volte, il bambino sembra essere felice solo quando è tenuto in braccio.

Nella società attuale, proviamo in tutti i modi a posare i bambini il più possibile, a incoraggiarne l'indipendenza e a evitare di viziarli. Ma un neonato ha bisogno di essere tenuto in braccio, quasi quanto ha bisogno del latte. È un bisogno fisico, oltre che psicologico. Non dev'essere spronato ad addormentarsi autonomamente, nell'errata convinzione che in questo modo imparerà a consolarsi da solo.

La capacità di consolarsi e calmarsi senza aiuto esterno è un processo psicologico complesso che impiega anni a svilupparsi; si basa su un meccanismo cerebrale che il bambino acquisirà a cinque-sei anni, se non più tardi. Quindi, nei primi anni, i nostri figli hanno bisogno di noi per regolare dall'esterno le loro emozioni, consolandoli e calmandoli fino a quando non saranno in grado di farlo da soli. E per un neonato, questo significa tenerlo a contatto il più possibile.

La capacità di consolarsi e calmarsi senza aiuto esterno è un processo psicologico complesso che impiega anni a svilupparsi.

Alcune tecniche per calmare un neonato

Tenendo sempre a mente l'idea del quarto trimestre, si possono mettere in pratica alcune tecniche che solitamente aiutano a calmare un neonato in lacrime. Ricordatevi, però, che ogni bambino è unico. Alcune di queste tecniche funzioneranno per voi e per il vostro bambino e altre meno. Spesso i neonati hanno bisogno di una combinazione di tecniche diverse per sentirsi calmi e al sicuro.

Movimento

Nel ventre materno il bambino era in costante movimento, anche quando la madre non si muoveva: riceveva regolarmente gli scossoni dalle contrazioni preparatorie di Braxton Hicks verso la fine della gravidanza, veniva lievemente cullato dal respiro, oscillava al ritmo dei passi e dondolava su e giù quando la mamma saliva o scendeva le scale. Pensate a quanto sia statica l'esperienza di stare sdraiati in un lettino, in una culla o su un materassino e capirete perché di solito i neonati stanno meglio se tenuti in braccio e cullati. Oltre a cullarli, potete tenerli in braccio mentre danzate o rimbalzate su una palla da yoga, portarli in fascia mentre fate una passeggiata o andare a fare un giro in macchina. Non temete di fare troppo movimento con il vostro neonato: se la testa e il collo hanno adeguato sostegno, non ci sono pericoli.

Contatto pelle a pelle

Il contatto diretto, pelle a pelle, con un genitore ha un effetto magico su un neonato. Aiuta a stabilizzare la temperatura del suo corpo, il battito cardiaco e gli ormoni dello stress. Inoltre, stimola il rilascio di ossitocina (l'ormone dell'amore e del legame affettivo) sia nel bambino che nel genitore, consolidando il loro legame.

Dormire insieme: co-sleeping e bedsharing

C'è molta confusione riguardo la differenza fra dormire assieme (*co-sleeping*) e condividere il letto (*bedsharing*). *Co-sleeping* vuol dire dormire nello stesso ambiente del bambino (ad esempio nella vostra stanza), mentre *bedsharing* vuol dire dormire sulla stessa superfice (ad esempio il vostro letto).

Il sonno condiviso è una pratica raccomandata come minimo per i primi sei mesi di vita del bambino, perché riduce il rischio di sindrome della morte improvvisa del lattante. Si ritiene che questo sia dovuto principalmente a tre fattori: trovandosi vicino al bambino, i genitori reagiscono più prontamente, svegliandosi più facilmente se hanno la percezione che qualcosa non vada; i rumori e i movimenti dei genitori fanno sì che il bambino non passi molto tempo nello stadio di sonno profondo associato al rischio di morte in culla; e infine, l'anidride carbonica emessa dall'espirazione dei genitori stimola il bambino a respirare.

Dormire nello stesso letto, invece, è raccomandabile solo se si seguono linee di sicurezza molto specifiche ed è appropriata solo ad alcune tipologie di genitori (vedi sotto). La decisione di condividere il letto con il bambino dovrebbe essere sempre informata, discussa approfonditamente e pianificata con tutti i membri del nucleo familiare. Ecco una lista delle linee guida da seguire per condividere il letto con il vostro bambino minimizzando ogni eventuale rischio.

- Se si allatta il bambino con latte artificiale, il *bedsharing* potrebbe non essere una pratica sicura, pertanto la madre dovrebbe allattare al seno. Le mamme che allattano al seno sono generalmente più reattive nei confronti del bambino durante la notte e tendono a posizionare il bambino all'altezza del seno, formando una sorta di culla con il proprio corpo (vedi immagine a pagina 62); al contrario, le madri che adottano l'allattamento artificiale, potrebbero non essere altrettanto reattive e di solito non dormono nella specifica posizione raccomandata. Inoltre, i bambini allattati al seno hanno un sonno più leggero di quelli allattati artificialmente. Infine, l'allattamento artificiale implica di per sé un rischio maggiore di morte in culla, quindi è opportuno non introdurre ulteriori fattori di rischio.
- Entrambi i genitori devono essere non fumatori e la madre non deve aver fumato durante la gravidanza.

- Nessuno dei due genitori deve aver consumato alcol durante il giorno.
- Nessuno dei due genitori deve aver fatto uso di sostanze stupefacenti o farmaci da prescrizione, compresi antidolorifici post-parto.
- Nessuno dei due genitori deve considerarsi «eccessivamente stanco», al punto da avere difficoltà a svegliarsi durante la notte.
- Il bambino non deve mai trovarsi nel mezzo del letto. Solo la madre possiede la speciale capacità di risvegliarsi facilmente per rispondere ai bisogni del suo bambino e non schiacciarlo muovendosi nel sonno, quindi dovrebbe dormire sempre fra il suo compagno e il bambino.
- La superficie su cui si dorme dev'essere sempre dura: non ci si deve mai addormentare con il proprio bambino su un divano, su un letto ad acqua o su un pouf. Anche i materassi in memory foam vanno evitati, perché troppo morbidi e anche per via delle sostanze chimiche utilizzate nel processo di produzione.
- Se possibile, è meglio dormire su un materasso posizionato sul pavimento o su un futon, per evitare cadute.
- I cuscini devono essere tenuti lontano dal bambino. Il bambino deve dormire all'altezza del seno della madre e non della testa. Coperte e piumoni devono essere tenuti a distanza dal bambino per evitare rischi di soffocamento (la madre può indossare vestaglie o pigiami pesanti per tenersi al caldo).
- Il bambino deve essere vestito in modo adeguato alla temperatura della stanza, per evitare pericoli di surriscaldamento.
- La madre dovrebbe dormire di lato, formando con il suo corpo una barriera protettiva per il bambino.
- Se il bambino è sottopeso o prematuro, è raccomandabile utilizzare una superficie separata, come ad esempio una culla con lato removibile da posizionare accanto al letto.

- È inoltre raccomandabile utilizzare una superficie separata se la madre è considerevolmente in sovrappeso o obesa.

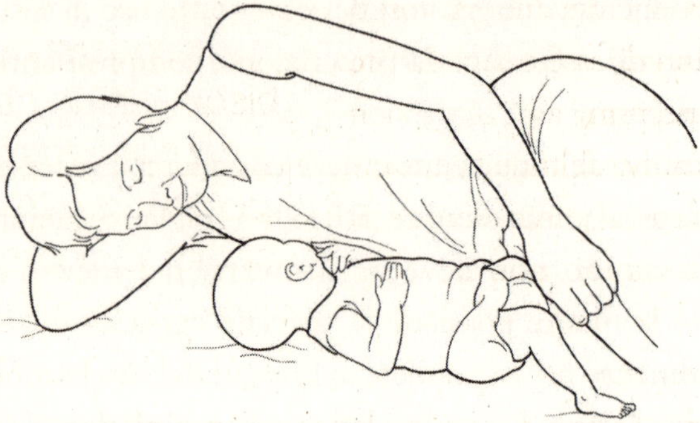

Una buona alternativa alla condivisione del letto è una culla *co-sleeping*, cioè una culla speciale che può essere accostata a un lato del letto dei genitori. In questo modo, il bambino ha il suo spazio personale, pur dormendo molto vicino alla madre, senza che le sbarre del lettino impediscano il contatto o l'accesso rapido.

Se fatto in modo sicuro, il *bedsharing* è un modo meraviglioso per far dormire meglio tutta la famiglia, considerando che i bambini di solito sono più calmi e si addormentano più facilmente se dormono insieme ai genitori. Si è calcolato che il 60-70% dei genitori finisce per condividere il letto con i bambini prima o poi e che, molto spesso, non si tratta di una decisione presa in precedenza. Per questo, essere informati sulle regole di sicurezza è importante anche se non avete intenzione di dormire insieme al vostro bambino, perché, un giorno, vi potrebbe sempre capitare di ritrovarvi a farlo.

Il *bedsharing* è un modo meraviglioso per far dormire meglio tutta la famiglia.

Spesso si teme che, permettendo al proprio bambino di dormire nel lettone una o due volte, lo farà per sempre e non imparerà a essere indipendente, ma le ricerche hanno dimostrato che non è così.[16] Soddisfare e prendersi cura dei bisogni di un neonato è il modo migliore per farlo diventare un bambino sicuro di sé e indipendente. Permettere al vostro bambino di essere dipendente da voi nei primi anni di vita non è una cattiva abitudine, è quanto di meglio possiate fare per il bene di tutta la famiglia.

Prendersi cura dei bisogni di un neonato è il modo migliore per farlo diventare un bambino sicuro di sé.

La fasciatura

Verso la fine della gravidanza, i bambini sono accovacciati nell'utero, con pochissimo spazio per muoversi. Dopo la nascita, invece, possono muovere braccia e gambe, anche se spesso in modo scoordinato, e sentono lo spazio intorno al proprio corpo. Questa nuova libertà e questo nuovo spazio possono irritare il bambino, che ha forse nostalgia del tepore del suo cantuccio nell'utero. La soluzione più ovvia è quella di avvolgere il bambino nelle vostre braccia, ma, nei momenti in cui avete bisogno di posarlo, la fasciatura può essere un'opzione.

Fasciare i neonati è una pratica millenaria; tuttavia, se decidete di farlo, ci sono importanti linee guida da seguire per evitare di esporre il vostro bambino a maggiori rischi di morte in culla. Inoltre, se allattate al seno, assicuratevi che l'allattamento sia ben avviato prima di cominciare a fasciare il bambino e prestate attenzione ai segnali iniziali di fame:

- Il bambino non deve essere mai fasciato in prossimità di viso e testa.

[16] P. Okami, T. Weisner e R. Olmstead, «Outcome correlates of parent-child bedsharing: an eighteen-year longitudinal study», in *Journal of Developmental Behavioural Paediatrics*, 23(4), 2002, pp. 244-53.

- Il bambino non deve essere mai fasciato se è ammalato o ha la febbre.
- Evitate che il bambino si surriscaldi: utilizzate un tessuto traspirante e leggero.
- Il bambino può essere fasciato solo fino a quando non è in grado di rotolare da solo, o fino alle quattordici settimane di età, a seconda della condizione che si verifica per prima.
- Il bambino deve essere sempre posizionato in posizione supina per dormire.
- La fasciatura non deve essere stretta all'altezza del petto.
- La fasciatura non deve essere stretta intorno alle anche e alle gambe del bambino: le gambe devono potersi muovere liberamente.
- È preferibile cominciare a fasciare il bambino al più presto dopo l'inizio dell'allattamento, ma non dopo i tre mesi d'età se non è mai stato fasciato prima.

Come fasciare un neonato in 5 passaggi

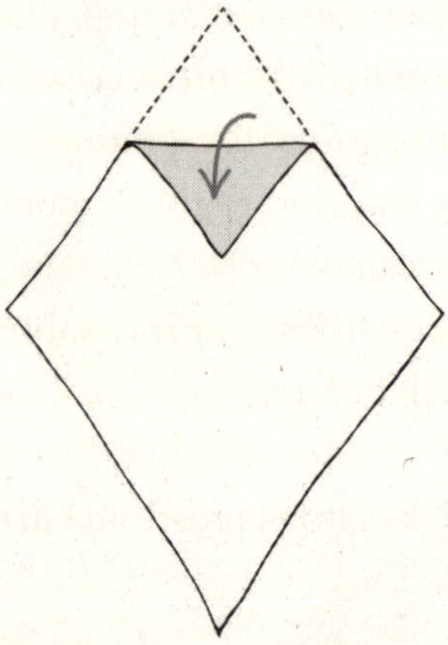

Piegare su sé stesso l'angolo superiore del tessuto in modo da formare un triangolo.

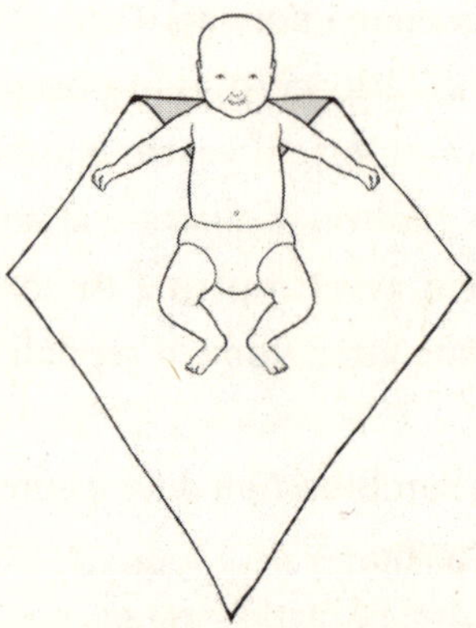

Posizionare il bambino con il collo in corrispondenza della piega superiore.

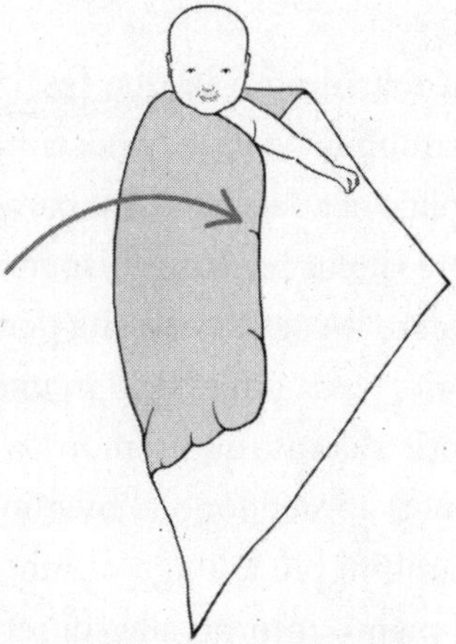

Avvicinare il braccio destro del bambino al fianco destro, prendere l'angolo in alto a sinistra del tessuto e tirarlo verso il basso coprendo il corpo del bambino. Rimboccare il tessuto sotto il suo lato sinistro.

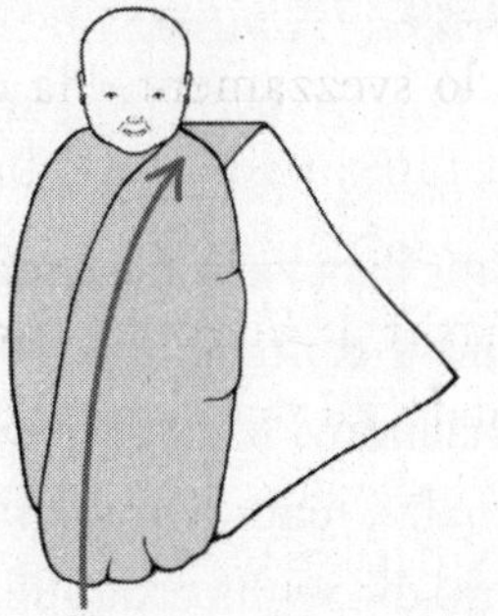

Prendere l'angolo inferiore del tessuto e tirarlo verso la spalla sinistra del bambino, avvicinare il braccio del bambino al fianco sinistro e rimboccare il tessuto sotto il braccio, il torso e il sedere.

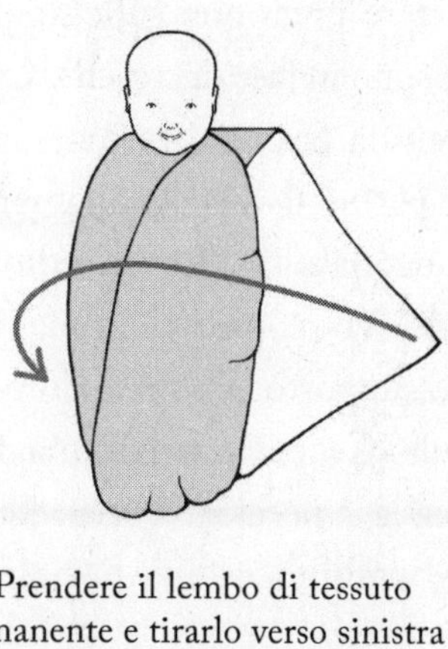

Prendere il lembo di tessuto rimanente e tirarlo verso sinistra avvolgendo il bambino, usando il suo stesso peso per tenere ferma la fasciatura.

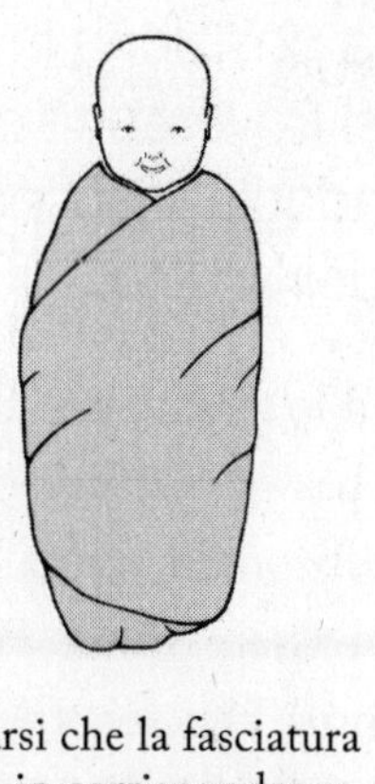

Assicurarsi che la fasciatura sia lenta in corrispondenza del petto e delle anche: deve essere stretta solo intorno alle braccia e all'addome.

Portare il bambino

Portare il vostro bambino in un marsupio o in una fascia, ovvero la pratica di «indossare il bambino», anche conosciuta come babywearing, è un modo semplice per dare al vostro bambino il contatto fisico semi-costante di cui ha tanto bisogno, lasciandovi le mani libere per soddisfare le vostre necessità personali. Quando un bambino è portato, passa più tempo in uno stato di «veglia tranquilla», ed è proprio durante questi momenti di calmo appagamento che i neonati apprendono al meglio.

Secondo le ricerche, portare i bambini più a lungo durante la giornata aiuta altresì a ridurne il pianto intorno alle sei settimane di vita, periodo in cui di solito le crisi di pianto raggiungono il picco massimo.[17]

Se volete portare il vostro bambino, è fondamentale utilizzare una fascia o un marsupio di buona qualità. Devono essere comodi sia per il bambino che per chi lo porta, sostenendo la spina dorsale del bambino, senza mettere pressione sulle anche, che sono in fase di crescita. Cercate una fascia o un marsupio che permetta il posizionamento del neonato rivolto verso di voi, con le gambe posizionate a forma di «M», come nell'immagine in basso a sinistra, e che dia il giusto supporto alla spina dorsale, posizionata naturalmente a forma di «C», come nell'immagine in basso a destra. Perché questo accada, è necessaria una seduta ampia che sostenga le anche del bambino in una posizione

Il modo più naturale per portare un neonato imita la posizione in cui si troverebbe se fosse adagiato sul petto dell'adulto.

[17] U.A. Hunziker e R.G. Barr, «Increased carrying reduces infant crying: a randomized controlled trial», in *Pediatrics*, 77(5), 1986, pp. 641-8.

fisiologicamente corretta senza creare tensioni. Una seduta ampia è inoltre considerevolmente più comoda sia per il bambino che per chi lo porta. Il modo più naturale per portare un neonato imita la posizione in cui si troverebbe se fosse adagiato sul petto dell'adulto. Se si porta il bambino rivolto verso l'esterno, la posizione in cui si trova non è fisiologicamente corretta, può creare tensioni ed essere scomoda sia per lui che per voi. Se il bambino è rivolto verso l'esterno, gli risulterà anche più difficile disconnettersi dal mondo esterno quando è stanco.

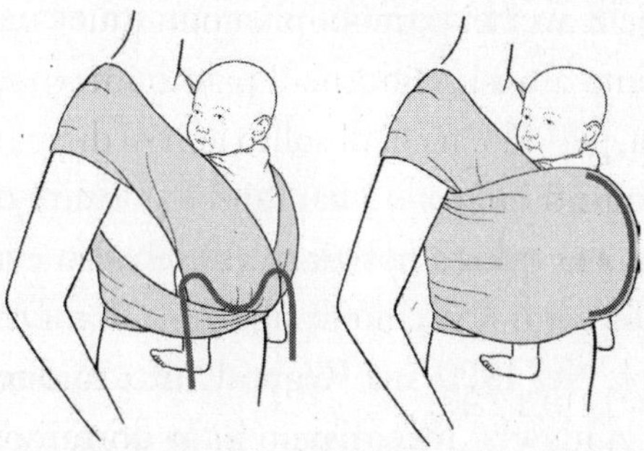

Ecco alcune regole di sicurezza da seguire quando si porta un bambino in una fascia o in un marsupio:

- Assicuratevi che le vie respiratorie del bambino siano sempre scoperte; il mento del bambino non deve mai toccare il suo petto. Tenendo il bambino in posizione verticale, è più semplice mantenere il mento lontano dal petto.
- Tenete il bambino sempre a vista e controllatelo regolarmente. La testa dovrebbe essere abbastanza vicina alla vostra da poterlo tenere facilmente sotto controllo.
- Controllate la temperatura del bambino, facendo attenzione che non si surriscaldi.
- Controllate che la fascia o il marsupio che state usando abbia superato tutti i controlli di sicurezza e verificate che non ci siano danni prima dell'uso.

- Utilizzate una fascia o un marsupio che supportino la testa, il collo e la spina dorsale del bambino.
- Assicuratevi che il bambino sia ben stretto a voi: se il tessuto è troppo lento, il bambino potrebbe scivolare verso il basso e avere difficoltà a respirare.

Spesso fasce e marsupi vengono utilizzati per trasportare i bambini quando si è fuori casa, ma possono essere alleati formidabili anche dentro casa, specialmente di sera, quando i bambini tendono ad aver bisogno di più contatto e conforto.

Posizione

Alcuni genitori mettono i bambini a dormire di fianco o a pancia in giù, ma queste posizioni andrebbero evitate perché aumentano di molto il rischio di sindrome di morte improvvisa del lattante. Nel 1990, nel Regno Unito, furono pubblicate alcune linee guida che incentivano a far dormire i bambini a pancia in su, attraverso la campagna Back to sleep: a seguito di questa campagna, nel 1992, si registrarono meno della metà di morti in culla rispetto al 1989.[18] Le ricerche hanno inoltre rivelato che i bambini che vengono posizionati a pancia in giù per dormire hanno una probabilità fino a sei volte maggiore di morire di sindrome di morte improvvisa del lattante rispetto a quelli posizionati a pancia in su.[19]

Detto ciò, nell'utero il bambino non si trova mai disteso a pancia in su, quindi fargli passare del tempo in una posizione a

[18] T. Dwyer e A.L. Ponsonby, «Sudden Infant Death Syndrome and prone sleeping position», in *Annual of Epidemiology*, 19(4), 2009, pp. 245-9.

[19] B.D. Gessner, G.C. Ives e K.A. Perham-Hester, «Association between sudden infant death syndrome and prone sleep position, bed sharing, and sleeping outside an infant crib in Alaska», in *Pediatrics*, 108(4), 2001, pp. 923-7.

lui più consona durante le ore di veglia può aiutarlo a tranquillizzarsi. A molti bambini piace passare del tempo a pancia in giù: potete stendervi sul letto con il bambino adagiato sul vostro addome e parlargli, o stendervi entrambi a pancia in giù sul pavimento, rivolti uno verso l'altro.

Queste attività sono utili per creare un legame fra voi e anche per aiutare il bambino a rafforzare i muscoli addominali, della testa e del collo. Inoltre, ai bambini piace molto essere tenuti in braccio in posizione orizzontale. La posizione «tigre sull'albero» illustrata in basso, presa dallo yoga per bambini, ha spesso l'effetto magico di far smettere di piangere un bambino istantaneamente.

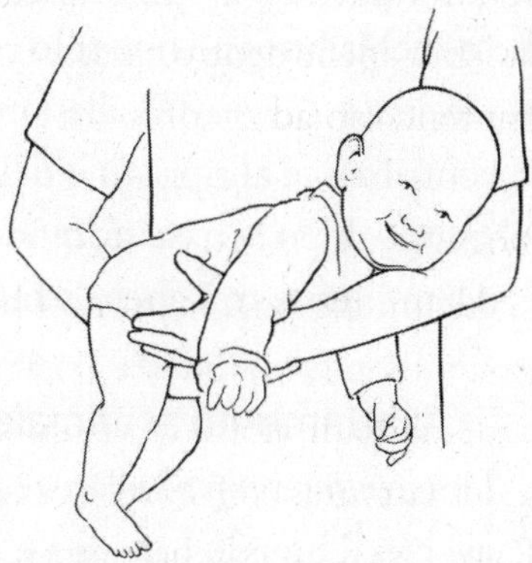

Rumore

Nell'utero, i bambini sono abituati a sentire le voci attutite e i suoni provenienti dagli organi della madre. Venire alla luce in un mondo che può essere molto silenzioso o molto rumoroso dev'essere un'esperienza sconcertante. La notte è forse il momento più silenzioso e la mancanza dei rumori a cui era abituato può destabilizzare il bambino. Per ovviare a questo problema, si può ricorrere al rumore bianco, impostato a un volume adeguato: deve poterlo sentire sopra al suo pianto, quindi dev'essere abbastanza alto, ma non troppo. Si può utilizzare una radio sintonizzata su un'interferenza, un'app di rumore bianco o un CD. Molti genitori sono portati istintivamente a cantare o sussurrare per calmare i neonati e, in effetti, le ricerche hanno dimostrato che le ninna nanne aiutano a tranquillizzarli e a regolare il loro sistema nervoso.[20]

Allattamento

L'allattamento, specialmente quello al seno, non ha solo a che vedere con l'alimentazione: è anche associato al bisogno di conforto e al fatto che il bambino non ha mai provato fame o sete fintantoché era nell'utero. Allattare il neonato ogni volta che ne abbia bisogno non solo contribuirà a calmarlo, ma anche ad accelerare l'avvio dell'allattamento. Inoltre, l'atto della suzione contribuisce al ripristino della normale posizione delle ossa del cranio dopo la nascita, quindi, da un allattamento frequente, il bambino trarrà anche vantaggi fisici.

Allattamento artificiale guidato dal bambino

I momenti passati ad allattare sono ideali per instaurare un legame con il proprio bambino e dargli conforto fisico ed emotivo. Anche se si allatta artificialmente, non si deve rinunciare a farlo in modo naturale e attento, lasciandosi guidare dal proprio bambino. I suggerimenti che seguono vi aiuteranno a farlo nel modo più corretto a livello psicologico e fisiologico.

Non guardate l'orologio

Spesso l'allattamento artificiale viene associato a una tabella oraria. Tuttavia, non dev'essere necessariamente così e si può tranquillamente optare per un allattamento su richiesta. È più difficile reagire velocemente alle necessità del bambino con il latte

[20] S. Arnon, C. Diamant, S. Bauer, R. Regev, G. Sirota e I. Litmanovitz, «Maternal singing during kangaroo care led to autonomic stability in preterm infants and reduced maternal anxiety», in *Acta Paediatrica*, 2014.

artificiale, perché dovrete prepararlo e aspettare che raggiunga la temperatura giusta. Tuttavia, con un po' di organizzazione in più e un'attenta osservazione dei segnali della fame del vostro bambino (soprattutto quelli iniziali, quali i contorcimenti del corpo e il riflesso di suzione), dovrebbe essere possibile reagire in modo abbastanza veloce e prima che il bambino cominci a piangere troppo (che è già un segnale di fame tardivo). Non saranno un orologio, la confezione del latte in polvere o un libro a dirvi quando vostro figlio avrà fame. Solo lui potrà farvelo capire.

Guardate il bambino, non il biberon

Solo il bambino sa se ha bevuto abbastanza latte o no. Le istruzioni del latte in polvere possono darvi una vaga idea delle quantità necessarie, ma è solo un'indicazione. Il vostro bambino potrebbe essere particolarmente affamato durante una poppata e meno in quella successiva. Fate attenzione ai segnali di sazietà del bambino (le mani si rilassano e si schiudono, il corpo si rilassa, subentra il sonno, il singhiozzo o un ruttino e un po' di latte potrebbe gocciolare fuori dalla bocca) e fermatevi quando avete la sensazione che abbia bevuto abbastanza. Non cedete alla tentazione di provare a dargli più di quello che vuole per finire il biberon.

Fate contatto pelle a pelle

Quando si allatta al seno, si fa naturalmente del contatto pelle a pelle, che è un ottimo modo di tranquillizzare il bambino e di instaurare un legame: non c'è nessun motivo per cui questo non si possa fare utilizzando un biberon. Potete sbottonare la camicia o sollevare la maglietta e tenere il bambino con il viso appoggiato sul vostro petto. E questo non vale solo per le mamme, ma anche per i papà.

Lasciate che sia il bambino a prendere il biberon

Quando il bambino è allattato al seno, è lui a decidere di attaccarsi al capezzolo e cominciare a succhiare, mentre solitamente è il genitore a dare il via all'allattamento artificiale inserendo il biberon nella bocca del bambino. Provate a tenere la tettarella vicino alla guancia del bambino e ad aspettare che sia lui a girarsi e ad attaccarsi, tirandola dentro la bocca.
Allo stesso modo, quando sentite che il bambino sta cercando di spingere via la tettarella dalla bocca, tiratela fuori immediatamente e aspettate che si attacchi di nuovo prima di ricominciare.

Vivete nel momento

Mentre allattate il bambino, prendetevi del tempo per vivere il momento. Fermatevi, abbracciatelo, parlategli, accarezzategli le braccia e le gambe, annusategli la testa, sentite il suo peso nelle vostre braccia e ritagliatevi questo momento godendone pienamente. Prima che immaginiate, vostro figlio imparerà a gattonare, a camminare, e questi dolci momenti iniziali cadranno nel dimenticatoio. Non cedete alla tentazione di fare più cose contemporaneamente, controllare messaggi o e-mail, o fare una telefonata: pensate al momento della poppata come a un'occasione per creare un legame con il bambino e non solo per nutrirlo.

Tenete il bambino in una posizione più verticale

Spesso si dà il biberon ai bambini tenendoli in braccio o sulle gambe in posizione orizzontale. Al contrario, dopo le primissime settimane, i bambini allattati al seno vengono spesso tenuti più verticalmente, quasi seduti, in una posizione che si pensa riduca i rischi di otite. Per trovare l'angolatura giusta, tenete il bambino in posizione verticale quanto basta da riuscire a tenere il biberon parallelo al pavimento.

Rispettate le pause del bambino

Di solito i bambini allattati al seno succhiano per un po', poi si fermano, fanno una pausa, si guardano intorno, poi riprendono a succhiare e si fermano di nuovo. Provate a fare lo stesso: una volta soddisfatta la fame iniziale, incoraggiate il bambino a fermarsi, «chiacchierare» con voi, scambiarvi sorrisi, coccole e così via. Anche fermarsi per massaggiargli la schiena o cambiare posizione ogni cinque o dieci minuti può sortire lo stesso effetto, o cambiare il braccio con cui lo tenete.

Usate una tettarella a flusso lento

Una tettarella a flusso lento permette al bambino di esercitare più controllo sul flusso del latte.

Acqua

Prima della nascita, i bambini sono immersi in un ambiente acquatico, circondati d'acqua calda a 37 °C. Immaginate come deve sembrargli strano ritrovarsi circondati d'aria, che a confronto è abbastanza fredda, aggirandosi intorno ai 18-20 °C. Fare il bagno insieme a un neonato per fargli ritrovare la sensazione di essere immerso in acqua calda, in braccio a un genitore, può rendergli la transizione più facile e spesso funziona a meraviglia per calmare un pianto inconsolabile.

Lo sviluppo del bambino da zero a tre mesi

Il cervello di un neonato al momento della nascita misura circa un quarto delle dimensioni che avrà da adulto ed è abbastanza elementare nelle sue funzioni e capacità, anche se il midollo spinale e il tronco encefalico, le parti che si occupano dell'omeostasi (respirazione, regolazione della temperatura, controllo della circolazione e via dicendo) sono ben sviluppate perché sono di fondamentale importanza per la sopravvivenza. Invece il sistema limbico e la corteccia cerebrale, le parti del cervello che si occupano delle emozioni e dei processi cognitivi, sono incredibilmente immaturi. Ciò vuol dire che un neonato non è in grado di imparare? In un certo senso, è proprio così. Un neonato può abituarsi a qualcosa attraverso un processo di adattamento, per esempio al suono che fa un cane che abbaia, ma questo non vuol dire che abbia una comprensione profonda del fenomeno. Non ha imparato che il cane non deve fargli paura, che non è un pericolo per la sua vita, semplicemente si è abituato al rumore e non sussulta più quando lo sente. Il suo cervello non è certamente in grado di insegnargli a consolarsi da solo o a manipolare qualcuno.

I neonati funzionano perlopiù attraverso riflessi, controllati dalle rudimentali parti inferiori del cervello. Fra questi figurano il riflesso di Moro (o dell'abbraccio), il *breast crawl* (vedi pagina 47), il riflesso di marcia automatica (per cui se si sostiene un neonato su una superficie, accennerà una camminata), il riflesso di prensione palmare (per cui stringe il dito che gli sfiora la mano) e il riflesso oculocefalico, o dell'occhio di bambola (per cui continua a guardare avanti anche quando gira la testa di lato). Questi riflessi aiutano il bambino a sopravvivere, insieme alle azioni primitive che permettono l'omeostasi. Quindi è importante che il bambino pianga quando non è in contatto fisico con i genitori, perché il riflesso del pianto fa sì che venga preso in braccio e tenuto al sicuro. Anche la vista di un neonato non è la stessa di un adulto. La massima distanza che un neonato riesce a mettere a fuoco è quella del viso della persona che lo tiene in braccio (20-25 cm) e questo rimarrà il principale oggetto della sua attenzione per i primi tre mesi.

È importante che il bambino pianga quando non è in contatto fisico con i genitori.

Routine vs orari

Avere una routine vuol dire fare le stesse cose più o meno alla stessa ora ogni giorno, invece una tabella oraria viene artificialmente imposta dai genitori con poco riguardo per i bisogni dei bambini. Nei primi tre mesi della vita del bambino, è meglio lasciarsi guidare da lui. Questo vuol dire seguire il più possibile i suoi segnali di fame e stanchezza. Anche se può essere allettante stabilire un orario per riportare un minimo di prevedibilità nella vostra vita, questo potrebbe creare problemi per l'allattamento ed essere causa di stress e pianti per il bambino.

Appena nati, i bambini non hanno alcuna concezione del giorno e della notte e sarà così per i primi tre mesi di vita. Noi adulti consumiamo la maggior parte dei nostri pasti durante le ore di luce, mentre i neonati hanno bisogno di nutrirsi di notte quanto di giorno, se non di più, visto che di notte ci sono meno distrazioni. L'allattamento a richiesta (che consiste nel lasciarlo smettere di mangiare se è sazio e dargli da mangiare se ha fame) è importante non solo per incrementare la produzione del latte della madre, ma anche per far sì che il bambino si nutra secondo il proprio ritmo e cominci a instaurare abitudini alimentari sane. L'allattamento a richiesta è una parte significativa del processo attraverso il quale il bambino impara a riconoscere i propri livelli di sazietà. La ricerca ha dimostrato che i bambini allattati a richiesta hanno meno probabilità di diventare obesi da adulti. Inoltre, da ulteriori ricerche è emerso che allattare a richiesta, invece che seguendo un orario, favorirebbe un miglior sviluppo cognitivo.

L'allattamento a richiesta è una parte significativa del processo attraverso il quale il bambino impara a riconoscere i propri livelli di sazietà.

Come riconoscere i segnali di fame e di stanchezza

Se decidete di allattare il vostro bambino a richiesta, è importante imparare a riconoscere i suoi segnali iniziali di fame e stanchezza. Questi segnali tendono a variare da bambino a bambino, tuttavia ce ne sono alcuni abbastanza universali. Sia per il sonno che per la fame, è di gran lunga preferibile reagire prima che questi segnali degenerino nel pianto, un indicatore tardivo di entrambe le sensazioni.

Segnali iniziali di fame:

- il bambino apre e chiude la bocca;
- gira la testa di lato e ricerca la suzione;
- si risveglia dal sonno muovendo gli arti;
- si agita e si stiracchia;
- porta la mano alla bocca.

Segnali iniziali di sonno:

- il bambino evita il vostro sguardo;
- si tocca la testa e/o l'orecchio;
- ha il singhiozzo;
- fa movimenti convulsi, specialmente con le braccia;
- emette grugniti o un «oh»;
- sbadiglia (questo è in realtà un segnale abbastanza tardivo).

Pianto e coliche

Benché a circa un quarto dei neonati vengano diagnosticate le «coliche», non si tratta di un disturbo patologico. Le coliche sono un'etichetta apposta quando il bambino piange molto senza che se ne conoscano le cause. In molti casi, questi pianti possono essere spiegati da una mancata comprensione del quarto trimestre, un'allergia o intolleranza non diagnosticata (ad esempio alle proteine del latte vaccino) o a problemi nell'allattamento (ad esempio un frenulo non diagnosticato, un attacco sbagliato o conseguenze del parto che creano disagi al bambino).

I «criteri di Wessel», dal nome del pediatra che ha condotto uno studio sul pianto senza cause conosciute, si utilizzano per diagnosticare le coliche in bambini che piangono per più di tre ore al giorno, per più di tre giorni a settimana, per più di tre settimane.

Se il vostro bambino sembra molto insoddisfatto, è sempre meglio cercare le cause del pianto e affrontare eventuali problemi piuttosto che metterli a tacere con l'uso di medicine. Il grafico seguente può aiutarvi a identificare e, speriamo, a eliminare eventuali preoccupazioni riguardanti pianto e coliche.

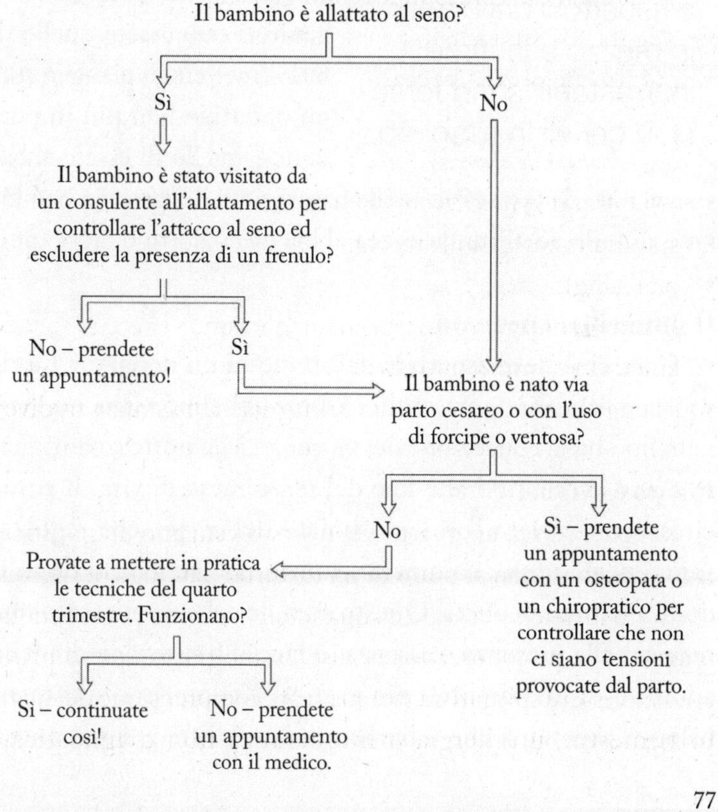

Quando il pianto non si ferma

Essere genitori gentili non vuol dire avere bambini che non piangono mai o riuscire a farli smettere di piangere all'istante. Vuol dire rimanere calmi, empatici e reattivi e restare con il bambino mentre piange, nel caso tutti i vostri sforzi di farlo smettere siano stati vani.

Purtroppo, molti genitori interpretano come un fallimento il fatto di non riuscire a far smettere di piangere il proprio bambino, eppure non c'è niente di più lontano dal vero: i genitori che riescono a rimanere presenti e rispettosi del bambino in mezzo a lacrime inarrestabili sono forse i più gentili in assoluto. L'obiettivo momentaneo dei genitori può essere quello di farlo smettere di piangere, ma un obiettivo ben più importante è quello di essere abbastanza forti da farsi carico delle frustrazioni del proprio bambino e aiutarlo ad affrontarle, che abbia dieci giorni o dieci anni.

> I genitori che riescono a rimanere presenti e rispettosi del bambino in mezzo a lacrime inarrestabili sono forse i più gentili in assoluto.

Il sonno di un neonato

Cosa ci si deve aspettare dal sonno di un neonato? La risposta è semplice: non molto! Come abbiamo visto, un neonato non ha la concezione del giorno e della notte e continuerà a non averla fino alla fine del terzo mese di vita. Il ritmo circadiano, ovvero l'orologio innato del corpo, che regola il sonno degli adulti, comincia a funzionare bene solo dopo le dodici settimane di età. Questo significa che un neonato non reagisce alla presenza o assenza di luce allo stesso modo di un adulto o di un bambino più grande. Nelle prime settimane bisogna aspettarsi che il bambino si svegli frequentemente e abbia bisogno di mangiare sia di giorno che di notte (e probabilmente anche più spesso di notte).

Non si può accelerare lo sviluppo del ritmo circadiano del bambino, ma si può contribuire al processo esponendolo a molta luce naturale, portandolo a fare passeggiate di giorno e tenendo le luci molto soffuse di notte.

A proposito di luce, di sera è importante non usare normali lumi da notte o lampadine. La maggior parte dei lumi e lampadine per bambini emettono onde luminose bianche e blu, che fanno sì che il cervello pensi sia giorno e inibisca la produzione di melatonina, l'ormone del sonno. L'ideale sarebbe tenere le luci spente dopo il tramonto, ma se avete bisogno di vedere mentre allattate o cambiate un pannolino, allora è meglio usare una lampada con una lampadina a luce rossa e a basso voltaggio. La luce rossa non inibisce la secrezione di melatonina e non interferirà quindi con il sonno del vostro bambino.

Il ruolo del compagno

Nelle prime settimane di vita, è soprattutto la madre a soddisfare i bisogni del bambino. Ma questo non vuol dire che il suo compagno o compagna non abbia un ruolo importante, al contrario. Le sue tre responsabilità principali in questo periodo sono le seguenti.

1. Proteggere lo spazio

Immaginate di essere un buttafuori che protegge l'entrata di un locale molto speciale, mandando via le persone la cui presenza possa interferire con il benessere della vostra nuova famiglia, portando stress, ansia, rumori o disagio. Mantenere i visitatori a distanza per alcune settimane può servire a dare a tutti il tempo di riposare, recuperare e fare conoscenza con il nuovo arrivato.

2. Prendersi cura della madre e darle supporto

Questo vale soprattutto nel caso la madre stia allattando al seno. Dandole supporto e incoraggiamento, oltre che empatia, farete aumentare di molto le possibilità di un allattamento riuscito.

Tenete a portata di mano i contatti di associazioni locali di supporto, contattatele se necessario e assicuratevi che alla madre non manchino cibo e acqua, esortandola a riposarsi il più possibile.

3. Creare un legame anche senza allattare

Questo punto è collegato a quello precedente. Può essere molto difficile per un compagno assistere alla difficoltà della madre con l'allattamento e pensare che per una volta si potrebbe dare un biberon e risolvere tutto. In realtà, un passo del genere rischia di spingere la situazione su una china scivolosa. Un solo biberon di latte artificiale può fare la differenza per la flora intestinale del bambino e può condurre a un altro biberon e a un altro ancora, influenzando negativamente l'avvio dell'allattamento. La cosa migliore da fare in caso di problemi è contattare un'associazione di supporto. Non date ascolto al falso mito che dargli il biberon possa aiutarvi a creare un legame con il neonato. Ci sono molti modi di creare questo legame senza entrare nella sfera dell'allattamento. Ad esempio, potreste fare un bagno serale insieme al vostro bambino, portarlo a fare una passeggiata in una fascia per lasciar riposare la madre, fargli un massaggio, leggergli delle storie o cantargli delle canzoni.

4
Il bambino dai tre ai sei mesi

Ciò che instilliamo nei nostri figli sono le fondamenta su cui costruiranno il loro futuro.

Steve Maraboli, scrittore e scienziato

Il periodo dai tre ai sei mesi è meraviglioso: il duro lavoro del quarto trimestre viene ripagato da sorrisi furbetti, adorabili risolini e grasse risate di pancia. Il bambino comincia a essere molto più cosciente del mondo che lo circonda e diventa di grande compagnia. Le coliche e il pianto diminuiscono drasticamente. E i genitori cominciano a sentirsi più sicuri di sé nel loro ruolo. È questo il periodo in cui, di solito, ci si comincia ad avventurare nel mondo dei gruppi e delle lezioni per bambini e crescere un figlio inizia a diventare un'attività più sociale.

Verso la fine di questo periodo, il bambino comincerà a raggiungere le tappe dello sviluppo fisico necessarie per l'introduzione del cibo solido. Questo è anche il periodo in cui molte mamme cominciano a pensare al rientro al lavoro e decidere a chi affidare il bambino durante il giorno può diventare una delle più grandi preoccupazioni del momento. In questo capitolo scopriremo come capire se il bambino è pronto per i cibi solidi, come affidare il bambino a qualcun altro rimanendo coerenti con la nostra scelta di genitorialità gentile e come intrattenere il bambino in modo adatto alla sua età. Analizzeremo sia quello che succede durante la dentizione sia il modo di aiutare il bambino a superare questa fase. Infine, esamineremo i cambiamenti nel cervello del bambino e l'andamento del sonno durante questo periodo.

Intrattenere un bambino che cresce

L'industria dell'intrattenimento degli infanti è in piena fioritura (cercando su internet le parole inglesi *baby classes*, lezioni per bambini, appaiono quasi 200.000 risultati) e spesso i genitori pensano che portare il bambino a queste lezioni sia fondamentale non solo per intrattenerlo, ma anche per incoraggiarne lo sviluppo. In realtà, entrambe le convinzioni sono errate.

I bambini sono automaticamente programmati per essere sociali. Fin dal momento della nascita, preferiscono guardare un viso umano che un qualsiasi altro oggetto. Quindi, in realtà, tutto ciò di cui il vostro bambino ha bisogno per sviluppare abilità sociali straordinarie siete voi. Tutto ciò che il bambino ha bisogno di sapere sulle interazioni sociali avviene naturalmente fra voi ogni giorno. Scambiarsi un sorriso, uno sguardo, improvvisare un gioco del cucù, fargli coccole e carezze e copiare le espressioni reciproche sono alla base della socializzazione. Questo scambio di contatto, suoni e comunicazione visiva è chiamato «socializzazione reciproca» e descrive il dialogo, o la «danza», fra genitore e figlio, che arricchisce le abilità sociali dell'adulto così come quelle del bambino. Dalle ricerche è emerso che il tempo

Questo scambio di contatto, suoni e comunicazione visiva è chiamato «socializzazione reciproca».

passato con i genitori, piuttosto che con altri bambini, è cruciale per lo sviluppo delle abilità sociali del bambino e della sua interazione con gli altri una volta cresciuto.[21]

Ciò non vuol dire che la pletora di lezioni per bambini non abbia alcun beneficio, ma sono i genitori a usufruirne piuttosto che i bambini stessi. Molti genitori traggono enormi vantaggi dalla frequentazione di questi gruppi, che possono entrare a far parte della loro nuova tribù (una preziosa rete di supporto), dando loro la tanto agognata opportunità di socializzare con altri adulti.

Per altri genitori, invece, l'idea di gruppi o lezioni per bambini non è molto allettante. E se questo è il vostro caso, sappiate che non state facendo mancare niente a vostro figlio decidendo di non frequentarli.

Ricordatevi che, per vostro figlio, tutto è una novità. Una passeggiata per negozi portando il bambino in fascia può essere banale per voi, ma, per lui, il mondo è pieno di paesaggi ricchi di particolari e suoni che stimolano costantemente i suoi sensi. Secondo l'educatrice e medico Maria Montessori, «scopo dell'insegnamento non dovrà essere quello di far imparare le cose al bambino», bensì quello di «mantenere sempre viva quella luce in lui che si chiama intelligenza».[22] Incoraggiare la naturale curiosità del bambino non vuol dire insegnargli

> Incoraggiare la naturale curiosità del bambino non vuol dire insegnargli ogni sorta di nuove abilità, ma lasciarlo libero di esplorare il mondo.

[21] D.L. Vandell e K.S. Wilson, «Infants' interactions with mother, sibling, and peer: contrasts and relations between interaction systems», in *Child Development*, 48, 1988, pp. 176-86.

[22] Maria Montessori, *L'autoeducazione nelle scuole elementari*, Garzanti, Milano 1970, p. 209.

ogni sorta di nuove abilità, ma semplicemente lasciarlo libero di esplorare il mondo seguendo il suo ritmo naturale.

E come si fa a incoraggiare la curiosità del bambino? I genitori lo fanno quotidianamente, in modo naturale e inconscio, nei modi seguenti.

Gioco

Cominciamo a giocare con i nostri bambini prima ancora che siano nati, quando ci accarezziamo la pancia o diamo dei colpetti agli arti che vediamo sporgere sottopelle e aspettiamo la reazione del bambino. Il gioco continua in modo spontaneo dal momento della nascita. Imitare espressioni facciali o fare il gioco del cucù sono gesti che tutti facciamo senza rendercene conto. Il gioco insegna moltissimo al bambino, ad esempio a rispettare il proprio turno, che diventerà un'importante abilità sociale durante la crescita.

Parola e linguaggio

Le ricerche hanno dimostrato che i bambini cominciano ad acquisire il linguaggio anche prima della nascita.[23] Fin dall'inizio sono «programmati» per la parola e il fattore più importante nell'acquisizione del linguaggio è l'interazione con i genitori. Attraverso le normali interazioni quotidiane insegniamo a parlare ai nostri bambini; gli insegniamo la musicalità, il ritmo, l'arte della conversazione e del fare a turno. Non lo facciamo in modo conscio, semplicemente succede, e non abbiamo bisogno di schede didattiche, lezioni o DVD.

[23] B. Mampe, A.D. Friederici, A. Christophe, e K. Wermke, «Newborns' cry melody is shaped by their native language», in *Current Biology*, 19(23), 2009, pp. 1994-7.

Queste normali interazioni con i nostri bambini e l'uso del «madrese», o *baby talk*, pongono le fondamenta per l'acquisizione del linguaggio. In «madrese», alziamo spontaneamente la tonalità della nostra voce, allunghiamo le vocali ed esageriamo le consonanti, oltre ad adattare il linguaggio all'età del bambino, usando frasi corte e parole brevi e semplici. Il «madrese» si affida molto al contatto visivo, e, secondo le ricerche, è la modalità preferita dai bambini e li aiuta ad acquisire competenze linguistiche.[24]

Giocare con oggetti di uso quotidiano

Gli oggetti quotidiani sono tanto affascinanti per i bambini quanto i costosi giocattoli progettati per il loro sviluppo. Negli anni ottanta, Elinor Goldschmied, esperta di servizi per l'infanzia, elaborò l'idea di «gioco euristico». Il termine «euristico» viene dalla parola greca che vuol dire «scoprire» e si riferisce alla scoperta da parte del bambino del mondo intorno a sé, attraverso l'esplorazione di oggetti del «mondo reale». Secondo Goldschmied, i bambini «succhiando, afferrando, toccando ed esplorando gli oggetti, mettono in pratica azioni che incoraggiano il primo apprendimento»[25].

[24] L. Singh, C. Best e M. James, «Infants' listening preferences: baby talk or happy talk?', in *Infancy*, 3 (3), 2003, pp. 365-95; L. Singh, S. Nestor, C. Parikh e A. Yull, «Influences of infant directed speech on early word recognition», in *Psychology Press*, 14(6), 2009; A. Schachner e E. Hannon, «Infant-directed speech drives social preferences in 5-month-old infants», in *Developmental Psychology*, 47(1), 2011, pp. 19-25; P. Kaplan, P. Jung, J. Ryther e P. Zarlengo-Strouse, «Infant-directed versus adult-directed speech as signals for face», in *Developmental Psychology*, 32(5), 1996, pp. 880-91.

[25] Elinor Goldschmied e Sonia Jackson, *People Under Three: Young Children in Day Care, Routledge*, 2004.

La forma più comune di gioco euristico è il «cestino dei tesori»: un cestino, un contenitore o una borsa di facile accesso per il bambino in cui mettere oggetti di uso quotidiano o presi dall'ambiente naturale.

Gli stimoli dell'ambiente circostante

Quando un bambino viene tenuto in braccio, rafforza i muscoli addominali, della testa e del collo e allo stesso tempo impara dall'ambiente circostante, pur sentendosi al sicuro grazie al contatto umano con l'adulto. Ogni volta che portate il bambino all'esterno, che sia un giro in città o una passeggiata al parco, viene esposto a una serie di novità sonore, visive e olfattive. Lasciate che impari e progredisca con i suoi tempi e che abbia la possibilità di «spegnere» gli stimoli, in caso diventino eccessivi. Se si porta il bambino in una fascia, il fatto di essere rivolto verso il vostro petto gli permette di conoscere il mondo circostante, ma anche di chiudere gli occhi e accoccolarsi su di voi se dovesse aver bisogno di tranquillità.

Lasciate che impari e progredisca con i suoi tempi e che abbia la possibilità di «spegnere» gli stimoli, in caso diventino eccessivi.

È importante capire la differenza tra un tipo di ambiente che stimola la naturale curiosità del bambino e ne agevola l'apprendimento (per esempio, un ambiente naturale osservato rimanendo a contatto col genitore) e un ambiente che invece lo stimola troppo senza fornirgli una via di fuga (ad esempio, posizionato su una sedia di fronte alla televisione, in una postura rigida, a cui i suoi muscoli e le sue articolazioni non sono ancora preparati, e in cui non possa distogliere lo sguardo dalla luce e dai suoni dello schermo).

Sono davvero i denti?

L'età media in cui spunta il primo dentino si aggira intorno ai sei mesi, ma molti bambini rimangono senza denti anche dopo il primo anno d'età. Alcuni, invece, hanno dei denti sin dalla nascita, quindi c'è un ampio spettro di possibilità.

Nella maggior parte dei casi, la salivazione costante, le mani in bocca, il sonno interrotto e l'atteggiamento irascibile non vogliono dire che stiano spuntando i denti, ma semplicemente che il bambino è tra i tre e i sei mesi di vita: sono normali comportamenti legati a questa specifica fase di sviluppo, dentizione o meno. In questo periodo, i bambini cominciano a produrre maggiori quantità di amilasi salivare (un enzima presente nella saliva che trasforma l'amido in zuccheri), in preparazione per l'introduzione dei cibi solidi. I bambini di quest'età tendono a salivare molto (tanto che spesso si deve ricorrere a un bavaglino per proteggerli da eventuali arrossamenti) ma questo non dev'essere interpretato come un segnale di dentizione. La bocca è uno strumento fantastico di percezione sensoriale e i bambini di questa età tendono a esplorare tutti gli oggetti, comprese le proprie mani, mettendoli in bocca. Questo comportamento non indica che stiano provando dolore né che siano pronti a mangiare cibo solido: mordicchiando tutto ciò che si trova alla loro portata, stanno semplicemente imparando a conoscere le proprietà di un oggetto con l'aiuto delle gengive.

Le frequenti interruzioni del sonno notturno e i piagnucolii sono comportamenti tipici di quest'età.

Anche le frequenti interruzioni del sonno notturno e i piagnucolii sono comportamenti tipici di quest'età. Sono causati dai cambiamenti associati allo sviluppo e passeranno naturalmente.

Nessuno di questi è un segnale che il bambino stia mettendo i denti o che sia pronto all'introduzione dei solidi.

Quali sono, quindi, i veri sintomi della dentizione?

Le ricerche suggeriscono che i sintomi reali della dentizione sono i seguenti:

- pianto;
- diarrea;
- perdita di appetito;
- irritazioni cutanee;
- febbre;
- prurito;
- naso che cola;
- tendenza a strofinarsi l'orecchio.[26]

Ulteriori ricerche hanno rivelato che molti dei sintomi generalmente attribuiti alla dentizione, come il sonno interrotto e la salivazione, non ne indicano nemmeno l'anticamera.[27] Uno degli effetti più preoccupanti di quest'errata diagnosi è l'uso eccessivo di medicinali da parte di molti genitori. Da alcune ricerche è emerso che l'uso di paracetamolo durante l'infanzia accresce il rischio di eczemi e asma in età più avanzata.[28] Inoltre, molti medicinali pediatrici antidolorifici contengono additivi artificiali che causano iperattività e disturbi del sonno. I principali colpevoli sono E102, E110, E122 ed E124. Anche se gli analgesici per neonati si possono comprare senza ricetta,

[26] C.A. Feldens, I.M. Faraco, A.B. Ottoni e M.R.J. Vítolo, «Teething symptoms in the first year of life and associated factors: a cohort study», in *Clinical Pediatric Dentistry*, 34(3), 2010, pp. 201-6.

[27] M. Wake, K. Hesketh, J. Lucas, «Teething and tooth eruption in infants: a cohort study», in Pediatrics, 106(6), 2000, pp. 1374-9.

[28] R. Beasley, T. Clayton, J. Crane, E. von Mutius, C.K. Lai, S. Montefort e A. Stewart, «Association between paracetamol use in infancy and childhood, and risk of asthma, rhinoconjunctivitis, and eczema in children aged 6-7 years: analysis from Phase Three of the ISAAC programme», in *Lancet* 372(9643), 2008, pp. 1039-48.

sono pur sempre dei farmaci e, come tali, possono presentare rischi. Gli antidolorifici per infanti devono essere usati con cautela e solo quando i potenziali benefici sono maggiori dei rischi. Ci sono molti rimedi naturali e alternativi sul mercato per alleviare i sintomi della dentizione, tra cui quelli erboristici e omeopatici, e, benché la loro efficacia non sia stata supportata da prove cliniche, molti genitori ritengono siano di grande aiuto.

Segni che il bambino è pronto all'introduzione di cibi solidi

All'inizio del ventunesimo secolo, era pratica comune introdurre i cibi solidi fra le sedici e le venti settimane d'età. Le conoscenze scientifiche hanno fatto nel frattempo passi da gigante e adesso sappiamo che è meglio aspettare che il bambino abbia raggiunto i sei mesi d'età e che sia pronto a ingerire e digerire cibo diverso dal latte. Nonostante questo, gli studi rivelano che per circa il 40% dei bambini lo svezzamento comincia troppo presto.[29]

Nei primi tre o quattro mesi di vita, l'alimentazione del bambino non richiede amilasi salivaria (l'enzima che converte l'amido in zuccheri per convertire il cibo in energia). La produzione di questo enzima comincia e aumenta lentamente nel giro dei primi mesi di vita, raggiungendo livelli comparabili a quelli di un adulto intorno ai cinque-sei mesi. Solo a questo punto i bambini sono in grado di trasformare le sostanze nutritive degli alimenti amidacei (come cereali, frutta e verdura) in energia. Se i cibi solidi vengono introdotti prima che questo avvenga, l'assorbimento delle sostanze nutritive sarà considerevolmente minore e potrebbero verificarsi disturbi del sistema

[29] H. Clayton et al., «Prevalence and reasons for introducing infants early to solid foods: variations by milk feeding type», in *Pediatrics*, 131, 2013, pp. 1108-14.

digerente quali diarrea, stitichezza e crampi allo stomaco. Inoltre, lo svezzamento precoce è associato a maggiori rischi di obesità, celiachia, diabete ed eczemi.

È credenza comune che, una volta introdotti i solidi, il bambino dormirà meglio. Benché questo possa essere vero in alcuni casi, le ricerche hanno riscontrato che introdurre i solidi prima che il sistema digerente si sia sviluppato a sufficienza può portare a un peggioramento del sonno.[30]

Oltre allo sviluppo del sistema digerente, ci sono anche altri requisiti da rispettare prima di introdurre cibi solidi, fra i quali:

- Il bambino dev'essere in grado di rimanere seduto, anche con assistenza, se necessario, e reggere la testa in modo stabile.
- Il bambino dev'essere in grado di coordinare occhi, mani e bocca: deve quindi poter guardare il cibo, prenderlo in mano e portarlo alla bocca da solo.
- Il bambino dev'essere in grado di ingoiare il cibo. Se un bambino non è pronto, tenderà a respingere il cibo fuori dalla bocca (si tratta del riflesso di estrusione della lingua, che di solito scompare entro i sei mesi).

Nel capitolo 5, vedremo i vari metodi di svezzamento che potrete considerare a tempo debito.

Cosa succede nel cervello del vostro bambino dai tre ai sei mesi?

Questa fase è cruciale per lo sviluppo dei sensi, in particolare la vista e l'udito. In questo periodo, il cervello è incredibilmente occupato ad aumentare la densità delle sinapsi, in

[30] H. Clayton et al., «Prevalence and reasons for introducing infants early to solid foods: variations by milk feeding type», in *Pediatrics*, 131, 2013, pp. 1108-14.

particolare nella corteccia uditiva: questo significa che si stanno creando nuove connessioni neurali, specialmente nelle parti del cervello dedicate all'udito. Inoltre, la parte del cervello responsabile per la vista è coinvolta in alti livelli di attività metabolica, che fa sì che la vista del bambino migliori significativamente. Anche il volume dell'ippocampo, la regione del cervello responsabile per la cognizione spaziale e la memoria, aumenta in questo periodo e, insieme alle capacità visive in miglioramento, permette al bambino di riconoscere le persone, in particolare i suoi genitori.

Il lobo frontale è relativamente inattivo, in confronto (ricordatevi che questa è la parte del cervello dedicata ai processi di pensiero complessi, come la produzione di pensieri ipotetici, razionali e analitici). Quindi la capacità di pensare del vostro bambino, in questa fase, non si avvicina neanche lontanamente a quella di un adulto, specialmente per quanto riguarda la regolazione delle emozioni o la produzione di pensieri complessi, come la capacità di manipolare il comportamento altrui.

Il sonno di un bambino dai tre ai sei mesi

Fra i tre e i sei mesi di vita, il ritmo circadiano di un bambino comincia a prendere forma, e questo vuol dire che ci si può aspettare che dorma più di notte che di giorno. Svegliarsi di notte è comunque ancora molto comune e la maggior parte dei bambini, specialmente se allattati al seno, avrà ancora bisogno di molte poppate notturne. In questa fase, i bambini dormono per circa quattordici ore in un lasso di tempo di ventiquattr'ore e fanno circa tre riposini al giorno. I loro cicli di sonno sono ancora molto più corti di quelli di un adulto e di conseguenza potrebbero svegliarsi ogni quarantacinque minuti o ogni ora. Di fatto, le ricerche suggeriscono che, raggiunti i sei mesi, solo il 16% dei bambini dorme tutta la notte senza svegliarsi.[31] Per ridurre il rischio di morte in culla, è ancora raccomandabile dormire insieme al bambino, quindi dovreste condividere la stanza con lui fino alla fine di questo periodo.

La regressione del sonno dei quattro mesi

Proprio quando cominciate a emergere dalla nebbia del quarto trimestre e la fisiologia del vostro bambino si è sviluppata abbastanza da fargli riconoscere la differenza fra notte e giorno, entra in gioco una comune regressione del sonno che potrebbe portarlo a svegliarsi ogni ora, se non di più. Questo può sembrarvi un enorme passo indietro, soprattutto se vi stavate abituando a una certa prevedibilità del ritmo di sonno e poppate.

Alcuni genitori temono di aver fatto qualcosa di sbagliato che possa aver generato questo «problema». Ma in realtà, questa fase è normale e molto comune. Fra i quattro e cinque mesi di età, succedono molte cose nello sviluppo del bambino. Comincia a essere molto più cosciente del mondo intorno a sé, ma il suo corpo resta indietro rispetto al cervello, lasciandolo in uno stato di frustrazione quasi perenne. In più, la fase di trasformazione in cui si trova può farlo sentire confuso e scombussolato. Bisognerebbe, quindi, cercare di mantenere tutto il resto più costante possibile nella quotidianità del bambino, per non introdurre ulteriori cambiamenti nella sua vita. Potrebbe sembrarvi che questa fase duri per sempre e che il vostro bambino non ricomincerà mai a dormire, ma passerà abbastanza in fretta, di solito nel giro di quattro-sei settimane. Nel frattempo, il meglio che possiate fare è offrirgli quanto più conforto possibile.

[31] M.D. Nevarez, S.L. Rifas-Shiman, K.P. Kleinman, M.W. Gillman e E.M. Taveras, «Associations of early life risk factors with infant sleep duration», in *Acad Pediatrics*, 10(3), 2010, pp.187-93.

5

Il bambino dai sei ai dodici mesi

Accettate i bambini così come accettate gli alberi, con gratitudine, perché sono una benedizione, ma senza aspettative o desideri. Non ci si aspetta che gli alberi cambino, li si ama così come sono.

Isabel Allende, scrittrice

Il vostro bambino sta crescendo molto velocemente e sta diventando una personcina affascinante e divertente. In questo periodo succedono moltissime cose piacevoli: il bambino comincia a mangiare i primi alimenti solidi, pronuncia le prime parole, inizia a gattonare, a fare qualche passo laterale e a volte anche a camminare. Può anche essere un momento dolceamaro però, perché per molte madri significa la fine del congedo di maternità e il rientro al lavoro e quindi la necessità di affidare il proprio bambino a qualcun altro per gran parte della giornata.

Verso la fine di questo periodo, molti genitori scoprono con turbamento di dover affrontare un'altra regressione del sonno, che spesso raggiunge livelli simili a quelli delle prime settimane di vita, e riscontrano che il loro bambino, una volta tranquillo e felice, piange e si lamenta a meno che non stia a contatto permanente con loro. L'ansia da separazione è una fase sana e normale dello sviluppo, ma può essere difficile da gestire, specialmente se coincide con il rientro al lavoro della mamma. Queste due problematiche verranno affrontate in questo capitolo, insieme all'introduzione dei solidi nella dieta del bambino.

Lo svezzamento

In questo periodo, molto probabilmente, il vostro bambino sarà pronto per iniziare a mangiare cibi solidi. Questa fase può essere incredibilmente divertente, perché imparerete a conoscere i suoi gusti, ma ricordatevi che è appena l'inizio del suo viaggio alla scoperta del cibo e ci vorrà del tempo per fare la transizione da un'alimentazione a base di liquidi a una basata primariamente sui solidi. Il miglior consiglio che io possa darvi è di non avere fretta. Cercate di godervi il più possibile quest'esperienza con il vostro bambino e di farvi guidare dai suoi interessi, rispettando i suoi tempi.

Questa fase può essere incredibilmente divertente, perché imparerete a conoscere i suoi gusti.

Quale metodo di svezzamento si addice di più a voi e al vostro bambino?

In qualunque modo decidiate di svezzare vostro figlio, è sempre meglio lasciarsi guidare da lui. Lo svezzamento tradizionale, a base di pappe, può essere molto laborioso e costoso, soprattutto se si investe in omogeneizzatori per frullare i cibi, contenitori, vaporiere e via dicendo. Questo tipo di svezzamento consiste nel dar da mangiare con il cucchiaino verdure, frutta e cereali sotto forma di pappe, per poi passare a pappe con pezzetti interi, insieme ad alimenti che si possano mangiare con le mani. Tuttavia, le premesse dietro questo tipo di svezzamento sono errate. L'idea che i bambini non siano pronti a mangiare cibi interi o a pezzi all'inizio dello svezzamento nasce dal fatto che l'introduzione dei cibi solidi veniva avviata prima che i bambini fossero fisiologicamente pronti. Gli alimenti dovevano quindi essere quanto più liquidi possibile, affinché un adulto potesse imboccare il bambino con un cucchiaino. Questo metodo di svezzamento è ancora quello più comune.

L'idea di triturare il cibo del bambino è relativamente nuova. Nel passato, le madri premasticavano il cibo prima di passarlo, parzialmente digerito, al bambino. Anche se questo non dovesse sembrarvi allettante, l'idea che i bambini siano in grado di maneggiare cibi interi o a pezzi fin dall'inizio è tuttora valida. Quindi il movimento moderno del *baby led weaning* (lo svezzamento gestito dal bambino) avviato da Gill Rapley, non è in realtà affatto moderno, visto che è così che i bambini si sono nutriti per gran parte della nostra esistenza. La premessa del *baby led weaning* è che sia il bambino a decidere quando iniziare lo svezzamento e ad avere il controllo sul cibo che gli entra in bocca.

In media, i bambini sono in grado di afferrare il cibo, portarlo alla bocca e masticarlo intorno ai sei mesi di età. Questi primi mesi, tuttavia, sono dedicati all'esplorazione del cibo e alla scoperta delle sensazioni olfattive, gustative e tattili e non tanto all'ingestione e alla digestione. Se decidete di introdurre i cibi solidi esclusivamente con il *baby led weaning*, possono volerci molti mesi perché vostro figlio cominci a mangiare quantità considerevoli, e spesso non accadrà fino al compimento del primo anno di età. Per questo motivo, il latte rimarrà la parte più importante della sua alimentazione.

Il latte rimarrà la parte più importante della sua alimentazione.

Nell'ottica di una genitorialità gentile, non c'è un modo sbagliato o giusto di affrontare lo svezzamento: la cosa più importante è che sia guidato il più possibile dal bambino, invece che dal genitore. Questo vuol dire lasciar decidere al vostro bambino quando cominciare e a che ritmo, dargli l'opportunità di scegliere quali alimenti gli piacciono e quali no, accettare le sue preferenze e fargli scegliere come vuole mangiare, se preferisce portare il cibo alla bocca con le mani o tenere in mano un cucchiaino.

C'è bisogno dei denti per mangiare cibi solidi?

La scelta dello stile di svezzamento non ha niente a che vedere con la presenza o meno dei denti. I bambini non hanno bisogno dei denti per mangiare cibi solidi interi: sono perfettamente in grado di triturare, succhiare e ridurre in poltiglia il cibo, perfino la carne, usando le gengive.

Di quali utensili c'è bisogno per cominciare lo svezzamento?

Con il baby led weaning, avrete bisogno di molti meno utensili di quanto possiate immaginare. Ecco le cose secondo me davvero indispensabili:

- seggiolone o alzasedia;
- bavaglini;
- asciugamani o salviette.

Se preferite seguire uno svezzamento più tradizionale, avrete bisogno di:

- strumenti per omogeneizzare il cibo;
- contenitori per conservarlo;
- cucchiaini;
- piatti fondi.

Come si comincia lo svezzamento?

Quando arriva il momento di introdurre i cibi solidi, bisogna continuare a offrire le poppate normalmente. Ricordatevi che, in questa fase, qualsiasi stile scegliate, il cibo non deve sostituire alcuna poppata e il latte deve rimanere la fonte primaria di nutrimento per molti mesi a venire.

Il bambino dev'essere in grado di stare seduto, con un supporto se necessario, e non deve mai essere lasciato solo con il cibo. Per cominciare, scegliete un momento in cui il bambino sia attivo e contento. Potrebbe essere meglio scegliere un momento diverso da quello della poppata. Se gli state offrendo cibo intero o a pezzi, preparate pezzi abbastanza grandi da essere tenuti in mano facilmente e da non rappresentare pericoli di soffocamento.

Ricordatevi di lasciarvi sempre guidare dal bambino: idealmente, dovreste lasciare che prenda il cibo da solo. Può essere difficile prendere le distanze e non interferire, soprattutto se tutto il cibo finisce per terra invece che in bocca. Ma non cedete alla tentazione di prendere il cibo e provare a metterlo in bocca al bambino.

Ricordatevi di lasciarvi sempre guidare dal bambino: idealmente, dovreste lasciare che prenda il cibo da solo.

Potete proporre il cibo al bambino durante i vostri pasti: condividere i pasti in famiglia è un buon modo per incoraggiare il bambino a sperimentare di più. Cercate di proporre a vostro figlio le stesse pietanze che mangiate in famiglia, sempre che non si tratti di cibo processato, salato o pericoloso per il bambino. Continuate a proporre al bambino alimenti che non gli sono piaciuti la prima volta o che non hanno suscitato il suo interesse, ma non mettetelo sotto pressione per farglieli provare. Il miglior approccio al cibo è un approccio neutro. Tenete lontano dall'alimentazione ogni tipo di emozione, per creare le basi di un buon rapporto con il cibo. Infine, offrite sempre dell'acqua al bambino insieme al cibo solido, ma non preoccupatevi se non dovesse bere, soprattutto se è allattato al seno.

Che fare se il bambino non mangia cibi solidi?

Alcuni bambini possono impiegare molti mesi per abituarsi ai cibi solidi, soprattutto se sono allattati al seno. Accade spesso che mangino pochissimo, o niente, per molte settimane o persino mesi. Mio figlio più piccolo, ad esempio, non era molto interessato al cibo fino ai dieci mesi d'età. Ancora una volta, lasciatevi guidare dal bambino: non abbiate fretta e non costringetelo a mangiare. Ricordatevi che la cosa importante è che il bambino stia imparando e facendo nuove esperienze e non la quantità reale di cibo che ingerisce: si tratta di iniziare a scoprire la consistenza, l'odore, il sapore e l'aspetto del cibo, a padroneggiare il processo fisico del mangiare e a conoscere i propri segnali di sazietà. Anche se non dovesse mangiare nulla, il bambino avrà comunque fatto moltissime conquiste alla fine di ogni pasto.

Infine, potrebbe succedere che vostro figlio preferisca strizzare, schiacciare o lanciare il cibo invece di mangiarlo (il baby led weaning è caotico, inutile farsi illusioni), quindi armatevi di pazienza a bizzeffe e verosimilmente anche di bavaglini a maniche lunghe e di un grande tappetino protettivo per il pavimento.

Ci sono alimenti da evitare?

Gli alimenti seguenti vanno evitati per ragioni di sicurezza:

- Cibi processati: soprattutto se contengono sale o zucchero aggiunto.

- Miele: contiene un batterio chiamato *Clostridium botulinum*, le cui spore possono crescere e svilupparsi nel sistema digerente di un bambino e causare il botulismo, che può essere fatale. Per questo, può essere inserito nell'alimentazione solo dopo il primo anno di vita.
- Frutta secca: non si è ancora arrivati a un verdetto finale, ma sembrerebbe che sia meglio evitare arachidi fino ad almeno sei mesi di età nell'eventualità di allergie, che sono più probabili se il bambino soffre di febbre da fieno, asma o eczemi, o se c'è una storia familiare di allergia alla frutta secca (in questo caso, parlate con il medico prima di introdurre frutta secca nella sua alimentazione). Aldilà del rischio di allergie, la frutta secca può presentare rischi di soffocamento, quindi è sempre meglio introdurla nell'alimentazione più in là nel tempo, quando la capacità del bambino di alimentarsi sarà migliorata.
- Latte vaccino: non contiene abbastanza proprietà nutritive per sostituire il latte materno o il latte artificiale fino al compimento del primo anno di vita, quindi non dovrebbe costituire la bevanda principale fino a quel momento. Lo stesso vale per il latte di mandorle, di riso, di soia e di capra.
- Crema di riso: aldilà della consistenza poco appetitosa, del colore e della mancanza di sapore, la crema di riso è altamente processata e contiene alti livelli di zucchero, dovrebbe quindi essere completamente evitata. Non ha praticamente alcuna proprietà nutritiva e, fatto ancora più allarmante, potrebbe contenere tracce di arsenico. L'arsenico può trovarsi naturalmente nel terreno dei campi coltivati a riso e, in caso di inondazioni, che sono comuni, può infiltrarsi nel riso stesso. Al momento, i livelli accettabili di arsenico negli alimenti non sono regolati da alcuna

legislazione, mentre lo sono quelli di arsenico nell'acqua. Tuttavia, siccome i bambini sono molto più piccoli degli adulti, la potenziale quantità di arsenico nel riso può risultare molto più problematica. Fino a che non verranno definiti i livelli sicuri di arsenico nel cibo e non verrà emanata una legislazione adeguata, sarebbe opportuno evitare la crema di riso completamente.

Come dar da mangiare al bambino fuori di casa

Con un po' di preparazione, dar da mangiare cibi solidi al bambino quando si è fuori casa non è così difficile. Una banana è probabilmente la merenda ideale da portare con voi, ma anche frutta e verdura tagliate a pezzi possono fare al caso vostro. Se mangiate fuori, scegliendo accuratamente, potete offrire al bambino un po' della vostra pietanza, sempre che sia salutare e sicura. In quest'ottica, il *baby led weaning* è un'opzione molto più semplice per quando si è in giro, perché non c'è bisogno di preparare il cibo da portare con sé o di riscaldare le pappe.

E quando il bambino non è con voi?

Questa è una preoccupazione comune per molti genitori. Se avete deciso di svezzare vostro figlio con il *baby led weaning*, non abbiate paura di chiedere alla babysitter, o all'asilo, di seguire i vostri metodi, anche se non sono gli stessi che seguono abitualmente. Non dimenticate che state pagando un servizio, avete quindi il diritto di richiedere che sia svolto nel modo in cui volete voi. Questo è forse il modo migliore di proteggere il vostro bambino e fargli da sostegno nell'ambito dello svezzamento.

Quando smettere di allattare?

Il termine svezzamento può generare confusione, perché letteralmente significa togliere qualcosa al bambino. Introducendo i cibi solidi, in realtà, state aggiungendo qualcosa nell'alimentazione del bambino senza privarlo della sua fonte primaria di nutrimento, ovvero il latte. L'introduzione dei solidi nell'alimentazione del bambino non è affatto collegata allo svezzamento dal seno.

Dunque, qual è il momento giusto per smettere di allattare? La risposta a questa domanda è complessa e incredibilmente semplice al contempo e può essere sintetizzata in sei parole: «quando entrambi siete pronti per smettere». Con «entrambi», intendo che la decisione di smettere di allattare dovrebbe essere presa da voi e dal vostro bambino. La maggior parte dei bambini si svezza autonomamente dal seno fra i due e i cinque anni d'età. Alcuni smettono prima spontaneamente, ma spesso questo accade se la madre è incinta di un altro bambino o a causa di un temporaneo «sciopero del lattante», dell'uso del ciuccio, dell'inizio dell'asilo o di uno svezzamento istigato dal genitore. Sarà facile capire quando il bambino è pronto, perché rifiuterà le poppate quando gliele offrite e non le chiederà più.

L'introduzione dei solidi nell'alimentazione del bambino non è affatto collegata allo svezzamento dal seno.

Ci sono limiti d'età per l'allattamento al seno?

L'opinione prevalente nella società odierna è che si dovrebbe smettere di allattare intorno ai sei mesi d'età, momento che spesso coincide con lo spuntare dei primi dentini e l'introduzione dei cibi solidi. Dopo quest'età, molti pensano che l'allattamento al seno non sia più necessario da un punto di vista nutritivo. Un'altra opinione comune è che continuare ad allattare sia in qualche modo deleterio per il bambino, soffocandone l'indipendenza, rallentandone la crescita e creando occasioni di derisione da parte degli altri bambini. Di fatto, la tolleranza per l'allattamento nella società occidentale è eccezionalmente bassa: nel Regno Unito si sentono spesso notizie su madri a cui viene chiesto di coprirsi o di lasciare un locale per timore che gli altri clienti si sentano a disagio. E considerando che questa mancanza di tatto è spesso diretta a donne che allattano neonati, è chiaro che la tolleranza verso l'allattamento di bambini più grandi può andare sottozero. Tuttavia, in altri luoghi come India, paesi dell'Africa occidentale e Filippine, allattare bambini di tre anni o più è considerato completamente normale. Penso sia importante sottolineare che molte madri che allattano un bambino più grande non hanno deciso in partenza fino a che età continuare. Il tempo passa velocemente, non ci si accorge che il bambino sta crescendo, e all'improvviso ci si rende conto che si è arrivati a due, tre, quattro anni e l'allattamento, che è ormai parte integrante della vita quotidiana, continua. E allattare al seno non è solo una questione di nutrimento: è un meraviglioso strumento di conforto e il bambino non smette certo di averne bisogno dopo il primo compleanno. Inoltre, è interessante segnalare che molte madri che allattano «a termine» (l'espressione comunemente utilizzata per indicare chi allatta fino a quando il bambino si svezza spontaneamente) hanno notato che i loro bambini superavano facilmente i periodi di malattie e dentizione.

Ci sono benefici nell'allattamento di un bambino più grande?

L'allattamento prolungato presenta vantaggi significativi per la salute dei bambini, dato che il latte materno è un'ottima fonte di nutrimento. Appena due tazze di latte materno al giorno (448 ml) forniscono a un bambino dagli uno ai due anni il 29% del fabbisogno energetico, il 43% del fabbisogno proteico, il 36% del fabbisogno di calcio, il 75% del fabbisogno di vitamina A, il 94% del fabbisogno di vitamina B12 e il 60% del fabbisogno di vitamina C giornalieri.[32]

L'allattamento a termine ha anche dei benefici per le madri: è stato infatti provato che l'allattamento prolungato protegge da varie forme di cancro[33] e osteoporosi.[34]

Infine, lungi dal creare problemi psicologici, come dipendenza e attaccamento eccessivo, il conforto continuo dell'allattamento

[32] D. Mandel, R. Lubetzky, S. Dollberg, S. Barak e F.B. Mimouni, «Fat and energy contents of expressed human breast milk in prolonged lactation», in *Pediatrics*, 116(3), 2005, pp. 432-5; K.M. Buckley, «Long-term breastfeeding: nourishment or nurturance?», in *Journal Human Lactation*, 17, 2001, p. 304; M.V. Karra, S.A. Udipi, A. Kirksey, e J.L. Roepke, «Changes in specific nutrients in breast milk during extended lactation», in *American Journal Clinical Nutrition*, 43, 1986, pp. 495-503; K.G. Dewey, D.A. Finley e B. Lonnerdal, «Breast milk volume and composition during late lactation (7-20 months)», in *Journal Pediatric Gastroenterology and Nutrition* (5), 1984, pp. 713-20.

[33] K.A. Rosenblatt, e D.B. Thomas, «The WHO collaborative study of neoplasia and steroid contraceptives: lactation and the risk of epithelial ovarian cancer», in *International Journal of Epidemiology*, 22, 1993, pp. 192-7; K.E. Brock et al., «Sexual, reproductive and contraceptive risk factors for carcinoma-in-situ of the uterine cervix in Sydney» in *Medical Journal of Australia*, 150(3), 1989, pp. 125-30; H. Jernstrom et al., «Breast-feeding and the risk of breast cancer in BRCA1 and BRCA2 mutation carriers», in *Journal National Cancer Institute*, 96(14), 2004, pp. 1094-8; S.Y. Lee, M.T. Kim, S.W. Kim, M.S. Song e S.J. Yoon, «Effect of lifetime lactation on breast cancer risk: A Korean women's cohort study», in *International Journal of Cancer*, 105(3), 2003, pp. 390-3.

[34] P.K. Wiklund et al., «Lactation is associated with greater maternal bone size and bone strength later in life», in *Osteoporos International* (2011); S. Yazici et al., «The effect of breast-feeding duration on bone mineral density in postmenopausal Turkish women: a population-based study», in *Archive Medical Science*, 7(3), 2011, pp. 486-92; J.P. Grimes e S.J. Wimalawansa, «Breastfeeding and postmenopausal osteoporosis», in *Current Women's Health Rep.*, 3(3), 2003, pp. 193-8.

prolungato tende a far crescere i bambini forti e sicuri di sé.[35] Spesso, anche più intelligenti.[36]

Quando smettere di usare il biberon

Come i bambini allattati al seno, anche quelli allattati con il biberon traggono grande conforto dalle poppate e i genitori spesso non sanno quando smettere di usare il biberon e passare alla tazza. Molti medici raccomandano di smettere di usare il biberon al più presto, fra i nove e i diciotto mesi di media, ma, secondo una ricerca condotta negli Stati Uniti nel 2011, un quarto dei bambini beve ancora dal biberon a due anni e il 5% a cinque anni.[37]

Studi scientifici hanno dimostrato che i bambini di due anni che bevono dal biberon saranno più a rischio di obesità ai sei anni d'età.[38] Inoltre, l'uso prolungato di biberon comporta rischi maggiori di carie e problemi ortodontici.[39] In quest'ottica, il periodo

[35] W.H. Oddy et al., «The long-term effects of breastfeeding on child and adolescent mental health: a pregnancy cohort study followed for 14 years», in *Journal of Pediatrics*, 156(4), 2010, pp. 568-74; P. Duazo, J. Avila e C.W. Kuzawa, «Breastfeeding and later psychosocial development in the Philippines», in *American Journal of Human Biology*, 22(6), 2010, pp. 725-30.

[36] W.H. Oddy et al., «Breastfeeding duration and academic achievement at 10 years», in *Pediatrics*, 127(1), 2011, pp. 137-45; E.L. Mortensen, K.F. Michaelsen, S.A. Sanders e J.M. Reinisch, «The association between duration of breastfeeding and adult intelligence», in JAMA, 287, 2002, pp. 2365-71; M. Richards, R. Hardy e M.E. Wadsworth, «Long-term effects of breastfeeding in a national birth cohort: educational attainment and midlife cognitive function», in *Public Health Nutrition*, 5(5), 2002, pp. 631-5.

[37] R.A. Gooze, S.E. Anderson e R.C. Whitaker, «Prolonged bottle use and obesity at 5.5 years of age in US children», in *Journal Pediatrics*, volume 159, numero 3, 2011, pp. 431-6.

[38] *Ibidem.*

[39] K. Koranyi, L. Kaye, K.J. Rasnake e H.J. Tarnowski, «Nursing bottle weaning and prevention of dental caries: a survey of pediatricians», in *Pediatric Dentistry*, volume 13, numero 1, 1991.

dai sei ai dodici mesi è ideale per far prendere al vostro bambino familiarità con una tazza, con l'obiettivo di diminuire l'uso del biberon gradualmente e rimuoverlo completamente prima dei due anni d'età. Un buon modo per cominciare è proporre la tazza al bambino per bere sorsi d'acqua durante i pasti e durante la giornata. Quando si è abituato a bere l'acqua dalla tazza, potete proporgli una tazza con del latte prima dei riposini di giorno. Infine, quando il bambino berrà esclusivamente dalla tazza durante il giorno, potete proporgli il latte in tazza anche prima di dormire la sera. Nel frattempo, smettere di farlo addormentare con il biberon la sera può aiutare a spezzare l'associazione fra biberon e sonno e facilitare di molto l'introduzione della tazza serale.

Smettere di farlo addormentare con il biberon la sera può aiutare a spezzare l'associazione fra biberon e sonno.

Come smettere di usare il ciuccio

Per alcuni genitori, soprattutto quelli che allattano artificialmente, il ciuccio può essere di grande aiuto nei primi mesi. Avvicinandosi alla soglia dei sei mesi d'età, però, ho l'impressione che possa creare più problemi di quelli che risolve, soprattutto per quanto riguarda il sonno. Se il bambino dipende dal ciuccio per dormire, potrebbe svegliarsi spesso la notte, ogni volta che il ciuccio gli cade dalla bocca. Quindi, se il vostro bambino utilizza ancora un ciuccio, questo potrebbe essere un buon momento per smettere di usarlo.

Il mio metodo preferito consiste nel fare in modo prima di tutto che il bambino non abbia mai il ciuccio in bocca quando è calmo. Questo vuol dire rimuoverlo dopo che è servito a tranquillizzare il bambino e a farlo smettere di piangere.

Comincerei togliendo il ciuccio un po' prima ogni giorno, mentre il bambino sta dormendo, iniziando con i riposini diurni: il primo giorno, rimuovetelo dopo che il bambino si è addormentato da dieci minuti; dopo qualche giorno, aspettate solo cinque minuti, poi due e uno. Il prossimo passo consiste nel rimuovere il ciuccio quando il bambino dorme da pochi secondi, fino a toglierlo quando è assonnato ma sveglio. A questo punto, provate a rimuovere il ciuccio completamente durante il giorno. Quando sarete riusciti a rimuovere completamente il ciuccio durante i riposini diurni, seguite esattamente la stessa procedura di notte. Questo processo può impiegare dalle due alle sei settimane e, affrontato in maniera lenta e delicata, non dev'essere necessariamente motivo di lacrime o stress per il bambino.

L'ansia da separazione

In questo periodo potrebbe accadere che il vostro bambino voglia starvi sempre attaccato, pianga se uscite dalla stanza per pochi secondi o voglia essere tenuto in braccio tutto il tempo. Questo fenomeno è noto come ansia da separazione ed è una fase normale dello sviluppo psicologico dei bambini che si verifica di solito fra gli otto e i diciotto mesi. Molti genitori, a questo punto, temono di aver fatto qualcosa di sbagliato che abbia creato delle insicurezze nel bambino, ma, in realtà, l'ansia da separazione è un segnale positivo. Non vuol dire affatto che avete tirato su un bambino eccessivamente bisognoso della vostra attenzione, ma, al contrario, che state facendo un ottimo lavoro.

> La comparsa dell'ansia da separazione indica quindi che il bambino ha sviluppato un attaccamento sicuro al genitore.

Per capire perché l'ansia da separazione sia una cosa positiva, dobbiamo tornare indietro ai pensieri e alle sensazioni del bambino appena nato. Un neonato non sa di essere un'entità separata dai suoi genitori e comincerà ad averne una vaga concezione intorno ai sei mesi d'età, raggiungendone piena coscienza fra i nove e i dodici mesi. La comparsa dell'ansia da separazione indica quindi che il bambino ha sviluppato un attaccamento sicuro al genitore: si rende conto che siete due entità separate, ma sa che avete il ruolo fondamentale di aiutarlo a sentirsi sicuro e protetto.

Nel secolo scorso, gli psicologi John Bowlby e Mary Ainsworth formularono la teoria dell'attaccamento. I loro studi hanno portato alla comprensione che le radici di una vera indipendenza e sicurezza di sé si formano attraverso un attaccamento sicuro ai genitori durante l'infanzia o, secondo la definizione di Bowlby, una «base sicura». Uno dei modi di constatare l'attaccamento sicuro di un bambino è vederlo a proprio agio con i genitori e sotto stress quando i genitori si allontanano. Eppure, nella nostra cultura, questo comportamento viene considerato «appiccicoso» e indesiderabile e molti esperti e professionisti insistono sulla necessità di instillare indipendenza il prima possibile, nella convinzione errata che possa essere insegnata. Ma non è così. L'indipendenza reale non si impara con premi, punizioni o separazioni forzate: nasce da un rapporto di amore e protezione con chi si prende cura di noi durante l'infanzia. Questo è quanto il bambino impara durante la fase di ansia da separazione ed è per questo che è così importante essere reattivi ai suoi bisogni

L'indipendenza reale non si impara con premi, punizioni o separazioni forzate: nasce da un rapporto di amore e protezione.

ancora più del solito. Quindi, ad esempio, non è assolutamente il momento giusto per iniziare programmi di educazione al sonno, che non fanno che insegnare al bambino che non ci sarete quando ha bisogno di voi.

Come affrontare l'ansia da separazione

- Empatizzare con i sentimenti del bambino è di vitale importanza. Cercate di capire che questa è una fase normale dello sviluppo, anche se può far paura, e che non sta affatto provando a manipolarvi in alcun modo. Se affronterete il ruolo di genitori con empatia in questa fase, non solo il bambino sarà in grado di provare empatia e fiducia in sé stesso una volta cresciuto, ma anche il vostro compito sarà più facile e vi darà più soddisfazioni.
- Ignorate i consigli di chi vi dice che i bambini devono imparare a stare da soli.
- Valutate la tempistica del rientro al lavoro, se possibile. Molte mamme ritornano al lavoro quando il bambino ha fra gli otto e i dieci mesi, ma questo è forse il periodo peggiore per l'ansia da separazione. È possibile rimandare il rientro di un mese o due? In caso contrario, potreste pensare di iniziare ad affidare il bambino a chi se ne prenderà cura molto prima dell'inizio dell'ansia da separazione, in modo che si possa creare un attaccamento sicuro.
- Cercate di incoraggiare l'attaccamento sicuro del bambino ad altre persone. Un attaccamento sicuro può formarsi con nonni, zii, zie, babysitter e personale dell'asilo, non solo con i genitori. Bisognerà solo fare in modo che si formi prima dell'inizio dell'ansia da separazione.
- Aiutate il vostro bambino a sentirvi il più vicino possibile dandogli un vostro capo d'abbigliamento da abbracciare.

Potete provare a spruzzare il vostro profumo su un asciugamano o a dargli una maglietta che usate spesso. Alcuni genitori registrano la loro voce mentre parlano al bambino o gli cantano una ninna nanna. Tuttavia, solo il 60% dei bambini si affeziona a un oggetto di conforto.

- Cercate di mantenere la vita del bambino il più possibile routinaria in questo periodo. Ad esempio, potrebbe non essere il momento ideale per andare in vacanza.
- Prendetevi cura di voi durante l'ansia da separazione. È davvero importante. Non si può far molto per accelerare questa fase, ma si può lavorare sul modo in cui si reagisce. E per reagire con empatia, dovete prendervi cura di voi stessi: dormite quando potete, chiedete aiuto alle persone con cui il bambino ha stabilito un attaccamento sicuro, non fosse altro che per coccolarlo mentre vi rilassate nella vasca da bagno; ricordatevi che si tratta di un buon segno e ripetetevi spesso il mantra «anche questo passerà».

Il rientro al lavoro

Per molte madri, questo periodo segna la fine del congedo di maternità, ma le scelte relative alla custodia del bambino vanno fatte con mesi di anticipo, spesso durante la gravidanza. Il problema di questa necessità di pianificare con tanto anticipo è che non permette di fare una scelta adeguata ai bisogni specifici del bambino e alla sua personalità, costringendo molti genitori a prendere delle decisioni slegate dal contesto del momento.

Quando si tratta di decidere a chi affidare vostro figlio, ricordatevi l'importanza dell'attaccamento.

Quando si tratta di decidere a chi affidare vostro figlio, ricordatevi l'importanza dell'attaccamento. Non fatevi abbagliare da palazzi moderni, attrezzatura nuova di zecca, indicatori brillanti nelle scale di valutazione, quando ciò che più importa sono la cura, il calore umano, la comprensione e il rispetto per i bambini e il grado di attaccamento fra il bambino e il personale. Questo potrebbe anche portarvi a scegliere un palazzo più antico, attrezzatura minima e una valutazione ufficiale relativamente bassa.

Già da tempo si ritiene che un ambiente domestico con un rapporto di un adulto per bambino sia più salutare psicologicamente, riflettendo più da vicino l'ambiente abituale del bambino. Per quanto mi riguarda, la mia scelta cadrebbe sempre su una sistemazione in casa per bambini sotto i tre anni. Non prenderei in considerazione un asilo se non dopo il terzo anno d'età. Questo non vuol dire, però, che non possiate avere un'ottima esperienza con un asilo e un'esperienza negativa con babysitter, *au pair* o nidi famiglia e un buon asilo è di certo preferibile a una pessima babysitter.

Quando arriva il momento di tornare al lavoro, ci sono varie opzioni da tenere in considerazione.

È possibile rimandare il rientro al lavoro a quando il bambino sarà più grande?

In un mondo perfetto, questa sarebbe la scelta ideale. Non c'è dubbio che la cosa migliore per un bambino, nei primi tre anni di vita, sia stare a casa con un genitore (sempre che il genitore se ne prenda cura adeguatamente). Alcuni genitori fanno enormi sacrifici per poter restare a casa con i propri figli. Ne conosco molti che si sono trasferiti in case più piccole, hanno venduto la macchina, ridotto la vita sociale e annullato tutte le vacanze previste per poter crescere i loro figli di persona in questa fase cruciale. Certamente, ciò non è sempre possibile. Alcune famiglie si trovano già sulla soglia della povertà e non possono permettersi ulteriori tagli.

Lavoro flessibile o remoto

Molte madri avviano un'attività propria gestibile da casa, in modo da poter restare con i propri figli. Altre lavorano da remoto. Un'altra opzione è fare dei turni, se avete un compagno o una compagna, e dividervi la custodia dei bambini. Questa è l'opzione che ho scelto per la mia famiglia. Non potevo permettermi di non lavorare, quindi ho ricominciato una formazione da insegnante di corsi preparto e terapista complementare, in modo da poter vedere i clienti e dare lezioni due sere a settimana dopo che mio marito tornava dal lavoro. Tenevo anche dei workshop durante il fine settimana per arrotondare le entrate il più possibile. Ho cominciato a lavorare la sera dopo che i bambini andavano a letto e il sabato lo passavano col papà mentre io ero al lavoro. Questa soluzione ha funzionato bene per noi, benché fosse davvero sfiancante quando i bambini erano piccoli. Se si pensa al costo di una soluzione esterna, non guadagnavo molto meno di quanto mi sarebbe rimasto in tasca se avessi lavorato a tempo pieno fuori casa.

Se lavorate a casa durante il giorno, potreste comunque aver bisogno di un aiuto esterno, in base al lavoro che fate e al carattere di vostro figlio.

La custodia del bambino a casa vostra

Se si potesse scegliere, il bambino dovrebbe restare a casa propria, affidato alle cure di un parente, ma sfortunatamente, quest'opzione non è alla portata di tutti, dato che le famiglie vivono sempre più lontane l'una dall'altra e i nostri metaforici «villaggi» si stanno rimpicciolendo. Assumere una babysitter che si prenda cura del bambino a casa vostra è molto costoso, è l'opzione più costosa di tutte, ma i vantaggi sono enormi. Il bambino viene cresciuto in un ambiente familiare e riceve attenzione individuale da qualcuno per cui, si spera, svilupperà un forte attaccamento.

Il lato negativo di quest'opzione è, oltre al costo, la difficoltà di trovare la giusta babysitter. La sua visione dell'educazione dei bambini dovrebbe rispecchiare la vostra, ma molte babysitter hanno un approccio inflessibile e credono che quello che hanno imparato fino a quel momento sia «la cosa giusta». Chiedete a ogni candidata cosa sa della teoria dell'attaccamento, se è disposta a dare molto contatto fisico al bambino e magari a portarlo in una fascia invece di usare un passeggino. Come si relaziona al sonno e all'educazione al sonno e che opinioni ha su disciplina e comportamento? Se c'è qualcosa che vi fa scattare un campanello d'allarme, non è neanche il caso di considerare la sua candidatura, a prescindere da quante qualifiche e referenze possa avere. Se assumete qualcuno, ricordatevi che gli state pagando un salario e non fatevi scrupoli a esigere che si prenda cura del vostro bambino esattamente nel modo in cui volete. L'altro lato negativo è la necessità di trovare una soluzione alternativa quando la babysitter si ammala o va in vacanza.

Chiedete a ogni candidata cosa sa della teoria dell'attaccamento.

La custodia del bambino a casa di un parente

Lasciare il bambino in custodia a casa di un parente, che sia una zia, uno zio, un nonno o una nonna, può essere un'opzione fantastica. Perché questa soluzione funzioni, bisogna che fra voi ci sia un buon rapporto, forte e aperto. È importante che il parente in questione sia flessibile nelle sue opinioni su come crescere i bambini e sia aperto al modo in cui voi volete educare vostro figlio. Allo stesso tempo, anche voi dovrete mostrare un po' di flessibilità, soprattutto se il parente non è retribuito.

I lati positivi di questa soluzione sono senza dubbio l'affetto che il parente già nutre nei confronti di vostro figlio e un attaccamento che si è già costituito prima del vostro rientro al lavoro, che renderanno la transizione più facile per tutti. I lati negativi sono perlopiù la difficoltà di far coincidere le opinioni sul modo di crescere i bambini e la necessità di trovare una soluzione alternativa se il parente si ammala o va in vacanza.

La custodia del bambino in un'altra casa

Potrebbe trattarsi di un nido famiglia o di una babysitter condivisa in casa di un altro bambino (una buona soluzione per ridurre i costi di una babysitter dividendoli con un'altra famiglia). In entrambi i casi ci saranno altri bambini, ma il rapporto numerico tra bambino e adulto sarà comunque basso. I lati positivi sono considerevoli: è stato riscontrato che una casa confortevole è l'ambiente meno stressante per un bambino; è stato provato che la custodia in casa produce livelli più alti di benessere emotivo, potendo contare su educatori più attenti e un'atmosfera meno rumorosa che in sistemazioni fuori dall'ambiente domestico, come ad esempio un asilo.[40] I lati negativi sono le difficoltà nel trovare un nido famiglia o una babysitter affidabili e disponibili e la necessità di soluzioni alternative nei giorni di malattia o vacanza.

È stato riscontrato che una casa confortevole è l'ambiente meno stressante per un bambino.

[40] M.G. Groeneveld, H.J. Vermeer, M.H. van Ijzendoorn e M. Linting, «Stress, cortisol and well-being of caregivers and children in home-based child care: a case for differential susceptibility», *Child Care Health Development*, 38(2), 2012, pp. 251-60.

L'asilo nido

Forse l'opzione meno auspicabile per chi segue un ethos di genitorialità gentile è una soluzione «fuori casa», come l'asilo nido. Ancora una volta, questo non vuol dire che tutti gli asili siano mediocri, ce ne sono anzi di meravigliosi con un ethos all'avanguardia e una grande attenzione all'attaccamento e a una puericultura più naturale.

Il lato positivo è che non c'è bisogno di trovare un'alternativa in caso di malattie o vacanze, anche se ne avrete comunque bisogno quando è il vostro bambino ad ammalarsi. Venendo ai lati negativi, le ricerche hanno dimostrato che quanto più tempo i bambini sotto i tre anni passano in contesti extra-casalinghi quali un asilo nido, tanto più grande sarà il rischio di comportamenti «problematici» all'età di undici anni.[41] Ulteriori analisi hanno mostrato un aumento del livello di cortisolo (l'ormone dello stress) in bambini sotto i tre anni che andavano all'asilo, attribuibile secondo i ricercatori a «interazioni di gruppo stressanti».[42]

Un altro fattore da tenere a mente se si sceglie un asilo con molti bambini, è la necessità del personale di instaurare routine piuttosto rigide per organizzare i momenti dei pasti e del sonno, per via del numero di bambini di cui deve prendersi cura. I ricercatori ritengono che l'esperienza dei pasti sia più stressante per il bambino, soprattutto se viene premiato o eccessivamente incoraggiato a mangiare determinate cose in

[41] J. Belsky, D.L. Vandell, M. Burchinal, K.A. Clarke-Stewart, K. McCartney, M.T. Owen e il NICHD Early Child Care Research Network, «Are there long-term effects of early child care?» in *Child Development*, 78(2), 2007, pp. 681-701.

[42] H.J. Vermeer e M.H. van Ijzendoorn, «Children's elevated cortisol levels at daycare: A review and meta-analysis», in *Early Childhood Research Quarterly*, 07/2006.

determinati momenti, atteggiamento che può portare a un rapporto sbagliato con il cibo durante la crescita.[43]

Altri ricercatori hanno dimostrato che quanto prima un bambino comincia l'asilo, tanto più lento sarà il suo sviluppo sociale.[44] Hanno riscontrato che i bambini che avevano trascorso più di trenta ore settimanali in un asilo avevano competenze sociali più scarne (bassi livelli di cooperazione, condivisione e coinvolgimento nelle attività) in fasi successive della crescita. Gli stessi bambini dimostravano, inoltre, maggiore aggressività rispetto ai loro compagni che invece erano rimasti a casa con un genitore. La frequentazione di un asilo è stata inoltre associata a infezioni più frequenti del tratto respiratorio e sintomi allergici, fra i quali l'asma, rispetto ai bambini cresciuti in un ambiente domestico.[45]

Se state considerando un asilo, è importante prendere in considerazione i punti seguenti:

- **Qual è il rapporto numerico fra educatori e bambini?** Più basso è, meglio è.
- **È prevista una figura di riferimento?** Una figura di riferimento è l'educatore principalmente responsabile di vostro

[43] L. Elford e A. Brown, «Exploring child-feeding style in childcare settings: how might nursery practitioners affect child eating style and weight?» in *Eating Behaviour*, 15(2), 2014, pp. 314-17.

[44] A. Stein, L.E. Malmberg, P. Leach, J. Barnes, K. Sylva, e il FCCC Team, «The influence of different forms of early childcare on children's emotional and behavioural development at school entry», in *Child Care Health Development*, 39(5), 2013, pp. 676–87; S. Loeb, R. Rumberger, D. Bassok, M. Bridges e B. Fuller, «The influence of preschool centers on children's development nationwide: how much is too much?», in *Economics of Education Review*, 26, 2007, pp. 52-66.

[45] Y. Sun e J. Sundell, «Early daycare attendance increase the risk for respiratory infections and asthma of children», in *Journal of Asthma*, 48(8), 2011, pp. 790-6.

figlio e il vostro punto di contatto primario: la presenza di questa figura dà maggiori possibilità al bambino di sviluppare un attaccamento sicuro con chi si prende cura di lui.

- **Gli orari e le routine sono flessibili, soprattutto per quanto riguarda il sonno?** Gli educatori sono disponibili a portare il bambino in fascia o a fargli fare un giro con il passeggino, o ci si aspetta che dorma in un lettino? Gli orari del riposino sono stabiliti o si seguono i segnali del bambino? Per quanto riguarda i pasti, è possibile adeguare l'offerta di cibo al vostro stile di svezzamento? Gli orari dei pasti sono predefiniti o c'è libero accesso al cibo in caso il bambino abbia fame?
- **Quali sono le regole di comportamento?** Vengono utilizzati time out, punizioni all'angoletto, premi? Sarebbero disposti a utilizzare metodi diversi con vostro figlio, più in linea con la vostra scelta di genitorialità gentile?
- **Quanto tempo i bambini passano all'aperto?** Hanno accesso a uno spazio verde tutti i giorni?
- **Ci sono spazi tranquilli in caso il bambino stia ricevendo troppi stimoli?** Questo è particolarmente importante nel caso di bambini sensibili che potrebbero aver bisogno di momenti di tranquillità lontano dagli altri bambini e dalle attività.
- **Il personale vi sembra amorevole?** C'è qualcuno con cui non vi sentite a vostro agio?
- **Gli altri bambini sono contenti e felici?** Vi sembrano tutti tranquilli e coinvolti nelle attività?
- **Qual è la reazione del vostro bambino all'ambiente circostante e al personale?** Scegliete l'asilo in base a quanto vi sembri contento e a suo agio. Le sue reazioni possono essere rivelatrici.

- **Qual è la politica di inserimento?** Sarà possibile visitare l'asilo più volte prima di lasciare il bambino o ci si deve limitare a una o due sessioni di inserimento?
- **Infine, ma è forse la cosa più importante, cosa vi dice l'istinto?** Guardate oltre l'arredamento, il palazzo, l'attrezzatura, le opinioni degli altri genitori e le scale di valutazione. Che cosa vi dice l'istinto? È il posto giusto per il vostro bambino?

Il periodo di adattamento

Quando arriva il momento di rientrare al lavoro e di affidare vostro figlio alle cure altrui, è realistico aspettarsi delle lacrime, che siano vostre, del bambino, o molto spesso, di entrambi. Sarebbe auspicabile un inizio senza complicazioni né pianti, ma la realtà è che la transizione può essere abbastanza dura sia per la mamma che per il bambino nei primi tempi. È importante che vi rendiate conto che sia i vostri sentimenti che quelli di vostro figlio sono validi e reali e che ne prendiate coscienza invece di sminuirli. Solo dopo aver fatto questo, è possibile andare avanti e raggiungere l'obiettivo finale di lasciare il bambino alle cure altrui in maniera davvero serena e felice per entrambi.

Non esitate a parlare di eventuali preoccupazioni in anticipo, anche se dovessero sembrarvi piccolezze o stupidaggini. Spesso, dei piccoli tarli possono diventare ostacoli giganti se non vengono affrontati sul nascere. Assicuratevi di sollevare le questioni più pertinenti per voi e per il vostro modo di essere genitori: come vorreste che facessero addormentare il bambino per i riposini o che tipo di approccio all'alimentazione vorreste che adottassero. Nella maggior

> È importante che vi rendiate conto che sia i vostri sentimenti che quelli di vostro figlio sono validi e reali.

parte dei casi, pianificare con un po' di anticipo e instaurare una comunicazione onesta per essere sicuri che chi si occuperà di vostro figlio lo farà nel modo in cui volete è sufficiente per evitare che le preoccupazioni diventino problemi.

Mettete in pratica i seguenti suggerimenti per aiutare vostro figlio ad adattarsi alla nuova situazione il più velocemente possibile:

- **Incoraggiate in anticipo la formazione di un legame fra il bambino e chi se ne prenderà cura.** Idealmente, ci dovrebbero essere almeno tre o quattro sessioni di inserimento in cui potete restare con il bambino, dandogli l'opportunità di creare un legame con chi se ne prenderà cura prima della data d'inizio.
- **Usate dei riferimenti visivi.** I lattanti e i bambini piccoli non elaborano né memorizzano le informazioni come gli adulti. Potreste scattare delle fotografie del bambino con la persona che se ne prenderà cura e poi parlarne a casa in modo che diventi una figura familiare. Potete anche mettere insieme un libriccino di foto della persona in questione e dell'ambiente circostante, per poi sfogliarlo a casa regolarmente.
- **Introducete l'uso di un oggetto transizionale di conforto** per aiutarlo a sentirsi come se avesse con sé una piccola parte di voi. Se vostro figlio ha già un oggetto di conforto, come una coperta o un peluche, dovrebbe averlo sempre con sé quando viene lasciato in custodia. Altrimenti, potete provare a introdurne uno con almeno un mese di anticipo. Potreste provare a tenere con voi l'oggetto in questione durante abbracci, coccole e poppate, mettendolo fra voi e il bambino ogni volta che lo tenete vicino. Ci può volere un mese abbondante per instaurare un legame con un oggetto

di questo tipo e, purtroppo, funziona solo nel 60% dei casi, ma, se funziona, può essere di grande conforto.

- **Aiutate il bambino circondandolo di cose familiari.** Potrebbe trattarsi di un pezzo musicale che ascoltate insieme a casa, o prima di andare a dormire; potrebbe essere la sua tazza, il suo piatto o il biberon che usa a casa, il suo libro di storie preferito o un profumo che di solito utilizzate per voi o per la casa.
- **Prendete in considerazione l'idea di cercare un'alternativa.** Se vostro figlio non si inserisce bene o se siete voi a sentirvi a disagio, ricordatevi che se il vostro istinto vi mette in allerta, c'è un motivo. Ascoltatelo.

Lo sviluppo cerebrale dai sei ai dodici mesi

Questo è un periodo molto intenso per lo sviluppo cerebrale del vostro bambino. Le sinapsi (le connessioni) si stanno formando velocemente (quanta più esperienza sensoriale del mondo fa il bambino, più sinapsi si formano) e, se vengono rafforzate, queste connessioni diventeranno una caratteristica permanente del cervello di vostro figlio in età adulta. Quindi l'ambiente di cui il bambino fa esperienza ora, ciò che vede, annusa, ascolta e tocca, avrà un ruolo destinato a durare nell'«architettura» del suo cervello. Esporlo a molte conversazioni, dialoghi e storie durante questo periodo contribuirà allo sviluppo delle sue competenze linguistiche e comunicative.

Entro la fine di questo periodo, il cervelletto di vostro figlio è tre volte più grande di quanto lo fosse alla nascita.

Entro la fine di questo periodo, il cervelletto di vostro figlio è tre volte più grande di quanto lo fosse alla nascita. L'aumento della misura e delle connessioni nel cervello si riflettono nell'enorme miglioramento delle abilità motorie dimostrato alla fine di questo periodo: il bambino riesce a sedersi, gattonare, rotolare in entrambe le direzioni, tirarsi su, fare passi laterali e a volte camminare.

Fra gli otto e i dodici mesi, il lobo frontale del cervello comincia a essere più attivo. Quest'area del cervello si occupa della formulazione di pensieri più complessi, rivelata tra l'altro dallo sviluppo della «permanenza dell'oggetto» e dell'ansia da separazione. La permanenza dell'oggetto è la comprensione che qualcosa esiste anche quando non si trova a vista: per esempio, il bambino potrebbe essere cosciente che un gatto domestico esista anche quando si trova in giardino e non davanti a lui. All'inizio di questo periodo, i bambini cominciano ad acquisire questa capacità, che sarà abbastanza consolidata al compimento dei dodici mesi.

Il sonno dai sei ai dodici mesi

All'inizio di questa fase, solo il 16% dei bambini dorme regolarmente tutta la notte e il 13% si sveglia ancora almeno tre volte a notte.[46] In media, i bambini di quest'età dormono dieci ore di notte e da una a tre ore durante il giorno. Di solito, il sonno diurno è suddiviso in due riposini, ma verso la fine di questo periodo molti bambini cominciano a fare un solo riposino. Le poppate notturne sono ancora normali e comuni.

Trasferire il bambino nel suo lettino o nella sua stanza

Questo è il periodo in cui alcuni genitori iniziano a considerare l'idea di trasferire il bambino nella sua stanza, o, nel caso si dorma assieme, nel suo lettino. Altre famiglie, invece, continuano

[46] S. Sadler, «Sleep, what is normal at 6 months?», in *Professional Care of Mother and Child*, 4(6), 1994, pp. 166-7.

a dormire assieme per molti altri mesi. Non c'è una risposta giusta e una sbagliata. A quest'età, alcuni bambini dormono meglio nel proprio spazio personale, dove non sono disturbati dai rumori e dai movimenti dei genitori; altri invece hanno ancora bisogno di vicinanza durante la notte e tutta la famiglia ne guadagnerà in sonno tenendoli accanto per molti altri mesi.

Sei mesi è l'età minima raccomandata per ridurre i rischi di morte in culla, ma tenere il bambino nella vostra camera ancora un po' può aiutarlo a gestire l'ansia da separazione e le notti potrebbero essere migliori per tutti tenendolo vicino mentre attraversa questa fase. Se voleste trasferire il bambino in un altro letto o in un'altra camera, suggerirei di farlo molto prima che cominci l'ansia da separazione, o di aspettare che passi. Il mio consiglio personale è di non tentare questa transizione fra gli otto e i diciotto mesi di età. Per lo stesso motivo, se c'è un altro bambino in arrivo, il momento giusto per la transizione è molti mesi prima o molti mesi dopo la nascita, in modo che non venga associata dal bambino all'arrivo del fratellino o sorellina.

Infine, se la madre sta tornando al lavoro, mantenere il bambino vicino di notte può aiutare a superare più facilmente questa fase. La notte è un momento importante per riconnettersi, e passarla vicini può aiutare ad alleviare l'eventuale ansia provata dal bambino per non poter passare il tempo con la madre durante il giorno.

Il bisogno di poppate notturne

Secondo un falso mito abbastanza diffuso, i bambini non avrebbero più bisogno di poppate notturne una volta raggiunti i sei mesi d'età. Questa convinzione si basa sul presupposto che il fabbisogno nutritivo del bambino venga soddisfatto dal latte bevuto di giorno e dagli alimenti solidi. Ma sappiamo che quando si permette al bambino di guidare il proprio svezzamento, l'introduzione di cibi solidi è lenta e molto probabilmente insufficiente a rimpiazzare l'allattamento notturno. L'altro presupposto è che i bambini di sei mesi bevano tutto il latte di cui hanno bisogno durante il giorno, ma ciò accade raramente. I bambini di quest'età sono incredibilmente occupati a esplorare il mondo e spesso non hanno il tempo di fermarsi per farsi allattare. Le poppate diurne possono diminuire drasticamente a quest'età, e per quanto gli specialisti possano dirvi di allattare il bambino di più durante il giorno per non doverlo allattare la notte, è più facile a dirsi che a farsi. È difficile rincorrere un bambino gattonante più interessato a giocare che a mangiare, e allattarlo nei momenti in cui ha voglia di esplorare è un'impresa quasi impossibile. Allattarlo in un ambiente tranquillo e indossare una collana da allattamento per tenergli le mani occupate (che stiate allattando al seno o con il biberon) può essere d'aiuto, ma è più realistico aspettarsi che le poppate notturne continuino ancora per molti mesi. Personalmente, ritengo che continuino a rivestire un ruolo importante nell'alimentazione e nel conforto del bambino durante tutto il primo anno d'età.

I bambini di quest'età sono occupati a esplorare il mondo e spesso non hanno il tempo di fermarsi per farsi allattare.

L'inversione giorno-notte e allattare per riconnettersi

Se la mamma è tornata al lavoro, spesso succede che il bambino si svegli di più durante la notte per essere allattato, specialmente se è allattato al seno. Si verifica quindi un'inversione giorno-notte che fa sì che il bambino accumuli tutte le poppate diurne durante la notte.

Oltre al nutrimento del latte notturno, molti bambini che passano la giornata lontano dalla mamma, che siano allattati al seno o artificialmente, ricercano l'allattamento notturno per via del conforto e della vicinanza con la madre. Il miglior modo di affrontare i mesi a venire è forse quello di accogliere positivamente questo bisogno. Permettere al bambino questi momenti di riconnessione attraverso le poppate notturne può aiutarlo a diventare più sicuro di sé nei mesi successivi ed è probabile che smussi l'ansia da separazione e riduca i risvegli notturni dei tempi a venire.

6

Il bambino da uno a quattro anni

Gli adulti dovrebbero rispettare teneramente le piccole speranze, i piani per il futuro e le gioie dei bambini e mai soffocarli o ridicolizzarli senza rispetto.

Louisa May Alcott, scrittrice

I bambini dagli uno ai quattro anni possono essere fonte di grande gioia e divertimento, ma anche di frustrazione e stress in abbondanza. Vostro figlio sta attraversando enormi cambiamenti: non è più un neonato e non è più completamente dipendente da voi. Sta per entrare nel mondo dei bambini più grandi, acquisendo una crescente autonomia. A quest'età, il desiderio di essere grandi e di avere il controllo della situazione, unito a quello di essere ancora piccoli e dipendenti da voi, mette il bambino di fronte a una difficile dicotomia che causa confusione e tensione in tutta la famiglia.

Allo stesso tempo, il fatto che il bambino stia imparando sempre meglio a comunicare a parole potrebbe far sì che vi aspettiate da lui comportamenti troppo maturi per l'età che ha. Se da un lato è bene aspettarvi grandi cose dai bambini di quest'età, dall'altro questo potrebbe non giocare affatto a loro vantaggio. Se doveste scegliere una cosa di cui fare tesoro in questo capitolo, ricordatevi questa: il cervello di vostro figlio, a quest'età, è così diverso dal vostro che è come se appartenesse a un'altra specie. I bambini piccoli non pensano allo stesso modo degli adulti e questo si rispecchia nel loro comportamento: non sono cattivi, difficili, testardi o manipolatori, sono solo piccoli. Sono ancora in fase di apprendimento e di crescita.

Il cervello di vostro figlio, a quest'età, è così diverso dal vostro che è come se appartenesse a un'altra specie.

Accessi di rabbia e grandi emozioni

Perché i bambini piccoli hanno così tanti accessi di rabbia? Molto semplicemente, perché non hanno la capacità di regolare le proprie emozioni nel modo in cui fa la maggior parte degli adulti. Se siamo delusi, spaventati, arrabbiati, frustrati, sconvolti, ansiosi o gelosi, sappiamo che non è socialmente accettabile reagire urlando, lanciando qualcosa, picchiando qualcuno, battendo i piedi o buttandoci per terra. Non solo siamo a conoscenza di queste regole, ma siamo anche in grado di usare il «dialogo interiore», possiamo cioè dialogare con noi stessi per affrontare le nostre emozioni e trovare modi più appropriati di gestirle. Quindi, se siamo spaventati, possiamo razionalizzare quello che sta succedendo; se siamo arrabbiati, possiamo ripeterci di calmarci e fare respiri profondi; se siamo gelosi (specialmente del tempo e dell'attenzione che qualcuno che amiamo sta dando ad altre persone), possiamo comunicare e spiegare come ci stiamo sentendo. Ora immaginate di non poter fare nulla di tutto ciò e di provare comunque quei sentimenti sconvolgenti. I bambini devono anche affrontare innumerevoli frustrazioni, delusioni e, forse la cosa più importante, una quotidiana mancanza di controllo. Riuscite a immaginare di avere così poca voce in capitolo nella vostra vita da non poter decidere cosa indossare, cosa mangiare, dove andare o cosa fare? Immagino che provereste anche voi dei forti sentimenti a riguardo. E che dire dei desideri ignorati o, ancora peggio, ridicolizzati («No, tesoro, non fare lo sciocco, non puoi avere la tazza rossa, la tazza blu va bene lo stesso»)?

E non è solo questo a rendere difficile la vita di un bambino piccolo. Pensate a quante volte al giorno un bambino di due anni si sente dire di no. Proprio in un momento in cui è così spinto a esplorare il mondo e a imparare sperimentando tutto ciò che lo circonda: quando schizza l'acqua, gioca con il fango, disegna sui muri, svuota il contenuto di una mensola a terra e fa cadere un prezioso soprammobile, non si sta comportando con cattiveria e non c'è malizia dietro le sue azioni. Sta imparando. E benché questo comportamento sia profondamente irritante, e spesso imbarazzante per noi adulti, è importante capire che è completamente normale.

Questa è la vita di un bambino piccolo. E le emozioni, forti e pure, crescono sempre di più fino a esplodere. È così che scoppia un accesso di rabbia.

I bambini di quest'età non hanno altro modo di gestire i sentimenti che provano se non quello di dare in escandescenza quando si sentono sopraffatti, così come una pentola d'acqua calda che trasborda se nessuno la tiene d'occhio. Questo è il cervello di un bambino piccolo. Ma il vostro ruolo di genitori non è quello di insegnare a vostro figlio a mettere un coperchio sulle proprie emozioni, bensì quello di permettergli di esprimerle in modo sicuro e accettabile.

Il modo in cui trattiamo un bambino da piccolo ha conseguenze permanenti sulla struttura del suo cervello, ponendo le basi architettoniche della sua futura personalità: se lo trattiamo con empatia e compassione, lo ascoltiamo, valorizziamo i suoi sentimenti e lo aiutiamo a sentirsi accettato, approvato e amato incondizionatamente, stiamo ponendo le fondamenta di un adulto intelligente e premuroso. Se non lo trattiamo con compassione, ma lo sgridiamo o lo ignoriamo, gli stiamo essenzialmente comunicando che deve affrontare da solo le sue grandi emozioni, che i suoi sentimenti sono inaccettabili per noi e che non ci importa abbastanza di lui da aiutarlo a uscirne. La cosa preoccupante è che questo atteggiamento non cancella affatto i suoi grandi sentimenti e le emozioni dolorose che prova e può anzi far sì che il bambino li interiorizzi. Stiamo danneggiando la sua autostima e, con il tempo, questo può portare a depressione, ansia, autolesionismo e disordini alimentari. Oppure, potrebbe esteriorizzare questi sentimenti comportandosi in modo violento.

Come essere genitori gentili durante un accesso di rabbia

Essere genitori gentili durante un accesso di rabbia non vuol dire essere permissivi, cedere e lasciar sempre fare al bambino quello che vuole. Né vuol dire che gli state insegnando a ripetere un comportamento sbagliato. Non significa neanche che il bambino non piangerà mai. Essere genitori gentili durante un accesso di rabbia vuol dire prendere in considerazione i sentimenti del vostro bambino, proteggere lui e gli altri e, nel migliore dei casi, imparare qualcosa dall'esperienza appena vissuta.

Essere genitori gentili durante un accesso di rabbia vuol dire prendere in considerazione i sentimenti del vostro bambino.

Il trucco è rimanere calmi. Urlargli contro non è altro che un regresso a un comportamento infantile da parte vostra e non sortirà mai gli effetti voluti a lungo termine. Prima di rispondere qualsiasi cosa, fermatevi, fate un respiro profondo, rilassate le spalle. Fatelo un paio di volte. Ripetetevi: «Mio figlio sta attraversando un momento difficile, non lo sta facendo attraversare a me. Sono io l'adulto e tocca a me aiutarlo». Ignorate tutto e tutti intorno a voi. In questo momento, ci sono solo due persone veramente importanti: voi e vostro figlio. Una volta che siete calmi e concentrati sul bambino, potete procedere mettendo in pratica i passi seguenti (per ricordarli più facilmente, pensate all'acronimo SENSO, formato dalle iniziali delle parole):

- **Sicurezza**. Quando vostro figlio ha un accesso di rabbia, la cosa più importante a cui pensare prima di ogni altra è la sicurezza, sua e di chi lo circonda. Il primo passo è assicurarsi che non si trovi in pericolo e che non possa far male a nessuno. Spostarsi in un posto tranquillo, lontano da oggetti fragili potrebbe essere una mossa saggia.
- **Empatia**. Una volta affrontato il problema della sicurezza immediata, il passo successivo è empatizzare con vostro figlio. Riuscite a capire cosa abbia scatenato quei sentimenti così forti? Cosa sta provando adesso? Riuscite a mettervi nei panni di vostro figlio in questo momento? La cosa principale è comunicargli che capite come si sente e che siete dalla sua parte.
- **Nome.** Dopo aver identificato le forti emozioni che il bambino sta provando, aiutatelo a comprenderle dando loro un nome. Col tempo, quando sarà cresciuto un po', questo aiuterà il bambino a progredire verso la comunicazione verbale

dei suoi bisogni. Potreste dire qualcosa come «Vedo che sei arrabbiato perché quel bambino ti ha preso il giocattolo», «Ti dispiace molto che sia ora di andare via dal parco giochi e tornare a casa» o «Ho visto che ti sei spaventato quando quella bambina ti ha preso la mano all'improvviso», a seconda della situazione.

- **Supporto**. Vostro figlio ha bisogno di voi per regolare le sue emozioni dall'esterno. Non riesce a smettere di provare quello che prova da solo. Se l'emozione viene interiorizzata, è possibile che l'attacco di rabbia finisca ma i sentimenti che prova non spariranno. La maggior parte dei metodi di educazione tradizionali, quelli che prevedono punizioni e time out, si basano sul presupposto che i bambini piccoli abbiano raggiunto lo sviluppo cerebrale necessario per riflettere sulle proprie emozioni e autoregolarle, ma la scienza ci insegna che questo non è vero. Al massimo, questi metodi funzionano creando una forma di condizionamento nota come «impotenza appresa» (il comportamento finisce per scomparire perché il bambino impara che non serve a niente piangere, potrà soltanto ottenere di essere lasciato solo in un angolo senza che i suoi bisogni vengano soddisfatti). Il vostro ruolo, essendo l'adulto della situazione, è quello di aiutare vostro figlio a calmarsi. Ripensate all'idea della pentola in ebollizione senza nessuno accanto pronto a spegnere il gas. Il vostro ruolo è quello di spegnere il gas e asciugare gli schizzi quando l'acqua ha smesso di bollire. Ad alcuni bambini piace ricevere un abbraccio, mentre altri, all'inizio, hanno bisogno del proprio spazio e un abbraccio non farà che peggiorare la situazione. Dite al vostro bambino: «Vedo che stai provando dei sentimenti forti. Sono qui per te se hai bisogno di me. Fammi sapere se vuoi un abbraccio». E rimanete lì a supportarlo, con orecchie attente e braccia aperte, non appena sarà pronto.

- **Opzioni**. Questo punto riguarda l'offerta di alternative che siano più tollerabili per voi e per la società nel suo complesso. Offritegli un'opzione più plausibile, scambiando l'inaccettabile con l'accettabile. Potreste dirgli: «Capisco che tu voglia giocare con l'acqua e si può fare: ma dobbiamo farlo nel lavandino senza versare l'acqua per terra» o «Non possiamo far male alle persone, ma puoi dare dei pugni a questo cuscino speciale» e così via.

Mettere in pratica i suggerimenti dell'acronimo SENSO non risolverà tutto come per magia: vostro figlio avrà ancora degli accessi di rabbia e a volte potrebbero durare molto a lungo. Però, utilizzare in modo coerente questo approccio avrà un effetto positivo a lungo termine. Alla fine, con un po' di allenamento, vi sarà più facile gestire le crisi e, col tempo, diventeranno più corte e meno frequenti.

Perché ai bambini piccoli non piace condividere

Una delle maggiori preoccupazioni dei genitori di bambini in questa fascia d'età è quella di insegnargli a condividere. La società in generale insiste molto sul fatto che i bambini debbano condividere con gli altri bambini, interpretandolo con un segno di rispetto e di obbedienza alle regole sociali. I bambini che non condividono sono spesso etichettati come cattivi o maleducati. Come se non bastasse, spesso ci assale il timore che se non insegniamo ai nostri figli a condividere il prima possibile, diventeranno egoisti e avranno poco riguardo per gli altri. Paradossalmente, però, nella nostra missione di crescere bambini che condividano volentieri e prendano in considerazione i sentimenti degli altri, li trattiamo spesso in modo tutt'altro che empatico. Con un minimo di conoscenza del processo di sviluppo dell'empatia e di quello che gli psicologi chiamano «teoria della mente», risulta evidente che ciò che ci si aspetta dai bambini piccoli in fatto di condivisione è, francamente, ridicolo.

Empatia e teoria della mente

L'empatia è la capacità di riconoscersi e identificarsi nei sentimenti e nelle emozioni provate da un altro, ovvero mettersi nei panni di qualcun altro. Gli individui empatici mostrano più facilmente comportamenti socievoli e altruisti e condividono volentieri.

L'empatia non è un'abilità innata. È qualcosa che si sviluppa, attraverso un insieme di esperienze vissute e soprattutto attraverso un processo di sviluppo cerebrale che avviene durante i primi quattro anni di vita e oltre. Per questo, l'empatia non si manifesta davvero fino al terzo anno di età, raggiungendo un livello di maturità simile a quello di un adulto solo in età scolare o più tardi. Lungi da costituire un problema, quindi, la mancanza di empatia in bambini dagli uno ai quattro anni d'età è perfettamente normale.

La mancanza di empatia in bambini dagli uno ai quattro anni d'età è perfettamente normale.

In termini psicologici, lo sviluppo dell'empatia dipende da un concetto noto come teoria della mente (ToM, dall'inglese *Theory of Mind*) e fa parte della sfera cognitiva, dipende cioè dallo sviluppo e dalla maturazione del cervello del bambino. Comincia a manifestarsi quando un bambino si rende conto che non tutti pensano o sentono quello che lui pensa o sente, comprendendo, ad esempio, che le sue azioni possono rattristare qualcuno anche se lui ne trae piacere. Fino a quando la teoria della mente di un bambino non è abbastanza avanzata, è impossibile per lui capire le conseguenze delle sue azioni ed è quindi inutile cercare di spiegargli che ciò che ha fatto ha influenzato negativamente qualcun altro. Nel caso di un bambino che non voglia condividere un giocattolo, un comportamento generalmente considerato da maleducati, bisogna prendersela con la neuropsicologia ancora immatura del bambino. Anche se il suo compagno è triste e piange a causa del suo rifiuto di condividere, il bambino non ha gli strumenti per empatizzare con i sentimenti altrui o per comprendere le conseguenze delle sue azioni.

Tenendo in considerazione la ToM e l'immaturità dello sviluppo cerebrale del bambino, risulta ovvio che non serve a nulla rimproverare il bambino, meno che mai utilizzando tecniche come time out e punizioni all'angoletto. Allo stesso modo, non ha senso premiare un bambino che ha condiviso qualcosa, visto che a quest'età non ha la capacità cerebrale né le abilità cognitive necessarie per teorizzare le proprie azioni, fare ipotesi sul futuro o capire che quello che ha fatto ha avuto un effetto sugli altri.

Dei cambiamenti cruciali nella ToM avvengono intorno ai quattro anni d'età, quando i bambini cominciano a essere in grado di interpretare più accuratamente le credenze e i punti di vista degli altri. È solo a questo punto che ci si può aspettare un comportamento più empatico e socievole. Quindi non dovremmo aspettarci dal bambino la capacità di condividere prima del raggiungimento dell'età scolare: fino a quel momento è davvero importante ridimensionare le nostre aspettative.

La mind-mindedness dei genitori

Forse il miglior modo di crescere un bambino con una ToM ben sviluppata, e quindi un senso di empatia, è quello di avere noi stessi più empatia e rispetto nei suoi confronti. In parole povere, dovremmo comportarci con i nostri bambini nel modo in cui vorremmo si comportassero con gli altri. Questo vuol dire prenderci il tempo di capire come si sentono e quali sono le limitazioni dovute allo stadio in cui si trova il loro sviluppo cerebrale e comportarci di conseguenza, adattando il nostro modo di essere genitori e di gestire le situazioni.

Il concetto di *mind-mindedness* illustra bene quest'idea. Consiste nell'abilità di un genitore di essere empatico nei confronti di suo figlio e di capire, e accettare, che abbia dei sentimenti importanti. Le ricerche hanno dimostrato che i bambini le cui madri hanno quest'abilità hanno una ToM più sviluppata e un livello più alto di empatia.[47] Questa è una considerazione importante se si pensa alla pratica comune di punire un bambino che non vuole condividere qualcosa. Ogni volta che un adulto punisce un bambino sta dimostrando mancanza di empatia nei suoi confronti e spesso anche di comprensione della normale fase dello sviluppo in cui si trova. Le modalità tradizionali di incoraggiare un bambino piccolo a condividere potrebbero inibire, paradossalmente, proprio lo

> Dovremmo comportarci con i nostri bambini nel modo in cui vorremmo si comportassero con gli altri.

[47] K.L. Rosenblum, S.C. McDonough, A.J. Sameroff e M. Muzik, «Reflection in thought and action: Maternal parenting reflectivity predicts mind-minded comments and interactive behavior», in *Infant Mental Health Journal*, 29, 2008, pp. 362-76.

sviluppo dei processi che farebbero emergere questo comportamento in modo naturale. Più puniamo i nostri figli perché non dimostrano empatia, più controproducenti saranno i nostri sforzi.

I problemi derivanti dal punire o ignorare un comportamento sbagliato

Il *time out* e isolare il bambino per punizione sono metodi popolari fra i genitori, raccomandati da tutti, da esperti in TV a operatori sanitari. L'idea è semplice: se il bambino fa qualcosa che non vi piace, ignorare le ragioni alla base del comportamento e punire il bambino isolandolo in un angolo o su un gradino per qualche minuto scoraggerà il ripetersi del comportamento. Queste tecniche si basano sul presupposto che il bambino stia facendo una scenata per attirare la nostra attenzione: quindi, se ignoriamo il comportamento, smetterà di agire in quel modo. L'altro presupposto è che la punizione incentivi il bambino a riflettere sulle proprie azioni e a comportarsi meglio la volta successiva. Entrambi i presupposti sono errati.

Nella maggior parte dei casi, i bambini piccoli si comportano in un certo modo semplicemente perché non riescono a fare altrimenti. In preda a grandi emozioni, hanno un grande bisogno della nostra attenzione. Se un bambino sembra regredire a livello comportamentale, sta probabilmente cercando disperatamente più tempo e attenzione da parte dei genitori. Ma l'attenzione di cui ha bisogno è di tipo positivo: tempo individuale, abbracci, conversazioni e apprezzamento. Ha bisogno di qualcuno che lo ascolti, che lo aiuti ad acquietare i grandi sentimenti che prova e che

In preda a grandi emozioni, hanno un grande bisogno della nostra attenzione.

lo faccia sentire al sicuro. L'«attenzione» che ottiene quando lo si mette in punizione è di tutt'altra natura. L'unico insegnamento che ne trarrà è quello di interiorizzare le sue emozioni e, con il tempo, di smettere di comunicarci le sue paure, le sue preoccupazioni e i suoi problemi. Ha bisogno di più tempo con noi, non senza di noi.

Allo stesso modo, l'idea che punire un bambino privandolo dell'attenzione dell'adulto o sottraendolo a una situazione piacevole possa sortire l'effetto di farlo riflettere sul suo comportamento sbagliato (e di decidere di cambiare il comportamento in futuro) è anch'essa errata. Sotto i tre o quattro anni di vita, la neocorteccia (la sofisticata sezione frontale del cervello) è eccezionalmente immatura. Questo segmento di cervello è responsabile dei pensieri critici, analitici e ipotetici. Non è biologicamente possibile per un bambino piccolo calmarsi da solo e riflettere davvero sulle sue azioni. A quest'età, i bambini non considerano le implicazioni delle loro azioni, né possono sentirsi motivati a comportarsi meglio in futuro. Quindi, una punizione che preveda l'allontanamento del bambino da un'attività o dalla presenza dei genitori può, sì, causare un cambiamento con il tempo, ma solo perché il bambino impara a non far sapere ai genitori come si sta sentendo. Questa potrebbe sembrare una conquista, almeno per i genitori, che avranno a che fare con un bambino più silenzioso e ubbidiente, ma per il bambino potrebbe avere conseguenze molto negative. Potrebbe infatti imparare a interiorizzare le sue emozioni o a esteriorizzarle più avanti nel tempo ed entrambe le possibilità possono essere molto nocive.

Non è biologicamente possibile per un bambino piccolo calmarsi da solo e riflettere davvero sulle sue azioni.

Uno dei modi migliori di costruire una relazione stretta e aperta con vostro figlio durante la crescita è ascoltarlo e mostrargli empatia e rispetto fin dai primi anni. Vostro figlio non è cattivo, è semplicemente incapace di controllare i suoi impulsi (per via della struttura cerebrale ancora immatura), non è in grado di calmarsi da solo e non ha ancora afferrato il concetto di empatia.

I problemi derivanti dal premiare un comportamento giusto

Se è facile capire perché punire un comportamento sbagliato può essere controproducente, è più difficile comprendere perché premiare un comportamento giusto può essere altrettanto dannoso. A prima vista, ricompense come stickers o dolcetti possono sembrare innocui. Il bambino è contento perché ha ottenuto uno sticker, una merendina o una gita fuori e i genitori sono contenti perché in casa regna di nuovo la pace. Le tabelle dei buoni comportamenti sono di certo preferibili a urla e botte ma non sono affatto una pratica ideale. Non solo non c'è alcuna prova convincente della loro efficacia, ma potrebbero persino causare comportamenti più problematici in futuro. Per molti genitori, è difficile digerire l'idea che la loro benintenzionata tabella dei buoni comportamenti possa creare problemi negli anni dell'adolescenza e della preadolescenza.

Molti psicologi, fra cui Warneken e Tomasello, hanno studiato gli effetti ottenuti ricompensando i bambini per un dato comportamento e sono giunti alla conclusione che i bambini sono, in realtà, meno motivati a portare di nuovo a termine un compito se la prima volta in cui lo hanno fatto hanno ricevuto una ricompensa.[48] Questo vuol dire che ricompensando

[48] F. Warneken e M. Tomasello, «Extrinsic rewards undermine altruistic tendencies in 20-month-olds», in *Developmental Psychology*, 44(6), 2008, pp. 1785-8.

costantemente vostro figlio per qualcosa, state in realtà riducendo le possibilità che ripeta quel comportamento, a meno che non sia indotto a farlo da ulteriori ricompense. L'uso di queste tabelle dei comportamenti con disegni e adesivi nasce da tecniche di modificazione del comportamento diffuse più di mezzo secolo fa, che si basano sullo stesso concetto dell'odierno addestramento dei cani. Non voglio negare che un sistema di ricompense possa essere adeguato ad addestrare un cagnolino, ma probabilmente non è il modo migliore di educare un bambino.

Premi e ricompense possono condurre a risultati incredibilmente veloci e possono quindi sembrare una buona soluzione per una moltitudine di problemi comportamentali. Per questo sono così amati dagli esperti in TV, che devono mostrare risultati veloci e impressionanti per conquistare il pubblico. Quello che non si vede in questi programmi, però, è quello che succede sei mesi dopo, quando le telecamere sono state spente da un pezzo e il comportamento del bambino è probabilmente peggiore di quanto non sia mai stato. Se qualcosa vi sembra facile e veloce, ci sono buone possibilità che sia superficiale, inefficace a lungo termine e che comporti dei rischi.

Le ricompense funzionano stimolando la motivazione estrinseca (esterna) dei bambini. Le ricerche hanno dimostrato che, una volta eliminata la ricompensa, è meno probabile che i bambini si comportino nel modo desiderato di quanto lo fosse prima di utilizzare la ricompensa.[49] Se volete vedere un cambiamento reale nel comportamento di vostro figlio, la

[49] R.A. Fabes, J. Fultz, N. Eisenberg e T. May-Plumlee, «Effects of rewards on children's prosocial motivation: a socialization study», in *Developmental Psychology*, 25(4), 1989, pp. 509-15.

motivazione deve essere intrinseca. Cambiamenti positivi di lunga durata avvengono soltanto quando il bambino è motivato interiormente a comportarsi in un certo modo. In parole povere, deve fare qualcosa perché è lui a volerla fare.

Cambiamenti positivi di lunga durata avvengono soltanto quando il bambino è motivato a comportarsi in un certo modo.

Le ricompense non insegnano a distinguere cosa è giusto e cosa è sbagliato, ottengono solo obbedienza. E se a quest'età può bastare un adesivo o un leccalecca, presto si potrebbe dover ricorrere a ricompense economiche sempre maggiori o a costosi giocattoli per comprare l'obbedienza del bambino. L'alternativa, ancora una volta, si basa sulla connessione e sul rispetto. L'obiettivo è che vostro figlio desideri fare qualcosa perché vi rispetta e vuole aiutarvi; perché si sente bene quando può essere d'aiuto e perché sa che voi fareste lo stesso per lui. Se gli urlate contro o lo punite in continuazione, è difficile che si senta intrinsecamente motivato a comportarsi bene. Perché dovrebbe trattarvi con rispetto se voi non lo rispettate? Se invece lo trattate con empatia, ascoltandolo e andando incontro ai suoi bisogni, è più probabile che si comporti in un modo che vi faccia piacere, perché fa piacere anche a lui.

Elogiare o non elogiare?

La questione degli elogi può generare confusione. Anche se, a prima vista, un elogio potrebbe sembrare innocuo, può essere più dannoso di una punizione o una ricompensa.

Quante volte avete detto «Bene» o «Bravo» a vostro figlio? Vi è mai capitato di dirlo senza essere totalmente presenti nella situazione o completamente concentrati su di lui? Per capire come un bambino si potrebbe sentire, immaginate di trovarvi al lavoro, in una riunione di valutazione annuale. In vista di questa valutazione, avete lavorato duramente al compimento di un progetto, dando il massimo. Avete sacrificato il vostro tempo personale e fatto molti straordinari. Siete molto orgogliosi del risultato ottenuto e lo siete ancora di più perché avete tenuto duro e non avete ceduto quando tutto sembrava andare storto e stavate mettendo in dubbio le vostre capacità. Ora immaginate che il vostro capo di fronte a tutto questo si limiti ad annuire e dica «Bene, bene», continuando a guardare lo schermo del computer. Come vi sentireste? Valorizzati? Rispettati? Considerati? Ora immaginate la stessa riunione, ma questa volta il vostro capo dice: «Devo dire che sono davvero orgoglioso per tutto il lavoro che hai fatto per questo progetto. Ho fatto caso alle ore in più che hai dedicato e al tuo impegno: ho visto che spesso continuavi a lavorare anche da casa e arrivavi al lavoro prima del dovuto. Ho notato anche che hai tenuto duro quando le cose si sono fatte difficili». Come vi sentireste?

Quindi, cosa significa per un bambino quando gli diciamo «bravo»? Sa cosa vuol dire «bravo»? Sa che cos'è che vi ha reso felici? E quando diciamo «ottimo lavoro»? A cosa ci stiamo riferendo? E se non fosse riuscito nel suo intento, ma avesse perseverato per ore, «fallendo» a ogni tentativo, ad esempio, di allacciarsi le scarpe, infilare una forma nel buco giusto o costruire una torre? Il suo impegno non ha valore? La maggior parte degli elogi dei genitori è incredibilmente superficiale. Si focalizza sul risultato e non sullo sforzo e non comunica nulla al bambino su quello che ha fatto, su quello che dovrebbe fare e su come ha fatto sentire gli altri.

Gli elogi devono dimostrare al bambino che siete interessati a quello che fa.

Gli elogi devono essere specifici. Invece di dire «Bravo», potreste dire: «Ho notato che sei stato occupato a lungo a costruire quella torre. Ci è voluto molto per riuscire a far reggere i pezzi da soli, vero?». Gli elogi devono dimostrare al bambino che siete interessati a quello che fa. Quindi invece di dire «Che bel disegno!», potete dire «Parlami del disegno che hai appena fatto: come mai hai deciso di colorare il gatto di arancione?». Gli elogi devono inoltre essere incentrati sull'impegno e non sul risultato: «Allacciarsi le scarpe è difficile, vero? Ma ti stai impegnando tanto per imparare e col tempo ci riuscirai», invece di «Bravo, ce l'hai fatta», una volta che il risultato è stato raggiunto.

Ci sono tre cose in particolare per cui non si deve mai elogiare un bambino: il suo aspetto fisico, le caratteristiche che non può cambiare e il comportamento in relazione al cibo. Ecco perché:

- Elogiare un bambino per il suo aspetto fisico solleva questioni relative all'immagine fin dalla tenera età. Se gli si trasmette la percezione che il suo valore dipenda dal suo aspetto fisico, si corre il rischio di influenzarlo negativamente in futuro, facendogli credere che si deve essere magri o belli per essere amati dagli altri.
- Elogiare un bambino per qualcosa che non può cambiare, come l'intelligenza o il talento sportivo può danneggiare la sua autostima. Elogiarlo per qualcosa su cui abbia controllo e che sia in grado di cambiare lo può invece motivare a fare sempre meglio.
- Elogiare un bambino per le sue abitudini alimentari, specialmente quelle «buone», può portarlo a sviluppare una relazione insana con il cibo da grande, facendolo sentire bene solo quando mangia molto o ignora i suoi gusti, le sue preferenze e i suoi segnali di sazietà.

Riflettete anche su quanto elogiate vostro figlio. Cosa succede se lo elogiate troppo? Le ricerche hanno dimostrato che elogiare troppo un bambino può inibire la sua motivazione intrinseca.[50] In fin dei conti, il nostro obiettivo è che faccia qualcosa perché è lui a volerla fare, ma elogiando costantemente le sue azioni, correte il rischio che si comporti in un certo modo solo per farvi piacere e guadagnarsi il vostro elogio. In un certo senso, reagire in questo modo agli elogi è una forma di condiscendenza, così come lo è reagire alla pressione esercitata dai coetanei. Ai bambini più grandi capita spesso di fare qualcosa per integrarsi nel gruppo dei compagni e guadagnarsi la loro approvazione. E anche i bambini più piccoli possono cadere in questa trappola e piegarsi più facilmente alla pressione dei coetanei se durante la crescita hanno avuto bisogno di elogi e rassicurazioni costanti per qualsiasi cosa facessero.

La distrazione è una buona idea?

Molti genitori utilizzano la distrazione come un metodo per gestire i comportamenti difficili. Se si riesce a distrarre il bambino con qualcosa, spesso l'accesso di rabbia si riduce o si evita del tutto. Ma possiamo considerare la distrazione come un mezzo rispettoso ed empatico nei confronti del bambino? Immaginatevi nella situazione seguente. Siete in un parco e state facendo un picnic con un amico o un'amica. Avete appena litigato con il vostro compagno o compagna e siete

Possiamo considerare la distrazione come un mezzo rispettoso ed empatico nei confronti del bambino?

[50] J. Henderlong e M.R. Lepper, «The effects of praise on children's intrinsic motivation: a review and synthesis», in *Psychological Bulletin*, 128(5), 2002, pp.774-95.

davvero arrabbiati. Avete provato a tenere duro tutta la mattina, ma adesso non riuscite più a respingere i pensieri che vi assalgono. All'improvviso vi viene da urlare «Aaaaaah!» e scoppiate a piangere. Il vostro amico vi porge una fetta di torta dicendo: «Guarda, una torta con la crema al cioccolato. A te piace la crema al cioccolato, è la tua preferita. Mangia la torta!» senza fare alcun riferimento alla vostra dimostrazione pubblica di rabbia né al vostro pianto. Come vi sentireste? Valorizzati? Pensereste che i vostri sentimenti siano importanti per il vostro amico? Lo sentireste al vostro fianco? Il suo atteggiamento vi sarebbe d'aiuto per gestire le emozioni che state provando? Non ne sarei così sicura. In molti casi, usare una distrazione come mezzo per controllare un comportamento è un'enorme mancanza di rispetto per il bambino. In un certo senso, è come dirgli: «In questo momento non riesco a gestire i tuoi sentimenti, quindi facciamo finta che non esistano».

Ma è sempre sbagliato usare una distrazione? Non necessariamente: dipende da qual è la causa del comportamento e dai sentimenti che il bambino sta provando. Se, mentre sta giocando con altri bambini, è attirato da una macchinina rossa, ma un altro bambino la prende prima di lui, potreste dire: «Guarda, tesoro, qui c'è una bella macchinina blu, giochiamo con questa», sempre che siate pronti a riconoscere gli eventuali sentimenti di rabbia e delusione che ne potrebbero derivare e a reagire adeguatamente.

Disciplina gentile

Che cosa vuol dire essere genitori gentili quando si tratta di affrontare i comportamenti difficili dei bambini piccoli?

- Il primo passo è sempre quello di capire quale sia il comportamento normale di un bambino. Ci sono buone probabilità che vostro figlio si stia comportando perfettamente in linea con la sua età e anche solo questa consapevolezza può rendere tutto più semplice. Ricordatevi che vostro figlio sta attraversando un periodo difficile e che il suo comportamento è un modo di esprimere le grandi emozioni che sta provando. Non sta tentando di manipolarvi, punirvi o provocarvi.

- Il secondo passo è l'empatia. Provate a vedere le cose dal punto di vista di vostro figlio. Come si sta sentendo? Come si stava sentendo prima dell'accesso di rabbia? E durante? E dopo?
- Siate consapevoli delle cause scatenanti del comportamento di vostro figlio, così da poter evitare le situazioni che lo provocano.
- Un accesso di rabbia può essere spaventoso per il bambino, quindi, invece di ignorarlo, cercate di consolarlo.
- Provate a comunicare con il bambino mettendovi al suo livello: abbassatevi in modo da trovarvi all'altezza dei suoi occhi e usate parole semplici e frasi corte. Ricordatevi che anche un abbraccio può essere una forma di comunicazione: con un abbraccio potete dirgli «Va tutto bene, sono qui, ti voglio bene». Ma se non vuole abbracciarvi, non vi offendete e non vi preoccupate: rimanete a sua disposizione quando si sentirà pronto.
- Descrivete il comportamento che vorreste da vostro figlio, invece di quello che non vorreste. Potete dire «Usiamo le mani delicatamente» invece di «Non far male agli altri». Come abbiamo visto, il cervello di un bambino di quest'età funziona in modo diverso dal vostro e se continuate a ripetergli «Non fare questo» (menzionando il comportamento indesiderato) potreste in realtà comunicargli di continuare a farlo. Inoltre, la frase «Non far male agli altri» non gli dà alcuna informazione su quello che vorreste che faccia.

- Ricordatevi del bisogno del bambino di essere autonomo e dipendente da voi al tempo stesso e del conflitto quotidiano che ne deriva. Dargli un po' di controllo in più sulla sua vita può migliorare di molto il suo comportamento. Può sembrarvi ridicolo che si arrabbi perché il tramezzino è stato tagliato in quadratini e non in triangolini, come voleva lui, ma per vostro figlio, in quel momento, si tratta della cosa più importante al mondo, quindi cercate di non minimizzare i suoi sentimenti.
- Date un nome alle emozioni: se vostro figlio ha un accesso di rabbia quando un altro bambino gli toglie un giocattolo, cercate di aiutarlo a riconoscere le sue emozioni dando loro un nome. Per esempio: «Vedo che sei arrabbiato» o «Ti sei sentito molto triste quando ti ha tolto il giocattolo, vero?». Aiutarlo in questo processo farà sì che, col tempo, capisca cosa sta provando, e più avanti, quando sarà in grado di comunicare verbalmente, possa esprimerlo a parole. Inoltre, lo farà sentire in diritto di provare delle emozioni: è giusto essere tristi o arrabbiati.
- Fare da esempio è il modo migliore di insegnare a vostro figlio come esprimere i suoi sentimenti in modo più accettabile dal punto di vista sociale. Se volete che sia calmo e rispettoso, dovreste agire allo stesso modo con lui: se vi rivolgete a lui con urla e prepotenza, lo vedrete presto urlare e agire con prepotenza. Questo punto è particolarmente difficile da ricordare quando il bambino si trova nel mezzo di una crisi e voi sentite la vostra rabbia crescere e il volume della vostra voce alzarsi. Essere genitori vuol dire anche migliorarci e prenderci cura dei nostri comportamenti. Dobbiamo imparare a fare a meno delle parti di noi che non costituiscono tratti positivi della nostra personalità. È questo che spesso rende

il ruolo di genitori così difficile: la scoperta di difetti in noi stessi che non avremmo mai pensato di avere.

- Mentre state aiutando vostro figlio a gestire il suo comportamento e i suoi sentimenti, non dovreste mai preoccuparvi delle opinioni altrui. Non cedete alla tentazione di punire o rimproverare vostro figlio, in un'occasione in cui si è comportato male in pubblico, solo perché vi sentite addosso lo sguardo di disapprovazione di una vecchia signora. La sua opinione è irrilevante. Armarsi di una corazza contro le opinioni altrui fa parte del percorso di un genitore.

Bambini che mordono, spingono, picchiano e lanciano oggetti

Mostratemi un bambino che non morde, non spinge, non picchia e non lancia mai oggetti e vi mostrerò un maiale che vola. Questi comportamenti sono parte integrante dell'essere piccoli. Non significano che il bambino sia cattivo e, nella maggior parte dei casi, neanche che abbia dei cattivi genitori. Per la maggior parte dei bambini, tali comportamenti avvengono per ragioni semplicemente biologiche e sono spesso scatenati da uno o più fattori:

- Frustrazione (non possono avere o fare qualcosa, o sono costretti a fare qualcosa che non vogliono fare).
- Infelicità, tristezza o insicurezza (ad esempio in seguito all'arrivo di un fratellino o una sorellina, a un trasloco o all'inizio della scuola materna).
- Immaturità cerebrale che causa mancanza di controllo degli impulsi, incapacità di regolare emozioni forti o di capire le conseguenze del proprio comportamento e mancato sviluppo di empatia.

- Incapacità di sopportare un'invasione del proprio spazio personale.
- Insufficiente esercizio fisico o gioco in libertà.
- Stanchezza o stimoli eccessivi.
- Bisogno dell'attenzione di un adulto e di connessione.
- Piacere derivante dalle sensazioni fisiche, ad esempio nel caso dei morsi.
- Genitori eccessivamente rigidi e autoritari che esercitano il loro controllo su tutto.
- Imitazione del comportamento di un genitore, di un altro adulto o di un bambino con cui passino molto tempo.

Il modo più semplice per affrontare un bambino che picchia, morde, spinge e tira oggetti è cercare la causa del comportamento e, una volta identificate le situazioni scatenanti, evitarle il più possibile. È importante considerare tutti i segnali emotivi. Spesso questi comportamenti diminuiscono drasticamente trovando il modo di riconnettersi con il bambino, passando più tempo insieme a giocare, a fare la lotta e ritagliandosi momenti speciali per divertirsi insieme. Anche dare al bambino più controllo sulle attività, sulle scelte e sui gesti di cura dell'igiene di tutti i giorni può essere di grande aiuto.

Preparate una strategia che vi venga in soccorso nei momenti di crisi. Il primo passo, e quello più importante, è concentrarvi su voi stessi: le reazioni e l'atteggiamento che dimostrate quando vostro figlio si comporta in modo violento indicano le vostre probabilità di riuscita nel farlo smettere. Ricordatevi, il vostro comportamento dovrebbe essere quello che vorreste ottenere da vostro figlio, quindi è necessario

Preparate una strategia che vi venga in soccorso nei momenti di crisi.

restare calmi, gentili e rispettosi, in ogni momento. Se urlate, picchiate o mettete in punizione il bambino, correte il rischio di instaurare un circolo vizioso negli anni a venire. L'idea è quella di frapporre un grande spazio fra le azioni di vostro figlio e le vostre reazioni.

Quando vi sentite abbastanza calmi, è il momento di dedicare al bambino tutta la vostra attenzione. Posate il telefono, interrompete momentaneamente la conversazione o la spesa in cui eravate impegnati e concentratevi solo su vostro figlio. Questo è anche il momento di pensare alla sua sicurezza, alla vostra e a quella di chiunque altro sia coinvolto, allontanandovi da strade e oggetti pericolosi. Poi, con calma e semplicità, dite a vostro figlio cosa ha sbagliato e perché. Ad esempio «Bisogna essere delicati con le mani, le tue mani non sono state delicate e ora il piccolo Giorgio sta piangendo» o «Fa' piano, per favore» o «Fermo, le macchinine devono restare sul pavimento, così non si rompe niente». Ora è il momento di aiutare il bambino a capire e dare un nome ai suoi sentimenti: «Ho notato che non ti è piaciuto che quel bambino ti abbracciasse, va bene essere arrabbiati ma non devi far male agli altri»; «Ti è piaciuto mordermi? Ti fanno male i denti?» o «Ti stai annoiando?». Dopodiché, aiutatelo a trovare un'alternativa, una soluzione più accettabile. Potreste dire: «Puoi venire qui e colpire questo cuscino se vuoi»; «Che ne pensi di una mela, così puoi morderla quanto vuoi?» o «Andiamo in giardino, così puoi tirare la palla?».

> Quando vi sentite abbastanza calmi, è il momento di dedicare al bambino tutta la vostra attenzione.

È importante rendersi conto, tuttavia, che rispondere in modo gentile non scatenerà una reazione magica e non impedirà a vostro figlio di comportarsi esattamente allo stesso modo il giorno dopo. Fino a che il suo cervello non sarà abbastanza maturo, bisognerà aspettarsi molti altri episodi simili; tuttavia, reagendo in modo coerente (e non sottolineerò mai abbastanza quanto sia importante essere coerenti), il bambino imparerà e, con il tempo, smetterà di reiterare quel tipo di comportamento. Potrebbero volerci settimane, mesi o anche anni. Ci sono solo tre cose in grado di eliminare una volta per tutte questi comportamenti del tutto fisiologici: tempo, pazienza e comprensione. E delle ultime due, ne avrete bisogno in abbondanza.

Limiti e paletti

Molti ritengono che la genitorialità gentile sia troppo incentrata sul bambino. Spesso si accusano i genitori gentili di viziare i figli o di non disciplinarli per paura di farli piangere. Queste accuse dimostrano però una mancata comprensione della psicologia infantile e anche della filosofia genitoriale in questione. Detto questo, però, una genitorialità comprensiva, rispettosa e attenta al normale sviluppo cerebrale del bambino richiede disciplina. Stabilire limiti e paletti per i nostri bambini li aiuta a sentirsi sicuri e a esplorare il mondo all'interno di un ambiente protetto. Sapere cosa ci si aspetta da loro li aiuta a formarsi delle idee su quali comportamenti siano appropriati in società e quali no. Se non stabilissimo dei limiti, staremmo in realtà dimostrando una mancata considerazione del loro sviluppo. Il punto è che la disciplina dovrebbe essere sempre rispettosa e adeguata alla loro età.

Stabilire limiti e paletti per i nostri bambini li aiuta a sentirsi sicuri e a esplorare il mondo all'interno di un ambiente protetto.

Spesso e volentieri, far rispettare i paletti che stabiliamo sarà causa di turbamento per il bambino. Ma dei genitori comprensivi e rispettosi non temono di far piangere il proprio figlio nel tentativo di fargli rispettare dei limiti. I genitori gentili sono abbastanza forti per affrontare le emozioni che affioreranno nel bambino come conseguenza.

Dei genitori comprensivi sanno quanto sia importante dire «No» o «Fermo», ma sono consapevoli del perché lo stanno dicendo e valutano sempre se sia davvero necessario. Dei genitori comprensivi e rispettosi capiscono il bisogno di disciplina e di limiti così come rispettano e valorizzano il bisogno di attaccamento e amore, perché i bambini hanno davvero bisogno di entrambi gli aspetti per crescere bene.

Perché non aver paura di far piangere vostro figlio

È assolutamente possibile far piangere vostro figlio pur mostrandogli rispetto, empatia e comprensione. Causare il pianto di un figlio è una parte normale, e anche necessaria, dell'essere genitori. È il modo in cui reagite al pianto che fa la differenza.

Causare il pianto di un figlio è una parte normale, e anche necessaria, dell'essere genitori.

Immaginate di essere molto turbati. Immaginate che qualunque ne sia la causa, sia così grande che non riusciate a smettere di piangere e singhiozzare in modo incontrollabile, di quei singhiozzi che sconquassano il petto e scuotono fino al midollo: non riuscite a frenare le lacrime e a calmarvi. Ora, scegliete una di queste due situazioni:

- **Situazione n. 1**: il vostro compagno/a o un amico/a vi vede piangere e vi chiede se va tutto bene. Siete troppo sconvolti per rispondere. Allora lui/lei dice: «Va tutto bene, si aggiusterà tutto», vi passa un braccio intorno alle spalle, vi dà un grande abbraccio e poi esce dalla stanza chiudendo la porta. Oppure non esce, ma si siede su una sedia senza toccarvi, parlarvi o guardarvi. Questo atteggiamento vi aiuterebbe o continuereste a sentirvi tristi, isolati, soli?

- **Situazione n. 2**: il vostro compagno/a o un amico/a vi vede piangere e vi chiede se va tutto bene. Siete troppo sconvolti per rispondere. Allora lui/lei vi chiede se volete un abbraccio. Annuite. Immaginate di sentire le sue braccia intorno alle vostre spalle e il senso di sollievo mentre vi abbandonate all'abbraccio. Vi dice: «Sono qui per te, non vado da nessuna parte». Il suo abbraccio vi comunica che siete importanti per lui/lei e che è abbastanza forte da rimanere con voi mentre piangete. Non vi sta sminuendo dicendo che va tutto bene. Continuate a piangere, le emozioni sono così grandi e potenti che non riuscite a smettere, ma sapere che non siete soli, che qualcuno che tiene a voi è così forte da contenere le vostre lacrime e farvi sentire amati vi è di enorme conforto.

La situazione n. 2 si verifica quando vostro figlio piange, magari a causa vostra, e voi rispondete in modo gentile. I genitori gentili fanno piangere spesso i loro figli, ma è la loro reazione a fare la differenza.

Quando le lacrime non si fermano

Ricordatevi che l'obiettivo di un genitore non dev'essere sempre quello di fermare il pianto di un figlio. L'obiettivo è quello di essere presenti ed empatici durante il pianto e di agire da regolatore esterno in una fase in cui vostro figlio è troppo immaturo per regolare le proprie emozioni. Il valore di un genitore non dovrebbe mai essere misurato in base alla capacità sovrumana di far sempre smettere di piangere il bambino. Il vostro ruolo è quello di essere abbastanza grandi, maturi e calmi da contenere le lacrime di vostro figlio e rimanere presenti per consolarlo a crisi passata.

Quando non possiamo soddisfare i bisogni di nostro figlio (o non li capiamo)

Ci sono molte ragioni per cui potremmo non riuscire a soddisfare i bisogni di nostro figlio. Quando un bambino è piccolo, spesso questo succede perché non capiamo cosa lo stia turbando. A volte, è il bambino stesso a non saperlo. Questo nostro piccolo «fallimento» quotidiano riveste in realtà un compito importante nel suo sviluppo e, a tempo debito, nella sua separazione da noi.

Essere genitori «abbastanza bravi» è davvero abbastanza. Se vostro figlio piange e non avete idea del motivo, dovete semplicemente fare il possibile per consolarlo e cercare di capire i suoi bisogni, senza prenderla sul personale se non dovesse smettere. Io credo che in realtà sia molto più che «abbastanza» restare vicini a un bambino che piange. Ci vuole forza e pazienza per rimanere presenti. Da genitori, non dovreste mai aver paura delle lacrime di vostro figlio. Se gli rimanete vicini con empatia, comprensione dei suoi bisogni e reazioni adeguate, il pianto non costituisce un problema.

Da genitori, non dovreste mai aver paura delle lacrime di vostro figlio.

Quando i bambini mentono e quando noi mentiamo ai bambini

Una delle maggiori preoccupazioni di molti genitori è come affrontare le bugie dei bambini. Ma prima di soppesare come reagire, bisogna cercare di capire perché mentono. Di certo, a quest'età, la ragione più comune per cui un bambino dice una bugia è il desiderio di far piacere ai suoi genitori. Quando gli chiedete «Hai messo a posto i giocattoli?» o «Ti sei messo le scarpe?», sa benissimo che la risposta che vorreste ricevere è «Sì». Allo stesso modo, quando gli chiedete «Hai disegnato sul muro?» o «Hai rovesciato i cereali per terra?» sa bene che un «Sì» vi farà probabilmente arrabbiare. E visto che non vuole rattristarvi o farvi arrabbiare, risponde «No». In quest'ottica, è chiaro che la vostra reazione è cruciale se volete che i vostri figli vi dicano la verità.

Senza rendercene conto, incoraggiamo i nostri bambini a mentire quasi quotidianamente. Immaginate di essere al parco. Vostro figlio spinge via un altro bambino dal gioco che vuole usare. Chiedereste a vostro figlio di scusarsi con l'altro bambino? Così farebbe la maggior parte dei genitori. Insegnare a chiedere scusa è importante perché imparino l'educazione, giusto? E se le scuse non sono sentite? Cosa gli stiamo insegnando? Sappiamo che i bambini piccoli non hanno un senso di empatia abbastanza sviluppato da rendersi conto davvero dei sentimenti di qualcun altro, né hanno una neocorteccia abbastanza sviluppata da comprendere le conseguenze delle loro azioni. Entrambe sono necessarie perché al bambino dispiaccia davvero di aver spinto l'altro bambino. Quindi, il bambino non è dispiaciuto, non può esserlo, e quando gli facciamo dire «scusa», non stiamo facendo altro che insegnargli a mentire.

Ci sono occasioni in cui noi genitori mentiamo ai nostri bambini? È probabile che ci succeda tutti i giorni. Diciamo «un momento», ma abbiamo in mente tempi decisamente più lunghi. Diciamo loro che li stiamo guardando, mentre magari siamo al telefono. Diciamo «Forse domani» quando non abbiamo alcuna intenzione di fare quello che ci stanno chiedendo. E che dire di Babbo Natale, della Befana, della Fatina dei denti? Sono tutte bugie, anche se dette pensando di fare del bene. Ma, se vogliamo che i nostri figli siano onesti, dobbiamo, prima di tutto, smettere di mentirgli e, in secondo luogo, non incoraggiarli a mentire. Per questo, molti genitori gentili decidono di non mentire ai loro figli su Babbo Natale, sulla Befana e sulla Fatina dei denti.

Se vogliamo che i nostri figli siano onesti, dobbiamo, prima di tutto, smettere di mentirgli e non incoraggiarli a mentire.

Ancora una volta, la connessione ha un ruolo fondamentale. Se vogliamo che i nostri figli ci dicano la verità, devono potersi fidare di noi abbastanza da sapere che, qualunque verità abbiano da dirci, non li ameremo di meno né ci comporteremo in modo tale da farglielo credere.

Insegnare l'autodeterminazione fisica

Può sembrare davvero prematuro incoraggiare in un bambino l'autodeterminazione fisica, ovvero il controllo sul proprio corpo, ma non è mai troppo presto per cominciare. Da genitori, vogliamo essere sicuri che i nostri figli non permettano a nessuno di toccarli se non vogliono essere toccati, di qualunque parte del corpo si tratti. Vogliamo che crescano sentendosi in grado di dire di no se qualcuno fa qualcosa che non gli piace. Il modo in cui vi comportate con vostro figlio a quest'età è cruciale per determinare il rapporto che avrà con il proprio corpo durante l'adolescenza.

Molti genitori sviliscono l'autodeterminazione fisica nei loro figli piccoli senza neanche accorgersene. Quando eravate piccoli, vi hanno mai fatto dare «un bacio a nonna» o «un abbraccio a nonno», quando non ne avevate alcuna voglia? A me, sì. Ma così facendo, cosa stiamo insegnando al bambino riguardo il proprio corpo e il diritto di dare il proprio consenso? Gli stiamo facendo capire quanto sia importante dare il loro consenso? Per quanto possa essere imbarazzante quando vostro figlio si rifiuta di salutare la prozia Maria con un bacetto, è importante per il suo senso di autodeterminazione fisica che gli permettiamo di decidere con chi entrare in contatto fisico.

Allo stesso modo, molti genitori non sanno come chiamare le parti intime dei loro bambini, optando spesso per nomignoli. Da una prospettiva di autodeterminazione fisica e consenso, è molto importante che vostro figlio conosca il prima possibile i nomi anatomicamente corretti delle parti intime. Questo è importante per due ragioni: prima di tutto, se dovesse succedere qualcosa, dovrebbe potersi esprimere indicando con esattezza quale parte del corpo sia stata toccata senza confondersi per via dei nomignoli; e in secondo luogo, utilizzare il nome anatomicamente corretto di una parte del corpo elimina ogni possibilità futura di imbarazzo o vergogna. Quindi i bambini dovrebbero conoscere i termini pene e testicoli e le bambine i termini vulva e vagina (e la differenza fra i due: la vulva indica i genitali esterni e la vagina quelli interni) e non dovrebbero mai sentirsi imbarazzati a utilizzarli. E non dovrebbero neanche aver paura di toccarsi. Non dite mai a un bambino «Non toccarti, è sporco», perché frasi del genere potrebbero alimentare un rapporto sbagliato con il proprio corpo durante la crescita. Non c'è niente di sessuale o inappropriato in un bambino che si tocca le parti intime. Toccandosi, prova una sensazione piacevole, niente di più, e quindi lo farà spesso. Bisogna solo incoraggiarlo gentilmente a farlo quando è a casa da solo e non nel bel mezzo di un supermercato!

L'importanza del gioco

Giocare può essere un modo meraviglioso per aiutare vostro figlio a sentire di poter controllare il suo mondo. È anche un modo efficace per aiutarlo a sfogare le sue emozioni.

Non cercate di dirigere il gioco di vostro figlio, anche se può essere frustrante quando vuole colorare un albero di rosa o inserire il pezzo di un puzzle al contrario per la ventesima volta. È importante che faccia le cose da solo, a suo modo. Cercate di passare più tempo possibile giocando con vostro figlio. Giocare alla lotta o rincorrersi per la casa è un ottimo modo di riconnettersi. Molto spesso il comportamento indesiderato di un bambino è il suo modo di esprimere che non gli state dando abbastanza attenzione, soprattutto se è appena arrivato un fratellino o una sorellina, siete appena tornati al lavoro o ha appena cominciato l'asilo nido o la scuola dell'infanzia.

Cercate di passare più tempo possibile giocando con vostro figlio. Giocare alla lotta o rincorrersi per la casa è un ottimo modo di riconnettersi.

Il problema dei giocattoli

Molti genitori si lamentano per l'incapacità del bambino di giocare da solo anche per poco tempo o per la rapidità con cui si annoia di un giocattolo. Il problema di molti giocattoli oggigiorno è che la loro attrattiva è limitata. Un gioco di forme a incastro è solo un gioco di forme a incastro. Una volta inserite le forme, il gioco perde di interesse. Un cubo multiattività perde il suo fascino una volta che il bambino ha premuto tutti i pulsanti, spostato tutte le perle e suonato lo xilofono. La maggior parte dei giocattoli ha uno scopo specifico che non permette al bambino di esplorare. Quando si annoia di quella specifica attività designata, il gioco perde di interesse.

Man mano che il bambino cresce, un eccesso di giocattoli può impoverirne l'immaginazione. L'enorme scelta di cose con cui giocare è forse una delle peggiori maledizioni dell'infanzia moderna. Spesso sento i genitori borbottare: «Dovresti essere riconoscente per tutti i giocattoli che hai. Ai miei tempi, non ne avevo neanche la metà». Ma sono questi genitori ad avere avuto un'infanzia fortunata, probabilmente trascorsa a giocare a «far finta», cosa che manca ai loro figli. Uno studio condotto dai ricercatori tedeschi Elke Schubert e Rainer Strick ha dimostrato che togliere i giocattoli ai bambini li rende più creativi e socievoli.[51] Nel loro esperimento, chiamato Der Spielzeugfreie Kindergarten (l'asilo nido senza giocattoli), hanno tolto tutti i giocattoli ai bambini per un periodo di tre mesi, lasciando solo sedie e coperte. All'inizio i bambini si annoiavano, ma poi si sono adattati velocemente e hanno presto cominciato a costruire capanne e a divertirsi nel nuovo ambiente. Alla fine del periodo dell'esperimento, non solo i bambini giocavano usando immaginazione e creatività, ma erano anche più socievoli e sicuri di sé, avevano migliori relazioni interpersonali e meno frizioni e litigi gli uni con gli altri. Questo ha portato i ricercatori alla conclusione che i bambini possono sentirsi «soffocati» dalla presenza di giocattoli e stentare a concentrarsi.

L'enorme scelta di cose con cui giocare è forse una delle peggiori maledizioni dell'infanzia moderna.

[51] Elke Schubert e Rainer Strick, *Toy-free. Kindergarten. A Project to Prevent Addiction for Children and with Children*, München 1990.

Anche se l'idea di avere una casa completamente priva di giocattoli può farvi orrore, ci sono alcuni punti della ricerca di Schubert e Strick che possono essere messi in pratica facilmente. Innanzitutto, potete snellire l'offerta di giocattoli, rimuovendo quelli che il bambino non usa o usa raramente. Poi, potete pensare a fare una rotazione di giocattoli. Alla fine dell'esperimento, i giocattoli sono stati reintrodotti e i bambini erano contenti di rivederli (il detto «La lontananza rafforza l'amore» vale anche per i giocattoli!), quindi mettere via alcuni giocattoli e tirarli fuori di nuovo dopo un mese o due per mantenere vivo l'interesse è un'ottima idea. Infine, non sottovalutate le possibilità ludiche nascoste negli oggetti quotidiani. Nell'esperimento, si trattava di sedie e coperte, ma ci sono molte altre opzioni. Ecco alcuni esempi:

Mettere via alcuni giocattoli e tirarli fuori di nuovo dopo un mese o due per mantenere vivo l'interesse è un'ottima idea.

- Scatole di cartone: infinite possibilità di gioco, possono diventare qualunque cosa, da astronavi a case.
- Borsette e portafogli vecchi: ottimi da riempire di piccoli tesori.
- Acqua e farina di mais: mescolate, creano una meravigliosa e intrigante poltiglia.
- Fango, caro vecchio fango: torte di fango, sculture di fango, cucine di fango e molto altro.
- Acqua: si possono congelare giocattoli nel ghiaccio, dipingere con l'acqua per terra, costruire barche da far navigare.
- Costruire capanne: dentro casa con coperte e lenzuola, fuori con bastoni e rami.

- Pluriball: stendetelo per terra e usatelo come tappeto per saltare e rotolarsi (sotto la vostra supervisione).
- Contenitori di plastica: ottimi da impilare e per versare e trasferire materiali con un cucchiaio.
- Vecchi telefoni e telecomandi: per premere i pulsanti e far finta di controllare oggetti.
- Vecchi contenitori di salviette e fazzolettini: ideali per inserirvi oggetti e classificarli.

La scuola dell'infanzia

Per molti bambini, questo periodo significa l'inizio della scuola dell'infanzia. Per alcuni la transizione può funzionare a meraviglia, ma per altri può essere difficile. Frequentare una scuola dell'infanzia ha dei benefici solo se al bambino fa piacere andarci. Se lasciare i genitori gli risulta difficile e a scuola sembra infelice e spento, allora sarebbe meglio per tutti se i suoi bisogni fossero rispettati non costringendolo ad andare. A volte i problemi sorgono perché il bambino è troppo piccolo per lasciare il genitore e la soluzione più ovvia è quella di aspettare e ritardare l'inizio.

La tendenza è quella di mandare i bambini alla scuola dell'infanzia sempre prima e spesso ci sono più vantaggi per gli adulti che per i bambini stessi. L'età ideale per cominciare sarebbe intorno ai tre anni ma ovviamente dipende dal bambino: alcuni sono pronti a due anni mentre altri non lo sono fino a quattro anni. Il vostro ruolo di genitore è di sintonizzarvi con i bisogni del bambino. Se non è pronto, non vi sentite costretti a iscriverlo a scuola troppo presto sotto la pressione di commenti del tipo «Ma ha bisogno di socializzare,

Il vostro ruolo di genitore è di sintonizzarvi con i bisogni del bambino.

gli farà bene passare un po' di tempo lontano da te». Sappiamo che questo non è vero. La socializzazione primaria di un bambino è quella che avviene con i suoi genitori e non c'è bisogno che passi del tempo in un ambiente scolastico per sviluppare competenze sociali. Allo stesso modo, non è possibile inculcare l'indipendenza in un bambino che non è pronto.

Quando arriva il momento di cominciare la scuola dell'infanzia, fate in modo di sceglierne una che preveda un buon sistema di inserimento e una figura di riferimento. Idealmente, sarebbe il caso di avere almeno due o tre sessioni di inserimento in cui poter restare con il bambino. Questo gli darà la possibilità di creare un legame con la sua figura di riferimento prima dell'inizio vero e proprio, rendendo più facile la transizione quando dovrà rimanere a scuola senza di voi.

Ecco alcuni suggerimenti che potrebbero essere d'aiuto:

- **Usate dei riferimenti visivi.** I bambini piccoli non processano né conservano le informazioni come gli adulti. Durante le sessioni di inserimento, fate delle fotografie del bambino che si diverte con l'educatore di riferimento e poi parlatene a casa, in modo che diventi una figura familiare. Potete anche mettere insieme un libriccino di foto della scuola e degli altri educatori da sfogliare a casa regolarmente.
- **Usate un oggetto transizionale.** Se vostro figlio ha già un oggetto di conforto, come ad esempio un peluche, allora dovrebbe sempre portarlo con sé a scuola e il personale non dovrà mai toglierglielo. Quest'oggetto lo aiuterà a sentirsi come se avesse con sé una piccola parte di voi. Se invece non ha un oggetto di questo tipo, potete provare a introdurlo con almeno un mese di anticipo sull'inizio della scuola.

Dite a vostro figlio che, se gli mancate, può abbracciare l'oggetto e pensarvi.

- **Non andatevene mai lasciando il bambino in lacrime.** Anche se il personale vi invita ad andarvene, rimanete tutto il tempo che serve e andatevene solo quando il bambino è calmo. Se non doveste raggiungere questo risultato, tornate a casa insieme e provate di nuovo il giorno successivo. Potrebbero volerci giorni o anche settimane per riuscire a lasciare vostro figlio a scuola in maniera serena. Obbligarlo a rimanere, tuttavia, non è una soluzione e potrebbe peggiorare l'ansia da separazione. Una volta che si è calmato, salutatelo nel modo più positivo possibile. Parlategli di quello che farà, ma non ditegli che starà bene senza di voi o che si divertirà. In questo modo, rischiereste di sminuire i suoi sentimenti. È meglio dire: «Oggi dipingerai, andrai al parco e poi, dopo la lettura del libro, ti verrò a prendere».
- **Prendete in considerazione l'idea di trovare un'altra scuola se vostro figlio non si inserisce bene.** E se il problema è separarsi da voi, valutate l'opzione di posticipare l'inizio di qualche mese.

L'arrivo di un altro bambino

Per molti bambini, questo periodo è segnato dall'arrivo di un fratellino o di una sorellina. In passato, si tendeva a far passare tre o quattro anni fra un bambino e l'altro, un intervallo di tempo naturale fra una gravidanza e l'altra, dettato da fertilità e allattamento. Al giorno d'oggi, visto che molti meno bambini vengono allattati al seno o comunque per molto meno tempo, l'intervallo di tempo medio è più vicino ai due anni e mezzo. Le ricerche hanno suggerito che aspettare almeno due anni fra una gravidanza e l'altra può potenziare le abilità cognitive del figlio più grande.[52] Lasciare al primogenito la possibilità di passare del tempo individuale con i genitori è un modo per approfondire naturalmente la relazione fra genitore e figlio, specialmente se si gioca insieme o si legge un libro. Ulteriori ricerche suggeriscono che non si debba far passare meno di ventisette mesi fra un figlio e l'altro, in modo da garantire a ogni bambino del tempo individuale con la madre e la sua completa attenzione.[53] Questo intervallo di tempo consente la creazione di un forte attaccamento e crea i migliori presupposti perché il bambino sviluppi appieno il suo potenziale. In termini di salute, si ottengono migliori risultati, sia per la mamma che per il bambino, lasciando passare almeno diciotto mesi fra una gravidanza e l'altra.[54]

Far sì che il bambino passi abbastanza tempo con i genitori prima dell'arrivo di un fratellino o sorellina è forse il miglior modo di agevolare la transizione da figlio unico a primogenito.

Far sì che il bambino passi abbastanza tempo con i genitori prima dell'arrivo di un fratellino o sorellina è forse il miglior modo di agevolare la transizione da figlio unico a primogenito. E anche dal punto di vista del nuovo arrivato, un intervallo di tempo che garantisca più tempo individuale possibile con i genitori è il miglior modo di creare i presupposti per una buona

[52] S. Kasey, L. Buckles e E. Munnich, «Birth spacing and sibling outcomes», in *Journal Human Resources*, 2012, pp. 613-42.

[53] E.E. Werner, «The children of Kauai: resiliency and recovery in adolescence and adulthood», in *Journal Adolescent Health*, 13(4), 1992, pp. 262-8.

[54] S. Ball, G. Pereira, P. Jacoby, N. de Klerk e F. Stanley, «Reevaluation of link between interpregnancy interval and adverse birth outcomes: retrospective cohort study matching two intervals per mother», in *BMJ*, 349, 2014.

salute mentale in futuro. Può essere utile preparare vostro figlio all'idea molto prima della nascita. Un bel modo di farlo è leggere insieme libri sulla gravidanza, sul parto, sui neonati e sull'accoglienza di un nuovo membro della famiglia. Anche coinvolgere vostro figlio nei preparativi è una buona idea: accompagnarvi alle visite di controllo e aiutarvi a scegliere oggetti e vestiti per il neonato lo farà sentire molto più coinvolto.

Cercate di fare in modo che la vita del bambino rimanga il più possibile normale e prevedibile dopo il nuovo arrivo. I cambiamenti nella routine giornaliera possono essere motivo di turbamento per il primogenito, cosa che accade di sovente, visto che il papà potrebbe essere temporaneamente a casa invece che al lavoro e per via delle tante visite e delle possibili interruzioni dell'asilo o della scuola dell'infanzia.

Può essere molto utile coinvolgere il fratello o la sorella maggiore nella cura del neonato. Provate ad assegnargli un compito speciale, come avvisarvi quando bisogna cambiare il pannolino del bambino e andare a prenderne uno pulito. Dargli una responsabilità può aiutarlo a sentire che avete bisogno di lui. Potreste anche comprare una bambola dalle sembianze di un neonato e dei pannolini in modo che possa cambiare e dar da mangiare alla bambola mentre voi fate le stesse cose per suo fratello o sorella. Ma l'acquisto più utile è probabilmente quello di una fascia o un marsupio di qualità per portare il neonato. In questo modo, potrete soddisfare i suoi bisogni tenendolo a contatto il più possibile e avrete le mani libere per giocare con il bambino più grande. Il tempo che passate con il primogenito è determinante per il modo in cui affronterà la transizione. La cattiva notizia è che i momenti in cui più

Dargli una responsabilità può aiutarlo a sentire che avete bisogno di lui.

vorreste riposare e creare un legame con il nuovo arrivato sono quelli in cui vostro figlio maggiore avrà più bisogno di voi.

Immaginate la situazione seguente: arrivate a casa e il vostro compagno o compagna vi presenta il suo nuovo fidanzato, o fidanzata. Vi dice che vi ama ancora come prima, ma adesso ama anche un'altra persona, che si trasferirà a casa vostra. Vi dice: «Va tutto bene, ho abbastanza amore per tutti». Come vi sentireste? Insicuri? Gelosi? Tristi? Arrabbiati? Probabilmente tutti questi sentimenti insieme. È così che si sentono molti fratelli e sorelle maggiori. In tutta la loro vita non hanno conosciuto altro che la relazione con voi e ora, in questa relazione, si è introdotto qualcun altro. Per quanto possiate ripetergli che gli volete bene come prima e che ci si divertirà un sacco tutti insieme, tutte le sue certezze sono crollate e, di conseguenza, il suo comportamento finirà spesso per regredire.

Risvegli notturni e rifiuto di andare a dormire, regresso nell'uso del vasino, rifiuto di mangiare, riluttanza nell'andare a scuola, accessi di rabbia e quant'altro sono tutte reazioni normali e comuni all'arrivo di un secondogenito. E potrebbero durare anche mesi. Quello di cui vostro figlio ha bisogno adesso è empatia, rispetto e connessione, forse più che mai. Ha bisogno di passare quanto più tempo possibile da solo con voi, senza la presenza del neonato, e ha bisogno che gli dimostriate quanto gli volete bene, non solo a parole ma anche con i fatti.

Quello di cui vostro figlio ha bisogno adesso è empatia, rispetto e connessione, forse più che mai.

Evitate di dirgli «Sei un bambino grande adesso» o «Non sei più un bambino piccolo». Queste frasi possono essere enormemente nocive per un bambino che ha appena affrontato l'arrivo di un fratellino o sorellina. Sottolineano il fatto che solo un neonato può ricevere le attenzioni di mamma e papà e che essere «grandi» forse non è così bello come dicono. Benché desideri sentirsi «cresciuto», al momento, essere un bambino piccolo è molto più allettante ed è per questo che spesso il suo comportamento regredisce e potrebbe iniziare a parlare con una voce infantile, voler essere allattato o ricominciare a usare il biberon o il ciuccio. Gran parte del vostro tempo e della vostra attenzione deve essere dedicata al bambino più grande e non al neonato, per questo una fascia o un marsupio può essere vitale nelle prime settimane.

La televisione

Le ricerche hanno rivelato che i bambini fra i due e i cinque anni trascorrono in media trentadue ore a settimana davanti al televisore.[55] Questo vuol dire una media di quattro ore e mezza al giorno. Far vedere la televisione a bambini piccoli comporta dei rischi. Innanzitutto, è ovvio che il tempo passato a guardare la televisione sostituisce il tempo dedicato al gioco, soprattutto creativo, e quello passato all'aperto.[56] Inoltre, riduce il tempo di qualità passato con genitori, fratelli e sorelle.[57] Le ricerche hanno inoltre dimostrato che guardare la televisione nei primi anni dell'infanzia può influenzare negativamente

[55] Patricia McDonough, «TV viewing among kids at an eight-year high», in Nielsenwire, 26 ottobre 2009. Consultabile su: *https://www.nielsen.com/us/en/insights/article/2009/tv-viewing-among-kids-at-an-eight-year-high/* (consultato il 09 ottobre 2019).

[56] D.S. Bickham e M. Rich, «Is television viewing associated with social isolation? Roles of exposure time, viewing context, and violent content», in *Archives Pediatric Adolescent Medicine*, 160(4), 2006, pp. 387-92.

[57] E.A. Vandewater, D.S. Bickham e J.H. Lee, «Time well spent? Relating television use to children's free-time activities», in *Pediatrics*, 117(2), 2006, pp. 181-91.

il sonno, il peso, il comportamento e i risultati scolastici.[58] Questi effetti non sono necessariamente aggirati guardando solo programmi per bambini, per quanto adeguati possano essere alla loro età.

A quest'età, la televisione non costituisce una buona opportunità di apprendimento. I bambini hanno bisogno di imparare attraverso l'esperienza del mondo reale. L'Accademia americana di pediatria (AAP) raccomanda che i bambini di età superiore ai due anni non guardino più di un'ora o due di televisione al giorno, mentre i bambini sotto i due anni non dovrebbero guardarne affatto.

Se si considerano i problemi relativi al sonno, i bambini non dovrebbero passare del tempo davanti al televisore, e a qualsiasi altro tipo di schermo, nelle due ore prima di andare a letto.[59] Oltre a essere altamente stimolante, e a ostacolare quindi il rilassamento del bambino, la luce blu emessa dal televisore e da tutti gli schermi elettronici è grande motivo di preoccupazione, perché inibisce il rilascio di melatonina, l'ormone del sonno. Inoltre, è responsabile

[58] J.A. Manganello e C.A. Taylor, «Television exposure as a risk factor for aggressive behavior among 3-year-old children», in *Archives Pediatric Adolescent Medicine*, 163(11), 2009, pp. 1037-45; L.R. Huesmann, J. Moise-Titus, C.L. Podolski e L.D. Eron, «Longitudinal relations between children's exposure to TV violence and their aggressive and violent behavior in young adulthood», in *Developmental Psychology*, 39(2), 2003, pp. 201-21; R.J. Hancox, B.J. Milne e R. Poulton, «Association of television viewing during childhood with poor educational Achievement», in *Archives Pediatric Adolescent Medicine*, 159(7), 2005, pp. 614-18; R.M. Viner, e T.J. Cole, «Television viewing in early childhood predicts adult body mass index», in *Journal Pediatrics*, 147(4), 2005, pp. 429-35.

[59] D.A. Thompson e D.A. Christakis, «The association between television viewing and irregular sleep schedules among children less than 3 years of age», in *Pediatrics*, 116(4), 2005, pp. 851-6; J.G. Johnson, P. Cohen, S. Kasen, M.B. First e J.S. Brook, «Association between television viewing and sleep problems during adolescence and early adulthood», in *Archives Pediatric Adolescent Medicine*, 158(6), 2004, pp. 562-8.

per l'innalzamento dei livelli di cortisolo, poiché gli occhi percepiscono la presenza di luce e presumono che sia giorno. Anche se il bambino è stanco, il cervello terrà il corpo sveglio, confuso dalla luce artificiale. Perché gli ormoni del sonno possano funzionare, il cervello deve percepire che è calata la notte. Si può contribuire a questo processo abbassando i livelli delle fonti luminose bianche e blu: ciò significa che anche i programmi televisivi della buonanotte per bambini sono problematici. Per questa ragione, un bambino non dovrebbe mai avere un televisore in camera, a qualunque età.

Quando un bambino è schizzinoso a tavola

Un bambino schizzinoso a tavola spesso costituisce una delle maggiori preoccupazioni di molti genitori di bambini dagli uno ai quattro anni. E hanno ragione a essere preoccupati, perché i primi anni di vita hanno un ruolo fondamentale nelle future abitudini alimentari del bambino, ma non nel modo in cui molti pensano.[60] I ricercatori hanno scoperto che i bambini piccoli sono predisposti a preferire i cibi dolci e salati, piuttosto che quelli amari. Da un punto di vista evolutivo, queste preferenze servono a proteggere i bambini, che tenderanno a evitare, ad esempio, gli alimenti velenosi che si trovano in natura e che sono di solito amari. I bambini sono inoltre programmati per essere neofobici in fatto di cibo, cioè tendono biologicamente a rifiutare la maggior parte degli alimenti a un primo assaggio. Solo dopo un'esposizione ripetuta al cibo, è possibile, e probabile, che le loro preferenze cambino. Anche questo è un meccanismo volto a proteggerli e a impedirgli di mangiare cibi potenzialmente nocivi.

[60] L. Birch, «Development of food acceptance patterns in the first years of life», in *Proceedings of the Nutrition Society*, 57(4), 1998, pp. 617-24.

Ma sono proprio questi meccanismi naturali e protettivi a costituire un problema per molti genitori, benché la scienza suggerisca che, se glielo si permette, i bambini sono bravissimi a gestire il proprio consumo di cibo e che è raccomandabile consentirgli di esercitare il controllo sulle proprie abitudini alimentari. Riporto di seguito l'opinione della ricercatrice Leanne Birch del Dipartimento di Scienze Dietetiche e del Centro di Ricerca dell'Obesità nell'Infanzia dell'Università dello Stato della Pennsylvania:

> *Benché i bambini siano predisposti a reagire al contenuto energetico degli alimenti adattando di conseguenza il proprio consumo di cibo, sono anche reattivi ai tentativi di controllo da parte dei genitori. Abbiamo notato che questi tentativi di controllo dei genitori possono avere l'effetto di spostare l'attenzione del bambino dai propri segnali interni di fame e sazietà verso fattori esterni come la presenza di alimenti allettanti.*[61]

In altre parole, pur con le migliori intenzioni, i genitori possono far sì che il bambino cominci a ignorare i suoi segnali di sazietà, mettendolo a rischio di sviluppare abitudini alimentari sbagliate durante la crescita.

Per la nostra specie, sarebbe normale mangiare poco e spesso. E questo è quello che tendono a fare i bambini piccoli.

Un altro punto da considerare è che non è naturale per gli esseri umani consumare tre pasti al giorno. Per la nostra specie, sarebbe normale mangiare poco e spesso. E questo è quello che tendono a fare i bambini piccoli. Le loro

[61] L. Birch, «Development of food acceptance patterns in the first years of life», in *Proceedings of the Nutrition Society*, 57(4), 1998, pp. 617-24.

abitudini alimentari sono normali; sono gli adulti, che mangiano a orari stabiliti, a non esserlo. Quindi permettere a vostro figlio di mangiare poco e spesso, invece di costringerlo a mangiare a colazione, a pranzo e a cena, è fondamentale per insegnargli a capire i suoi segnali di fame e sazietà.

Un'ottima idea da provare con i bambini piccoli è mettere un vassoio di cibo sempre a disposizione. Può essere un vassoio o un contenitore in cui mettere un assortimento di cibi sani a cui vostro figlio abbia libero accesso durante il giorno (senza dovervi chiedere il permesso o aiuto per arrivarci). Preparate il vassoio di mattina e lasciatelo alla sua altezza, in modo che possa prendere quello che vuole quando ha fame. Anche se vi sembra che non mangi molto, soprattutto se non si siede con voi a colazione, pranzo e cena, rimarrete sorpresi se prendete in considerazione quello che mangia dal vassoio (da controllare regolarmente per rifornirlo e sostituire gli alimenti deperibili) durante il corso della giornata.

Oltre a mettere a disposizione un vassoio con il cibo, anche condividere i vostri pasti con il bambino può davvero aiutare, ma considerate quanto siano realistiche le vostre aspettative se volete che stia seduto, fermo e silenzioso, soprattutto quando mangiate fuori.

Lo spannolinamento

Forse il miglior consiglio che possa dare ai genitori in fatto di spannolinamento è quello di aspettare fino a quando il bambino sia pronto, non importa quanto a lungo, e lasciar decidere a lui. Alcuni genitori ritengono che i bambini nascano pronti e in grado di comunicare i propri bisogni in fatto di evacuazione sin dalla nascita. Questo concetto è noto come elimination communication, o «comunicazione dell'evacuazione». L'idea dietro questa teoria è che ai bambini non piaccia sentirsi sporchi e che siano in grado di capire quando devono fare i loro bisogni e comunicarlo ai genitori. Questa scelta richiede una connessione molto stretta fra genitore e figlio e, per questa ragione, si sta diffondendo fra i genitori interessati alla genitorialità gentile. Nel corso della storia, tuttavia, i neonati venivano spesso avvolti in tessuto, ovatta o materiali vegetali. Esistono anche molti riferimenti a forme primitive di vasini, sedie di paglia o sedili fabbricati appositamente per farvi sedere i bambini fino a che non producessero urina o feci. Per questa ragione, e considerate le limitazioni della vita moderna, molti preferiscono seguire un metodo tradizionale di spannolinamento che preveda, appunto, l'uso di pannolini nei primi anni.

Con un po' di pazienza, il bambino imparerà ad andare al bagno da solo e, se gli lasciate la libertà di decidere quando si sente pronto a farlo, tutto sarà infinitamente più facile. Molti dei problemi che sorgono durante lo spannolinamento si verificano perché si prova a insegnare al bambino a usare il vasino prima che sia pronto fisicamente e/o psicologicamente e questo provoca stress, incidenti e molta più fatica che se si aspettasse un po' più a lungo. L'età media in cui i bambini iniziano a dimostrare di essere pronti per lo spannolinamento si aggira fra i ventiquattro e i venticinque mesi e lo spannolinamento diurno viene completato di media appena prima del compimento dei tre anni. Lo spannolinamento notturno di solito avviene più tardi e può impiegare del tempo. Di certo non è un problema se vostro figlio dovesse avere ancora bisogno di pannolini di notte o gli capitasse di bagnare il letto a tre o quattro anni e non è considerato un problema che un bambino non padroneggi i bisogni notturni fino all'età di sette anni.

Ecco alcuni segnali comuni che indicano che il bambino è pronto per lo spannolinamento:

- Il pannolino potrebbe essere asciutto di mattina al risveglio.
- Il bambino potrebbe fare la cacca solo di giorno.
- Il bambino è cosciente di star facendo pipì o cacca.
- Il bambino potrebbe chiedervi di cambiargli il pannolino.
- Il bambino potrebbe comunicarvi (verbalmente o in un altro modo) quando ha bisogno di andare al bagno.
- Il bambino potrebbe chiedervi di indossare biancheria intima.
- Il bambino potrebbe chiedervi di usare il vasino o il bagno.
- Il bambino potrebbe mostrare interesse quando gli altri membri della famiglia vanno al bagno.

Quando arriva il momento giusto per lo spannolinamento, è fondamentale, ancora una volta, dare al bambino più controllo possibile sul processo. A tal fine, potreste permettergli di:

- Scegliere il vasino.
- Scegliere il luogo della casa dove tenere il vasino.
- Scegliere la propria biancheria intima.
- Scegliere ogni giorno se indossare un pannolino o biancheria intima.

Inoltre, cercate di normalizzare il più possibile l'atto di andare al bagno, leggendo libri sullo spannolinamento, lasciando che vostro figlio entri in bagno con voi e osservi fratelli o sorelle maggiori sul vasino e parlando del fatto di andare al bagno o di usare il vasino.

Non vi sorprenderà scoprire che non approvo l'uso di ricompense quando il bambino fa la pipì o la cacca nel vasino.

La mia opinione è che bisognerebbe trattare l'atto di andare al bagno in modo normale, considerando che l'obiettivo finale è quello di insegnare al bambino ad ascoltare il proprio corpo e i segnali che gli trasmette.

Insegnare al bambino ad andare in bagno per ottenere un adesivo o un dolcetto non va in questa direzione e potrebbe addirittura condurlo a scavalcare i segnali che riceve dal corpo, per ottenere un premio. E come se non bastasse, è anche possibile che regredisca nel processo di spannolinamento quando smettete di offrirgli la ricompensa iniziale. Per le stesse ragioni, non condivido la pratica di elogiare i bambini quando imparano ad andare in bagno. Questo non vuol dire non incoraggiare il bambino a sentirsi soddisfatto quando usa il vasino, ma è molto meglio dire «Scommetto che ti senti orgoglioso di te per aver fatto la cacca nel vasino» piuttosto che «Bravo, hai fatto la cacca!». I nostri bambini sono dotati di un naturale desiderio di crescere, esplorare e imparare a padroneggiare cose nuove. La ricompensa che ricevono dal raggiungimento del traguardo è più che sufficiente per loro.

I nostri bambini sono dotati di un naturale desiderio di crescere, esplorare e imparare a padroneggiare cose nuove.

Sul piano pratico, fate in modo di avere sottomano molte mutandine extra e uno o due cambi di vestiti, soprattutto quando vi trovate fuori casa. Per molti genitori è più facile lasciare il bambino nudo dalla vita in giù quando si è a casa, quindi può essere una buona idea iniziare lo spannolinamento nei mesi più caldi primaverili ed estivi, se coincidono con i segnali espressi dal bambino.

Problemi dello spannolinamento

Uno dei problemi più comuni che sorgono durante lo spannolinamento, presumendo che abbiate seguito i segnali del bambino nel prendere la decisione di quando cominciare, è quello di non arrivare al vasino in tempo. Ecco perché è così importante che i bambini ascoltino i segnali del proprio corpo e imparino a capire quando devono andare al bagno immediatamente e quando possono aspettare un po'. I bambini piccoli hanno spesso difficoltà a identificare l'urgenza dei bisogni, soprattutto quando sono concentrati a giocare. È abbastanza comune, quindi, che se ne accorgano quando è troppo tardi. Quello che potete fare è osservare ogni eventuale indizio che indichi che il bambino debba andare al bagno (toccarsi i genitali, contorcersi e dimenarsi, saltellare, distrarsi dal gioco, grugnire o canticchiare) e chiedergli «Pensi che sia venuto il momento di andare sul vasino?», non appena notiate questi segnali. Questo lo farà sentire più autonomo e lo aiuterà a riconoscere i propri segnali di urgenza, riducendo, con il tempo, il numero di incidenti.

Quando il bambino, inevitabilmente, avrà un incidente, non sgridatelo e non ditegli che è stato cattivo. Ricordatevi che sta ancora imparando ed è importante che veda lo spannolinamento come un evento positivo della vita. Quindi, se vostro figlio non fa in tempo ad arrivare al vasino, ditegli: «Non fa niente, non è sempre facile capire quando dobbiamo fare pipì o cacca, ma imparerai presto». Poi pulite, con un atteggiamento neutro e pratico, e assicuratevi di non dimostrare mai alcuna irritazione mentre lo fate, per quanto irritati possiate sentirvi!

È molto comune che i bambini piccoli abbiano dei problemi a fare la cacca, spesso per via di un disagio o un malessere. Una delle cose più semplici da fare per rendere l'atto di fare la cacca più facile per vostro figlio è assicurarvi che il vasino sia comodo e che i piedi poggino completamente sul pavimento o su uno sgabello, in caso stiate usando un riduttore per il water. Gli esseri umani sono fatti per defecare in posizione accovacciata, con i piedi ben saldi a terra: in questa posizione, i muscoli intorno all'ano si rilassano e permettono di defecare facilmente; se le gambe del bambino penzolano dal water, i muscoli possono irrigidirsi e rendere il processo più difficile. Un altro problema può essere un'eventuale stitichezza e anche il ricordo e la paura legati a un episodio passato di stitichezza, che possono rendere alcuni bambini riluttanti all'idea di andare al bagno e fargli trattenere il bisogno il più possibile. Questo porta ovviamente a un circolo vizioso di stitichezza, dolore e paura. Oltre ad aiutare il bambino attraverso l'alimentazione e incitarlo a bere quanti più liquidi possibile, andate alla ricerca di storie rassicuranti sulla paura di andare in bagno, o inventatene una. Infine, alcuni bambini sono riluttanti a fare la cacca in pubblico e hanno bisogno di privacy per farla facilmente. Se questo è il caso di vostro figlio, provate a comprare un secondo vasino da mettere nel suo posto privato preferito.

Il cervello di vostro figlio da uno a quattro anni

Entro la fine di questo periodo, un bambino medio avrà circa il doppio delle sinapsi (connessioni) cerebrali di un adulto medio. Questo avviene perché il cervello di un adulto è stato sfrondato dalle connessioni più deboli che non sono state rafforzate durante l'infanzia. Per questo, per avere più probabilità di crescere un bambino felice, sicuro di sé, intelligente sia emotivamente che intellettualmente, bisogna rafforzare quei

> Bisogna rafforzare quei comportamenti che più si vorrebbero vedere nel bambino una volta cresciuto.

comportamenti che più si vorrebbero vedere nel bambino una volta cresciuto. Il miglior modo per farlo è trattare vostro figlio nello stesso modo in cui vorreste che tratti gli altri; parlategli molto, sia attraverso il dialogo che la lettura di storie, ed esponetelo a un ambiente il più possibile ricco in termini di stimolazioni sensoriali.

Il cervello di un bambino di quest'età ha raggiunto fra l'80 e il 90% della taglia di un cervello adulto e la velocità con cui elabora le informazioni sta aumentando rapidamente, anche se il lobo frontale, la parte del cervello che si occupa di pensieri e decisioni, è ancora estremamente immatura. Ciò vuol dire che il suo comportamento sarà ancora tutt'altro che maturo quando si tratta di prendere decisioni, reagire alle situazioni e controllare il proprio comportamento.

Il sonno del bambino da uno a quattro anni

Benché nessuno dorma tutta la notte senza interruzioni, neanche gli adulti, è ragionevole aspettarsi che a un certo punto durante questo periodo il bambino sia in grado di dormire tutta la notte, anche se in modo intermittente, senza aver bisogno del vostro aiuto per cominciare un nuovo ciclo di sonno. Questo, però, non si verifica assolutamente per tutti i bambini in questa fascia d'età e a molti succede ancora di svegliarsi durante la notte e aver bisogno dei genitori per riaddormentarsi.

Il sonno dei bambini di quest'età è complesso. Anche se la maggior parte dei bambini dovrebbe riuscire a trascorrere la notte senza bisogno di latte, possono esserci molti più motivi per svegliarsi e richiedere la vostra assistenza, rispetto a quando erano neonati: imparare a non fare la pipì a letto, terrori notturni, incubi, alimentazione, un nuovo arrivo in famiglia, l'inizio della scuola dell'infanzia sono tutti fattori che possono influenzare il sonno di un bambino. Da un punto di vista fisico, si possono ottenere buoni risultati evitando medicine e additivi artificiali nel cibo, così come facendo attenzione a garantirgli una quantità sufficiente di omega-3 e magnesio attraverso l'alimentazione.

Incubi e terrori notturni sono entrambi abbastanza comuni: gli incubi avvengono nelle fasi di sonno leggero e fanno sì che il bambino si svegli, spaventato, spesso ricordandosi del sogno, mentre i terrori notturni avvengono mentre il bambino è profondamente addormentato e spesso non lasciano alcun ricordo al risveglio.

Gli incubi possono essere affrontati identificandone e rimuovendone la causa, quando possibile. Potrebbero essere dovuti all'ansia per un evento nuovo nella vita del bambino, ad esempio, o a una storia che ha sentito recentemente o a qualcosa che ha visto in televisione. A volte può essere di grande aiuto inscenare un'elaborata «caccia ai mostri» prima di andare a dormire e preparare uno «spray antimostro» (acqua, colorante alimentare e brillantini in un flacone spray trasparente). Il bambino può spruzzare il prodotto nella stanza prima di andare a dormire e anche averlo a portata di mano in caso si svegli spaventato. Chiedere al bambino di prendersi cura di un peluche durante la notte, soprattutto se lui pensa che il peluche sia spaventato, può essere un'altra strategia molto efficace perché permette al bambino di trasferire la sua ansia nel giocattolo e affrontare le sue emozioni in modo sicuro.

I terrori notturni sono più difficili da gestire perché spesso non hanno alcuna causa, se non genetica (le parasonnie, ovvero i disturbi del sonno come terrori notturni, sonnambulismo e sonniloquio sono spesso ereditarie). La cosa più importante da tenere a mente durante un terrore notturno è la sicurezza del bambino. Anche se sembra completamente sveglio, ha gli occhi aperti, si dimena e sferza colpi a destra e manca, è in realtà profondamente addormentato e ha bisogno del vostro aiuto per non farsi male. Restate con lui durante l'episodio ma non provate a svegliarlo o a parlargli, non serve a niente. I terrori notturni possono essere più difficili da gestire per i genitori che per il bambino. Se gli episodi si verificano sempre alla stessa ora, si può provare a svegliarlo dieci minuti prima e tenerlo sveglio per qualche minuto prima di farlo riaddormentare, per spezzare il ciclo. Inoltre, le ricerche suggeriscono che l'integrazione di oli ricchi di omega-3 può essere d'aiuto.[62]

Un punto importante da considerare nell'ambito del sonno dei bambini di quest'età è l'orario in cui farli andare a dormire. Uno studio svolto in Colorado, negli Stati Uniti, ha rivelato che i problemi del sonno potrebbero essere legati al fatto che i genitori mettono i bambini a letto troppo presto rispetto all'azione delle sostanze chimiche associate con il sonno.[63] Analizzando bambini di età compresa fra due anni e mezzo e tre, i ricercatori hanno rilevato che il picco di melatonina non si verifica prima delle 19 e 40, circa mezz'ora dopo l'orario in cui la maggior parte dei genitori prova a mettere a letto i propri figli; e se i livelli ormonali non sono sufficientemente alti, non solo sarà più difficile farli addormentare, ma potrebbero anche svegliarsi di più durante la notte. Quindi, per rendere le serate più facili per tutti, si potrebbe aspettare che il bambino sia chimicamente pronto per andare a letto, fra le 19 e 45 e le 20, dopo una rilassante routine della buonanotte.

[62] P. Montgomery et al., «Fatty acids and sleep in UK children: Subjective and pilot objective sleep results from the DOLAB study – a randomised controlled trial», in *Journal of Sleep Research*, 2014.

[63] A.L. Miller, N. Kaciroti, M.K. Lebourgeois, Y.P. Chen, J. Sturza e J.C. Lumeng, «Dissonance between parent-selected bedtimes and young children's circadian physiology influences nighttime settling difficulties», in *Academy Pediatrics*, 14(2), 2014, pp. 207-13.

7

Crescere: dai quattro ai sette anni

Non sempre possiamo forgiare il futuro per i nostri giovani, ma possiamo forgiare i nostri giovani per il futuro.

Franklin Delano Roosevelt,
trentaduesimo presidente degli Stati Uniti d'America

Essere genitori di bambini dai quattro ai sette anni dà incredibili soddisfazioni. Ci sono miriadi di prime volte da assaporare e si prova un immenso orgoglio nel guardare un figlio che fiorisce e muove i primi passi nel mondo. Allo stesso tempo, questa fascia d'età può celare molte sfide per i genitori, concernenti le decisioni da prendere, il comportamento del bambino e le sue relazioni con gli altri. Ad esempio, fra le molte domande che affollano i pensieri e le conversazioni dei genitori, ci si potrebbe cominciare a chiedere se bambini e bambine debbano essere trattati in modo diverso a quest'età. Questa e altre problematiche saranno esaminate in questo capitolo.

Quando i bambini rispondono male

Durante le ricerche effettuate per scrivere questo libro, chiedevo ai genitori di bambini dai quattro ai sette anni quali fossero le loro più grandi preoccupazioni in questa fase: in cima alla lista compariva il problema dei bambini che rispondono male. Non appena pensate di aver preso la mano con vostro figlio, si trasforma improvvisamente in uno sfacciato bimbetto di cinque anni che risponde male o mette in discussione tutto quello che dite.

Ma rispondere male non è necessariamente qualcosa di negativo. La maggior parte dei genitori vuole che i propri figli diventino liberi pensatori, in grado di sfidare lo status quo, soprattutto se ingiusto. Dopotutto, assertività, persistenza e ambizione sono tutti tratti positivi in un adulto, quindi perché dovremmo vederli come negativi in un bambino? Se vostra figlia adolescente mettesse in discussione un professore perché ritiene stia dicendo qualcosa di sbagliato, o vostro figlio si schierasse contro il suo capo a favore di un collega che sta venendo discriminato, probabilmente vi sentireste orgogliosi. Allo stesso modo, sareste al settimo cielo se vostro figlio adolescente si ribellasse a qualche bullo o si rifiutasse di fare qualcosa in cui non crede per essere accettato nel gruppo. Eppure, quando i nostri bambini mettono in discussione le nostre ragioni e le nostre istruzioni, li consideriamo maleducati, irrispettosi e inopportuni. Non possiamo avere entrambe le cose.

Il modo migliore per insegnare a un bambino a essere rispettoso è trattarlo con rispetto.

Un bambino che risponde male potrebbe non sentirsi rispettato a sua volta. E il modo migliore per insegnare a un bambino a essere rispettoso è trattarlo con rispetto. La vostra richiesta è stata posta in modo rispettoso? Vi siete spiegati chiaramente? Vostro figlio sta capendo perché gli state chiedendo di fare qualcosa?

Tutto questo può fare un'enorme differenza.

Prendete le due situazioni seguenti:

- **Situazione n. 1.** La vostra giornata al lavoro è stata molto faticosa e avete un mal di testa martellante. Andate a prendere i bambini a scuola, arrivate a casa e vi ricordate che aspettate visite la sera. Dovete pulire e mettere in ordine una casa nel caos e preparare la cena nel giro di due ore per accogliere il vostro ospite. Tutto ciò è comprensibilmente stressante. I vostri figli si stanno inseguendo in giro per la casa, lanciando acuti gridolini di gioia, peggiorando sia il caos in casa che il vostro mal di testa. Gli urlate di smetterla e di andare subito a mettere in ordine le loro stanze, al che loro rispondono: «No, stiamo giocando!». Voi rispondete: «No, ho detto ora! La casa è un caos e bisogna metterla a posto, abbiamo delle visite». E loro: «Non vogliamo mettere in ordine, non puoi obbligarci!». E così, in un batter d'occhio, si arriva a un punto morto che sfocerà in urla e minacce.
- **Situazione n. 2.** La vostra giornata al lavoro è stata molto faticosa e avete un mal di testa martellante. Andate a prendere i bambini a scuola e durante il viaggio di ritorno in macchina gli dite: «Bambini, ho un terribile mal di testa. Scusate se sono di cattivo umore, ma la testa mi fa molto male e il dolore mi rende irascibile. Apprezzerei molto se poteste parlare piano oggi pomeriggio e aiutarmi a riordinare la casa per il nostro ospite stasera. Che dite, si può fare?». Arrivati a casa, dite: «Scommetto che dopo una dura giornata a scuola, avete voglia di giocare, vero? Che ne pensate di andare fuori a giocare per mezz'ora prima di mettere in ordine? Vi chiamo quando sta per scadere il tempo. Che ve ne pare?». Dopo mezz'ora, richiamate i bambini e gli dite «Bene, queste sono le cose da fare. Qual è il modo migliore

per farle tutti insieme?» permettendo ai bambini di gestire la situazione e di dividervi i compiti. Una volta riordinata la casa, chiamate i bambini e dite: «Abbiamo fatto un ottimo lavoro di squadra, no? Guardate quanto è ordinata la casa, dovremmo essere orgogliosi di noi! Grazie mille per l'aiuto».

Nella situazione n. 2, i bambini vengono trattati con rispetto, creando i presupposti per un comportamento rispettoso da parte loro e riducendo o eliminando le risposte insolenti. Per evitare il più possibile questo tipo di risposte bisogna capire i sentimenti del bambino e dimostrare empatia nei suoi confronti.

Rispondere male è anche una comune strategia per testare i limiti del genitore e questa non è una cosa negativa. È importante affinché il bambino impari cos'è accettabile e cosa non lo è. È compito del bambino testare i limiti del genitore ed è compito del genitore farli rispettare. Non far rispettare i limiti in modo coerente può incentivare le risposte insolenti e, spesso, questo indica che il bambino ha in realtà bisogno di più disciplina e non di meno. Ma i limiti vanno fatti rispettare con rispetto e comprensione, concentrandosi sull'insegnamento e non sulla punizione. Nell'ambito di limiti e disciplina, pensate a voi e al bambino come membri della stessa squadra e non come avversari.

È compito del bambino testare i limiti del genitore ed è compito del genitore farli rispettare.

Un bambino che risponde male è spesso indice di una relazione che ha bisogno di più connessione e comprensione da entrambe le parti. Quando è stata l'ultima volta che vi siete ritagliati il tempo per divertirvi insieme a vostro figlio? Nel tran-tran di scuola, compiti, lavoro, lezioni e attività, ci si può facilmente dimenticare di passare davvero del tempo insieme. Passare una giornata con vostro figlio a non far altro che divertirvi e chiacchierare può avere un effetto straordinario. E più trascorrete il tempo insieme ridendo e divertendovi, meglio è. Inoltre, ogni giorno si dovrebbero prendere piccole misure per alimentare la connessione fra voi e vostro figlio: una chiacchierata serale di un quarto d'ora mentre gli rimboccate le coperte, un bigliettino nel portapranzo che dica «Buona giornata! Ti voglio bene!», un disegno di voi due insieme da fargli trovare sulla sua bacheca in cameretta e montagne di abbracci, coccole e giochi.

Se vostro figlio comincia a rispondervi male, un ottimo modo di alleggerire la situazione è rispondere con senso dell'umorismo. Tirate fuori un vocione roboante, alzate le sopracciglia e dite: «Ah, quindi questo bambino osa non essere d'accordo con il mostro genitore, eh? Beh, vediamo come va a finire, perché il mostro lo sta per acchiappare!» E corretegli dietro, minacciandolo di fargli il solletico. Reazioni del genere possono avere un ottimo impatto.

Faccende domestiche e paghette

Molti ritengono ci debba essere un legame fra faccende domestiche e paghette e che i bambini si debbano guadagnare la propria paghetta svolgendo i compiti che gli si assegnano. Io credo fermamente che questo sia sbagliato. La paghetta è una parte importante dell'infanzia. Insegna ai bambini il valore dei soldi e l'importanza di pianificare le spese, in modo che possano avere una buona comprensione della gestione delle proprie finanze una volta cresciuti, una competenza importante che manca a molti adulti. Arriverei addirittura ad affermare che dare una paghetta settimanale o mensile ai propri figli, incondizionatamente, è altrettanto importante che insegnargli a leggere o a scrivere.

Quindi, a partire dai quattro anni, tutti i bambini dovrebbero ricevere una paghetta appropriata che non sia in alcun modo connessa alle faccende domestiche o al loro comportamento. Questo significa non premiarli con una paghetta più consistente se «fanno i bravi» e non ridurne l'ammontare se non svolgono i compiti che gli assegnate o se si comportano in modo inaccettabile ai vostri occhi. Il valore della paghetta dovrebbe essere lo stesso ogni settimana o ogni mese.

Quando iniziate a dargli la paghetta, dovreste parlarne con vostro figlio e mettervi d'accordo su cosa dev'essere incluso in questa cifra. Per esempio, potreste decidere che il bambino debba usare la paghetta per comprare dolci, giornaletti e giocattoli, escludendo regali di Natale e compleanno, ma che voi vi occuperete di comprargli i vestiti, gli oggetti di cartoleria, i libri e i regali per i compleanni degli altri bambini. Potreste decidere di dargli dei soldi extra per vacanze o gite, oppure di includerli nella paghetta. Una volta stabilite queste regole, è importante seguirle sempre. Questo vuol dire che non dovreste comprare al bambino nessuna delle cose che dovrebbe comprare con la sua paghetta, per quanto «bene» si sia comportato.

Se il bambino avesse bisogno di soldi extra per qualcosa di specifico, potreste dargli l'opportunità di guadagnarli svolgendo compiti straordinari, diversi da quelli che vi aspettate quotidianamente da lui, ad esempio lavare la macchina o estirpare le erbacce in giardino. È bene insegnare al bambino a risparmiare dei soldi per le spese importanti, ma è anche bene incoraggiarlo a considerare l'ipotesi di donare una parte della sua paghetta. Potrebbe farlo in occasione di un evento locale di beneficienza, una raccolta fondi organizzata in un negozio vicino casa o potrebbe donare un valore fisso al mese per una causa che gli stia a cuore.

Come far fare le faccende domestiche ai bambini?

La risposta è insita nella domanda stessa: non dovrebbe essere necessario «fargliele fare». Le faccende domestiche sono parte integrante della vita quotidiana, così come lavarsi i denti, mangiare e dormire. Ci si aspetta che ognuno di noi mantenga i propri spazi puliti e ordinati. Le cose stanno semplicemente così, specialmente quando si condivide la casa con altre persone. Quindi le faccende domestiche non sono qualcosa su cui si può contrattare. Non sono belle o brutte, né costituiscono un'opportunità per dare premi o punizioni. La camera da letto dev'essere riordinata, tutti devono buttare i propri rifiuti nel cestino, i piatti devono essere portati nel lavandino e la tavola sparecchiata dopo mangiato. Noi adulti non veniamo pagati per svolgere questi compiti e neanche i nostri figli dovrebbero esserlo.

È cruciale che i vostri figli sappiano cosa ci si aspetta da loro fin da piccoli. Abbiamo già affrontato la questione delle ricompense per un dato comportamento e abbiamo visto che, secondo le ricerche, è meno probabile che un bambino ripeta un comportamento se non si offre più la ricompensa iniziale (vedi pagina 136). La stessa cosa vale per le faccende domestiche. Potete senz'altro dimostrare che avete notato il gesto del bambino e comunicargli la vostra felicità con un sorriso, ma non vi è richiesto nient'altro. Per il bambino, è sufficiente sentirsi parte della famiglia e sapere che siete felici insieme a lui.

Quindi, cosa succede se un bambino non fa le faccende domestiche? All'inizio, bisognerà ricordargliele, molte volte, armandosi di molta pazienza. Cercate di farlo in modo leggero e divertente: «Ops, vedo un piatto sul tavolo. Pensi che arriverà da solo fino al lavandino?» è molto meglio di «Santo cielo, hai lasciato il tuo piatto sul tavolo per l'ennesima volta! Quante volte ancora dovrò ricordartelo?». Aspettatevi di dovervi ripetere quotidianamente per almeno un mese prima che quel compito diventi un'abitudine. Dovete semplicemente ricordarglielo però, senza essere assillanti, altrimenti rischiate di suscitare l'effetto opposto. Allo stesso tempo, dovete prendere in considerazione il vostro comportamento: buttate sempre i vostri rifiuti nell'immondizia e portate sempre il vostro piatto nel lavandino dopo aver mangiato? Se la risposta è no, non potete insistere perché vostro figlio lo faccia. Voi siete il suo modello di comportamento. Se siete disordinati, non potete aspettarvi altro che disordine da parte sua.

Conseguenze

Ci sono due tipi di conseguenze: naturali e logiche. Una conseguenza naturale è il risultato naturale di qualcosa che il bambino fa o non fa. Per esempio, se il bambino si rifiuta di indossare il giubbotto per uscire di casa e poi ha freddo, questa è la conseguenza naturale della sua decisione. Se si rifiuta di mettere in ordine la sua camera e poi si fa male a un piede inciampando su un giocattolo, anche questa è una conseguenza naturale della sua decisione.

Le conseguenze logiche si basano invece sulla reazione del genitore al comportamento del bambino: per esempio, il bambino si rifiuta di smettere di giocare con un gioco e quindi il genitore decide di metterlo via per un certo numero di giorni. In fondo, le conseguenze logiche non sono altro che un'altra forma di punizione, utilizzata dal genitore per insegnare qualcosa al bambino. Ciò implicherebbe, però, un certo livello di sviluppo cerebrale che un bambino di quest'età non possiede.

C'è quindi posto per le conseguenze nella genitorialità gentile? Io credo di sì, ma, a quest'età, solo se sono conseguenze naturali. Le conseguenze naturali sono uno dei modi più importanti che i bambini hanno per imparare come funziona il mondo, sempre che si verifichino in modo sicuro e non siano mai utilizzate come forma di punizione o castigo. Se un bambino non vuole mettersi il giubbotto, il genitore potrebbe portarlo con sé e, quando il bambino finirà inevitabilmente per avere freddo, potrebbe dire: «Fa freddo senza giubbotto, vero? L'ho portato, ora te lo vuoi mettere?». Evitate di dire, invece: «Vedi, te l'avevo detto. Te l'avevo detto che avresti sentito freddo senza giubbotto».

Le conseguenze naturali sono uno dei modi più importanti che i bambini hanno per imparare come funziona il mondo.

Per quanto riguarda le «lezioni» impartite mettendo in pratica le conseguenze logiche, generalmente non sortiscono l'effetto desiderato e possono generare frizione e una mancanza di connessione fra genitore e bambino. Per questo motivo, non hanno alcun ruolo nella genitorialità gentile a quest'età.

Sensibilità e timidezza

È molto comune che i bambini di quest'età siano timidi e sensibili, soprattutto con sconosciuti, con persone con cui non entrano in contatto regolarmente e in ambienti nuovi. Ancora una volta, il modo migliore di incoraggiare un bambino a essere meno riservato con persone sconosciute o in situazioni nuove è quello di permettergli di utilizzarci come regolatori esterni delle sue emozioni e non provare a costringerlo a essere indipendente.

Può essere incredibilmente difficile per genitori estroversi avere a che fare con un figlio introverso. La personalità di un bambino può essere enormemente diversa da quella dei genitori e gli adulti possono avere difficoltà a empatizzare con il proprio figlio. Cercate di capire che vostro figlio può avere sentimenti diversi dai vostri quando confrontato con persone e situazioni nuove e provate a rispettarlo. La sua ansia è ben reale anche se voi non la sentite o non la capite appieno. I bambini sensibili e introversi hanno bisogno di essere accettati per quello che sono e i genitori non dovrebbero cercare di cambiarli. In ogni caso, sarebbe il più delle volte un'impresa impossibile che finirebbe solo col peggiorare l'ansia del bambino e mettere il vostro rapporto sotto stress.

I bambini sensibili e introversi hanno bisogno di essere accettati per quello che sono e i genitori non dovrebbero cercare di cambiarli.

Cercate di vedere la sensibilità di vostro figlio come un lato positivo. Non usate la parola «timido» davanti a lui, perché viene universalmente interpretata come un difetto. Piuttosto riferitevi a vostro figlio come a un bambino sensibile o che prova sentimenti molto forti e aiutatelo a vederlo come qualcosa di positivo. A volte, i bambini più introversi e sensibili possono essere meravigliosamente compassionevoli, comprensivi ed empatici. Possono diventare ottimi ascoltatori e amici fantastici e le loro abilità e i loro punti di vista possono essere una marcia in più in molti posti di lavoro.

Una volta accettata la personalità di vostro figlio, il passo successivo è quello di aiutarlo ad affrontare meglio il mondo senza di voi, sempre rispettando i suoi limiti, per quanto possano sembrarvi estremi. Il metodo migliore per farlo è un'esposizione molto graduale. Per esempio, se a vostro figlio non piace giocare al parco lontano da voi, potreste dirgli: «Che ne pensi se mi allontano di qualche passo e mi dici tu quando fermarmi?». La prossima volta, potrebbe lasciarvi allontanare di un passo in più e ancora di un altro passo la volta successiva, fino a che si sentirà tranquillo anche se siete seduti su una panchina a venti passi da lui. Fate commenti positivi sui traguardi raggiunti dal bambino: «Scommetto che ti sei sentito proprio un bambino grande oggi mentre andavi sullo scivolo e io ero sulla panchina, vero?» e così via. Inoltre, cercate di ridurre al minimo lo stress del bambino, laddove possibile. Per esempio, se avesse difficoltà a essere lasciato a scuola la mattina, potreste organizzarvi per arrivare sempre dieci minuti prima e aspettare con lui in classe, in modo da avere il tempo di salutarvi con calma prima che arrivino tutti gli altri bambini. Spesso il rumore e la confusione di un cortile scolastico di mattina possono essere difficili da gestire.

Bambini ruspanti e l'importanza delle ali

Chiudete gli occhi un momento e ripensate alla vostra infanzia. Pensate ai momenti in cui vi siete divertiti di più. Per molti di noi, riaffiorano scene ambientate all'aria aperta, vissute con altri bambini, piuttosto che con i nostri genitori. Quanta libertà avevate da bambini? Potevate uscire a giocare con i vostri amici? Andavate a casa loro in bicicletta? Andavate insieme al parco? Ora pensate allo stesso esercizio fatto dai vostri figli fra vent'anni: i loro ricordi saranno simili o si svolgeranno in gran parte fra quattro mura e durante attività organizzate? Si ricorderanno di momenti in libertà passati con i loro amici o avrete un ruolo predominante in tutte le loro memorie?

I bambini di oggi hanno molta meno libertà di quanta ne avessimo noi. E a nostra volta, noi ne abbiamo avuta probabilmente molta meno che i nostri genitori o nonni. E l'area in cui permettiamo ai nostri bambini di giocare, se noi ne costituiamo il nucleo, si sta riducendo più che mai. Come mai? La vita al giorno d'oggi non è più pericolosa di prima; non ci sono più pedofili o rapitori di quando eravamo piccoli. Anzi, quando avviene un abuso o un rapimento di minori, è più probabile che il colpevole sia un familiare piuttosto che uno sconosciuto. Ci sono forse più automobili per strada oggigiorno, ma, secondo le statistiche, più un bambino cresce, più è a rischio di incidenti stradali: un bambino di undici anni ha il doppio delle probabilità di essere coinvolto in un incidente rispetto a un bambino di dieci anni. Questo potrebbe accadere perché i genitori credono che sia abbastanza sicuro lasciar uscire da soli i propri figli quando vanno alla scuola superiore, ma non prima. Ma se non diamo ai nostri figli fiducia e libertà fin da piccoli, come possiamo pretendere che maturino all'improvviso una volta cresciuti?

Ma se non diamo ai nostri figli fiducia e libertà fin da piccoli, come possiamo pretendere che maturino all'improvviso una volta cresciuti?

Quando i nostri figli sono piccoli, il nostro istinto ci suggerisce spesso di tenerli il più vicino possibile. Poi, quando crescono, spesso ci sentiamo riluttanti a «mollare la presa» per paura che gli succeda qualcosa. Quindi qual è il momento giusto per allentare la presa? Se ci lasciamo davvero guidare dal bambino, dobbiamo essere attenti sia al bisogno di dipendenza di nostro figlio che a quello di indipendenza. O, come scrive lo scrittore e giornalista Hodding Carter in una delle mie citazioni preferite:

> *Ci sono solo due cose durature che possiamo sperare di lasciare in eredità ai nostri figli: le radici e le ali.*

Allentare la presa può essere davvero arduo. Proprio ora che cominciavamo a sentirci a nostro agio come genitori, tutto cambia di nuovo, e spesso è molto più facile far crescere le radici che far spuntare le ali. Ma l'eredità delle ali (e di livelli di libertà appropriati all'età del bambino) è cruciale se vogliamo che i nostri figli sviluppino il massimo del loro potenziale e questa fascia d'età è quella giusta per incoraggiare questa transizione da radici ad ali. In questo periodo, quello che mette davvero alla prova i genitori è trovare un equilibrio fra le due e, nel farlo, preparare il campo per gli anni di preadolescenza e adolescenza.

Maschi e femmine: cosa cambia nel ruolo del genitore?

Benché molti credano che ci siano differenze significative nel cervello di maschi e femmine, specialmente nell'infanzia, non è affatto così: ci sono alcune dissomiglianze ma sono minori. Più interessante da analizzare è se queste differenze siano biologiche o se siano causate dal modo in cui trattiamo i bambini.

Gran parte delle caratteristiche comportamentali di un bambino è il risultato delle prime esperienze e dell'ambiente circostante e non dei cromosomi X e Y. Che ne siamo coscienti o meno, nella nostra società trattiamo maschi e femmine in modo diverso, in tutto, a partire dai vestiti, libri e giocattoli che compriamo, fino al modo in cui giochiamo e comunichiamo con loro. È il mondo stereotipato in cui crescono a segnare il loro cervello più di qualsiasi predeterminazione biologica. Insomma, siamo noi la causa delle più grandi differenze cerebrali, non Madre Natura.

In un'ottica di genitorialità gentile, i cromosomi di vostro figlio sono irrilevanti. Tutti i bambini, che siano maschi o femmine, hanno un bisogno universale di empatia, rispetto, comprensione, compassione e connessione con noi. Hanno tutti bisogno di giocare, di imparare attraverso i propri sensi e di esplorare l'ambiente circostante, sia in casa che all'aria aperta. Hanno tutti bisogno di qualcuno che li sostenga. I genitori gentili, quindi, si concentreranno sull'unicità di ogni bambino specifico e non applicheranno un cliché educativo in base al suo genere e ai bisogni che generalmente si ritiene debba avere.

Se il cervello dei bambini non è particolarmente diverso da quello delle bambine, che dire degli ormoni? Se è vero che gli ormoni differiscono significativamente a partire dalla pubertà, per la maggior parte dei bambini di età inferiore ai dieci anni, le eventuali differenze sono minuscole e non hanno alcun effetto sul comportamento. I bambini maschi non subiscono un'ondata di testosterone che altera il loro comportamento rendendoli più violenti, attivi o vivaci. In realtà, il testosterone è un ormone importante per entrambi i generi, rivestendo un ruolo cruciale nella densità ossea e nella massa muscolare, così come, più notoriamente, nello sviluppo delle caratteristiche sessuali. Immediatamente dopo la nascita, i livelli di testosterone di un neonato maschio si aggirano intorno ai 120 ng/dl, circa la metà di quelli di un adulto maschio, per poi alzarsi abbastanza significativamente raggiungendo i 260 ng/dl fra il secondo e il terzo mese e riabbassarsi di nuovo subito dopo.

Le ricerche hanno dimostrato che i livelli di testosterone di un bambino maschio di sei mesi sono estremamente bassi e rimarranno tali fino alle soglie della pubertà.[64] I livelli di testosterone delle bambine alla nascita si aggirano intorno a un terzo di quelli dei bambini maschi e diminuiscono velocemente a partire da quel momento, senza la leggera impennata postnatale che si verifica nei maschi.

La nostra tendenza a patologizzare i comportamenti è allarmante e gioca a sfavore del bambino: se i genitori interpretano

[64] M.G. Forest, P.C. Sizonenko, A.M. Cathiard e J. Bertrand, «Hypophyso-gonadal function in humans during the first year of life. Evidence for testicular activity in early infancy», in *Journal Clinical Investigation*, 53(3), 1974, pp. 819-28.

il comportamento di un figlio come transitorio e dovuto esclusivamente a motivi biologici, per esempio attribuendo il comportamento di un bambino maschio a un aumento del testosterone, c'è pericolo che i suoi bisogni reali non siano presi in considerazione.

Giochi violenti: pistole, guerra e quant'altro

In tutti i parchi giochi del mondo, capita spesso di vedere bambini che brandiscono rami o mattoncini delle costruzioni come se fossero pistole, rincorrendosi e urlando «Bum! Bum! Ti sparo!», giocando a missioni segrete, buoni contro cattivi, guardie e ladri, zombi, mostri, soldati e guerre. Questo potrebbe essere allarmante per molti genitori, che si sentono a disagio pensando alla realtà da cui attinge questo tipo di giochi e intervengono per prevenirli. In gran parte dei casi, i bambini stanno probabilmente imitando qualcosa che hanno visto in televisione, che sia fittizio o reale, visto che i nostri figli sono bombardati da immagini di violenza, per quanto i programmi possano sembrare appropriati alla loro età.

Anche se ci piacerebbe vedere i nostri figli giocare in modo più pacifico, questi giochi violenti rivestono un ruolo importante nel loro sviluppo. Il gioco è il modo in cui i bambini danno un senso al mondo. È un modo sicuro per affrontare e liberare i propri sentimenti. Quindi se per giocare vostro figlio fa finta di essere un malvagio assassino, non vuol dire che diventerà uno psicopatico. Al contrario, vivere i propri sentimenti usando l'immaginazione permette ai bambini di elaborarli in modo sicuro e liberare eventuali emozioni che avrebbero potuto rimanere rinchiuse e inespresse.

Il gioco è il modo in cui i bambini danno un senso al mondo. È un modo sicuro per affrontare e liberare i propri sentimenti.

E per rassicurarvi ulteriormente, le ricerche hanno dimostrato che giocare alla guerra durante l'infanzia non porta a maggiore violenza in età adulta.[65]

Ovviamente non tutti i bambini giocano in modo violento, alcuni potrebbero non averne bisogno, forse perché la loro esposizione alla violenza, fittizia o reale, non ha lasciato loro alcun sentimento da esplorare. A quelli che lo fanno, però, purché nessuno si faccia male davvero e il gioco resti esclusivamente di fantasia, si dovrebbe permettere di continuare a farlo fino a che non superino spontaneamente questa fase.

Il tempo davanti allo schermo

I rischi derivanti dal tempo passato davanti a uno schermo non spariscono con la crescita del bambino. Esiste un forte legame fra il tempo davanti allo schermo e un aumento del rischio di obesità, ansia, depressione, generale riduzione del benessere, effetti negativi sul sonno e sul comportamento sociale.[66] Eppure, nonostante tutti questi rischi, quasi la metà

[65] P. Holland, «Take the toys from the boys? An examination of the genesis of policy and the appropriateness of adult perspectives in the area of war, weapon and superhero play», in *Citizenship, Social and Economics Education*, 4(2), 2000, pp. 92-108.

[66] L.D. Rosen, A.F. Lim, J. Felt, L.M. Carrier, N.A. Cheever, J.M. Lara-Ruiz, J.S. Mendoza e J. Rokkum, «Media and technology use predicts ill-being among children, preteens and teenagers independent of the negative health impacts of exercise and eating habits», in *Computers in Human Behaviour*, 35, 2014, pp. 364-75; D. Maras, M.F. Flament, M. Murray, A. Buchholz, K.A. Henderson, N. Obeid e G.S. Goldfield, «Screen time is associated with depression and anxiety in Canadian youth», in *Preventative Medici*ne, 73, 2015, pp. 133-8; J. Falbe, K. Davison, R.L. Franckle, C. Ganter, S.L. Gortmaker, L. Smith, T. Land e E.M. Taveras, «Sleep duration, restfulness, and screens in the sleep environment», in *Pediatrics*, 135(2), 2015, pp. 367-75; B.J. Wilson, «Media and children's aggression, fear, and altruism», in *Future Child*, 18(1), 2008, pp. 87-118.

dei bambini più grandi all'interno di questa fascia d'età eccede il limite raccomandato di due ore al giorno.[67]

È fondamentale stabilire dei limiti per il tempo passato davanti allo schermo e farli rispettare in modo coerente: non più di due ore in tutto fra televisione, computer e videogiochi. Al momento di decidere queste regole familiari, è importante discuterle con i vostri figli e spiegarne le ragioni. Se i bambini capiscono perché il tempo passato davanti allo schermo dev'essere limitato, è più probabile che accettino le regole senza sfidarle. Una volta decise le regole, è essenziale seguirle senza eccezioni, per quanto stanchi o impegnati possiate essere e per quanto grande sia la tentazione di concedere al bambino «ancora qualche minuto» per ritagliarvi qualche attimo di pace.

Se i bambini capiscono perché il tempo passato davanti allo schermo dev'essere limitato, è più probabile che accettino le regole senza sfidarle.

Non solo, queste regole dovrebbero valere anche per voi. Gran parte degli adulti passa davvero troppo tempo di fronte a uno schermo e i rischi corsi dai bambini valgono anche per gli adulti. Ricordatevi che voi siete un esempio da seguire per vostro figlio e che, se passate la giornata al telefono, computer o tablet, lui seguirà le vostre orme. Instituire delle giornate «senza schermo», magari una volta a settimana, è una fantastica idea per tutta la famiglia.

Oltre a stabilire le regole sull'uso dello schermo, è anche il momento di affrontare il problema della sicurezza online.

[67] S. Houghton, S.C. Hunter, M. Rosenberg, L. Wood, C. Zadow, K. Martin e T. Shilton, «Virtually impossible: limiting Australian children and adolescents daily screen based media use», in *BMC Public Health*, 2015, p. 15.

Aiutate vostro figlio a capire i rischi del computer e dei giochi online, nel caso si ritrovino di fronte alla richiesta di fornire informazioni personali a sconosciuti. Assicuratevi di avere un buon sistema di controllo genitori e monitorate frequentemente l'uso che vostro figlio fa di internet. A quest'età, è molto più pericoloso farlo navigare su internet che farlo giocare in libertà senza di voi.

Il disturbo da deficit di natura

Il «disturbo da deficit di natura» è l'espressione coniata dall'autore e giornalista Richard Louv nel suo libro del 2005 L'ultimo bambino nei boschi, per descrivere le possibili conseguenze del fatto che i bambini passano sempre meno tempo in mezzo alla natura e sempre più tempo confinati al chiuso. Tali conseguenze includono un impatto negativo sulla salute (compresi disturbi dell'attenzione e depressione), obesità e livelli crescenti di miopia (difficoltà a vedere da lontano, dovuta in questo caso alla scarsa esposizione a luce naturale). Inoltre, Louv afferma che la mancanza di tempo passato in mezzo alla natura potrebbe avere un impatto negativo sulla considerazione che il bambino avrà per l'ambiente circostante e per il pianeta. Se non impara ad apprezzare la natura, non sarà propenso a proteggerla.

I bambini di quest'età dovrebbero passare gran parte del loro tempo in mezzo alla natura, facendo capanne, arrampicandosi sugli alberi, costruendo altalene di corda, facendo volare aquiloni, facendo rimbalzare pietre nell'acqua e tuffandosi nei laghetti. Al giorno d'oggi, per molti bambini queste attività sono relegate a occasioni speciali e vacanze, mentre dovrebbero far parte della loro vita quotidiana; la natura viene vista come un'entità separata da osservare a distanza. Per i bambini delle vecchie generazioni, invece, la natura era parte integrante della propria essenza: sapevano identificare le diverse specie di alberi, uccelli e fiori selvatici e i versi degli animali, mentre i bambini di oggi ricorrono alle ricerche su internet per trovare questo tipo di informazioni. Abbiamo perso moltissima saggezza in pochissimo tempo.

Ci sono iniziative volte a far riconnettere i bambini con la natura, come ad esempio le scuole nel bosco, ma niente può sostituire del tempo non organizzato trascorso in campi e boschi a immergere i piedi nei ruscelli, in cui i bambini abbiano il pieno controllo di quello che fanno. Il tempo che un bambino trascorre in mezzo alla natura durante la crescita, da solo o con amici, costituisce una parte importante nel suo sviluppo.

L'inizio della scuola

Per molti, le preoccupazioni in questa fascia d'età s'incentrano inevitabilmente sull'imminente inizio della scuola. I pensieri si rivolgono alla ricerca della scuola migliore e assumono sempre più importanza giornate di presentazione, recensioni, regolamenti, relazioni e valutazioni sulle scuole. Una volta confermato il posto di vostro figlio a scuola, è tempo di prepararsi per l'inizio, sia a livello pratico che emotivo, dedicando i mesi successivi all'inserimento.

Molti genitori non sanno che le opzioni in merito di istruzione vanno ben oltre la tipica diatriba fra scuola pubblica e privata e spesso non sono neanche coscienti dei loro diritti in ambito scolastico. Ci sono numerose alternative: la scuola tradizionale a tempo pieno, la scuola flessibile (una combinazione fra scuola tradizionale part-time e istruzione parentale part-time), scuole alternative quali Steiner, Montessori e democratiche e l'istruzione parentale.

Come sempre, nella genitorialità gentile l'enfasi è posta nella considerazione, nel rispetto dei bisogni individuali del bambino e nella scelta di un metodo che vi permetta di sostenerlo il più possibile. Ciò vuol dire che la scelta sarà diversa per ogni famiglia: alcuni bambini cresceranno al meglio in un sistema scolastico tradizionale mentre altri si troveranno molto più a loro agio in una sistemazione scolastica alternativa, o rimanendo a casa.

Come sempre, nella genitorialità gentile l'enfasi è posta nella considerazione e nel rispetto dei bisogni individuali del bambino.

Scuole alternative

Se avete la sensazione che una scuola tradizionale non sia adatta per vostro figlio o per la vostra famiglia, ma vorreste comunque che frequenti un ambiente scolastico, ci sono varie alternative possibili, anche se la maggior parte è a pagamento.

- **Steiner**. La prima scuola Steiner aprì nel 1919, basandosi sulle idee del filosofo austriaco Rudolf Steiner, con l'ethos di far crescere i bambini come liberi pensatori e responsabili in ambito morale e sociale. In queste scuole, durante la prima infanzia, si impara attraverso il gioco e le attività manuali. L'apprendimento scaturisce da fonti come opere d'arte e narrazioni di storie e l'educatore assume il ruolo di un modello da seguire per i bambini. I bambini non imparano a leggere fino ai sette anni d'età (un approccio condiviso dai paesi scandinavi) e i libri di testo sono rari se non inesistenti. L'istruzione dispensata è olistica e si incentra sulla teoria di Steiner dell'antroposofia, una disciplina di ricerca del benessere vicina all'omeopatia.

- **Montessori.** L'istruzione montessoriana si basa sulle teorie di Maria Montessori, dottoressa e educatrice italiana. Gli elementi principali di questo metodo sono l'indipendenza, la libertà all'interno di limiti e il rispetto per il naturale stadio dello sviluppo psicologico, fisico e sociale del bambino. Le scuole montessoriane hanno classi di età mista e ai bambini viene data libertà di movimento e una scelta di attività, in modo che siano loro stessi a guidare il proprio apprendimento. I bambini imparano sperimentando, cioè attraverso la pratica, e non ricevendo istruzioni come nell'educazione tradizionale. Il metodo Montessori attribuisce particolare importanza all'«ambiente preparato», organizzato in modo da incoraggiare l'autonomia del bambino e il suo apprendimento, in uno spazio in cui si privilegiano bellezza, armonia, pulizia, ordine e natura. Gli spazi sono privi di cianfrusaglie e i bambini possono accedere a tutti i materiali da soli, senza l'aiuto di un adulto.
- **Scuole democratiche.** In queste scuole viene data ai bambini autonomia e uguaglianza: le loro decisioni vengono rispettate e sono liberi di gestire ciò che vogliono imparare e di organizzare le proprie giornate. L'istruzione democratica attribuisce grande importanza alla fiducia, al rispetto e ai valori. I bambini sono trattati come adulti e l'insegnante non ricopre un ruolo autoritario. La frequentazione è facoltativa e non ci sono punizioni né vengono attuate conseguenze logiche se i bambini non si presentano a scuola. Le radici delle scuole democratiche risalgono ad almeno quattrocento anni fa e la loro filosofia non è attribuita a nessun individuo specifico.

Istruzione parentale

Istruzione parentale è l'espressione usata per indicare l'educazione impartita ai bambini che non frequentano alcuna scuola, né tradizionale né alternativa. Si può svolgere in varie modalità, applicando ad esempio il piano di studi nazionale a casa o optando per l'*unschooling*, un approccio che fornisce al bambino un alto grado di libertà, dandogli autonomia e controllo sul proprio apprendimento, invece di seguire un metodo scolastico a casa.

Le pene dei compiti a casa

Vi ricordate la prima volta che vi hanno dato dei compiti a casa? I compiti a casa non facevano parte della vita di molti di noi prima della scuola secondaria. La vita dei bambini di oggi è molto diversa. Se avete scelto un approccio scolastico tradizionale, i compiti faranno la loro prima comparsa molto presto, spesso già a cinque, sei o sette anni. Quindi, mentre noi passavamo le serate e i fine settimana andando in bicicletta, giocando con gli amici e arrampicandoci sugli alberi, dai nostri figli ci si aspetta che completino schede, giochi educativi e progetti online, imparino tabelline a memoria e si esercitino per dettati e letture.

Non c'è nessuna normativa che obblighi a svolgere i compiti a casa a quest'età e, secondo numerose ricerche, non se ne traggono neanche benefici, il che fornisce importanti spunti di riflessione.[68] Inoltre, ci sono molti effetti negativi associati alla crescente quantità di compiti assegnata a bambini piccoli, fra cui frustrazione, spossamento, ansia e perdita del desiderio intrinseco di imparare (o di leggere per puro piacere).

[68] C. Dudley-Marling, «How school troubles come home: the impact of homework on families of struggling learners», in *Current Issues in Education*, 6(4), 2003.

Le ricerche hanno inoltre riscontrato che i bambini stressati dai compiti hanno più probabilità di diventare obesi.[69] Se non volete che vostro figlio sia obbligato a svolgere compiti a casa a quest'età, dovrebbe essere sufficiente scrivere una lettera ben documentata e strutturata alla scuola, in cui informate gli insegnanti della vostra decisione di esonerarlo dai compiti, spiegandone le ragioni.

I problemi della gestione dei comportamenti a scuola

La grande maggioranza delle tecniche di gestione dei comportamenti utilizzate nelle scuole per motivare i bambini e ridurre i comportamenti indesiderati (come certificati di merito, adesivi per chi si comporta bene, premi per risultati speciali, ore di attività premio e punti) ha falle significative e la sua efficacia è discutibile, soprattutto a lungo termine. L'ormai superata politica del bastone e della carota non ha alcun beneficio se non un cambiamento a breve termine inspirato solo dall'ubbidienza. Ma l'obiettivo della gestione dei comportamenti da parte del sistema scolastico non è il lungo termine, bensì il controllo del comportamento per il periodo in cui il bambino è a scuola e solo a vantaggio altrui.

Significative ricerche scientifiche supportano la tesi che le tecniche comportamentali comunemente utilizzate nell'educazione tradizionale possono avere gravi implicazioni nell'apprendimento futuro dei nostri figli e nel loro desiderio di impegnarsi nella propria istruzione. Le attuali tendenze dilaganti di

[69] Isabelle Michaud, Jean-Philippe Chaput, Jennifer O'Loughlin, Angelo Tremblay e Marie-Eve Mathieu, Long duration of stressful homework as a potential obesogenic factor in children: A QUALITY study», in *Obesity*, 2015 (pubblicazione online prima della stampa).

premiare chi si comporta bene non incoraggiano alcun cambiamento a lungo termine, né motivano i bambini a comportarsi meglio, impegnarsi e concentrarsi di più. Quello che davvero vogliamo per i nostri figli è che abbiano un forte impulso interno (intrinseco) ad avere buoni risultati e a imparare di più e, affinché questo accada, hanno bisogno di un ambiente che li stimoli a imparare, attraverso attività appropriate alla loro età (che in questa fase dovrebbero essere principalmente incentrate sul gioco e sull'apprendimento attraverso i sensi) e oggetti, strumenti e persone che inspirino la loro naturale curiosità, il desiderio di acquisire competenze e l'urgenza di esplorare il mondo. Ma in situazioni in cui spesso la libertà degli insegnanti è limitata dalla preparazione per le ispezioni scolastiche, dai compiti in classe, dai registri e dall'obbligo di rispettare il piano di studi nazionale, e i bambini sono confinati fra quattro mura, esposti per molto tempo davanti allo schermo, costretti a sedere troppo a lungo, dovremmo stupirci che si comportino male?

> Quello che davvero vogliamo per i nostri figli è che abbiano un forte impulso interno ad avere buoni risultati e a imparare di più.

Ancora più preoccupante della tendenza a premiare i bambini, è la pratica di alcune scuole di punire i bambini per quelli che sono percepiti come comportamenti negativi, tenendo i bambini in classe durante una parte della ricreazione, nonostante ciò sia una palese violazione dell'articolo 31 della Convenzione delle Nazioni Unite sui diritti del fanciullo, che recita: «Gli Stati Parti riconoscono al fanciullo il diritto al riposo e al tempo libero, a dedicarsi al gioco e ad attività ricreative proprie della sua età e a partecipare liberamente alla vita culturale ed artistica». Il tempo dedicato allo svago è vitale per un bambino e non gli si dovrebbe negare parte della ricreazione o della pausa pranzo per alcuna ragione.

La chiave del successo dei nostri figli non risiede in certificati, ricompense, medaglie e attività premio speciali; si trova invece dentro di loro, in attesa di poter dischiudere il loro potenziale. Per questo, è altamente raccomandabile fare ricerche approfondite sulla politica comportamentale di una scuola prima di sceglierla per il proprio bambino. Questo è forse uno dei modi migliori di proteggerlo e assicurarsi che, nel caso optiate per un sistema scolastico tradizionale, venga educato in un ambiente il più possibile rispettoso dei suoi bisogni.

Il rifiuto di andare a scuola

Prima o poi arriva sempre un momento in cui i bambini si rifiutano di andare a scuola. Così come noi adulti abbiamo bisogno di un giorno di ferie ogni tanto, lo stesso vale per i bambini. Ho sempre ritenuto terribilmente ingiusto che gli adulti, pur stando bene fisicamente, possano scegliere di restare a casa raggomitolati sul divano anche solo perché, per una ragione qualunque, non hanno voglia di affrontare il mondo, mentre ai bambini non è permesso. Per questo, ogni volta che i miei figli hanno espresso il desiderio di passare una giornata a casa, l'ho sempre rispettato, concedendo loro la pausa che richiedevano.

C'è una differenza, però, fra il bisogno occasionale di restare a casa e il rifiuto quotidiano di andare a scuola. Per alcuni bambini (fra l'1 e il 5% dei bambini in età scolare) l'impatto di questo rifiuto è tale, che gli viene diagnosticata una vera e propria fobia scolare. In questi casi, di solito il bambino piange prima di andare a scuola al mattino o anche la sera prima. Potrebbe dire di sentirsi male. Potrebbe supplicarvi di non portarlo a scuola, avere accessi di rabbia o rifiutarsi di vestirsi. Molti esperti consigliano di far visitare da un medico i bambini affetti da fobia scolare, ma spesso il problema risiede nella scuola in sé (nell'ambiente scolastico o nel personale) o in ciò che precede la scuola, e non nel bambino.

Ecco una lista delle ragioni più frequenti per cui i bambini possono rifiutarsi di andare a scuola:

- problemi di amicizia;
- bullismo e prese in giro;
- scontri con l'insegnante o altro personale;
- preoccupazioni legate ai compiti a casa;
- ansia per i compiti in classe;
- paura di parlare in pubblico, di fronte alla classeo in assemblee;
- difficoltà a comprendere i compiti da svolgere;
- bisogni educativi speciali non diagnosticati (BES);
- problemi di vista;
- problemi di udito;
- problemi del sonno e stanchezza;
- ansia derivante dalla separazione dai genitori;
- ansia derivante da questioni fisiche come il bisogno di andare in bagno;
- difficoltà di adattamento alla transizione da casa a scuola;
- ansia generalizzata;
- reazione a un evento della vita, come un trasloco o l'arrivo di un fratellino o sorellina;
- essere semplicemente troppo piccoli per andare a scuola;
- spossamento;
- difficoltà di adattamento all'aumento del rumore e della confusione dell'ambiente scolastico (alcuni bambini vivono la scuola come un «sovraccarico sensoriale», in particolare

quelli sensibili o che vengono da nuclei familiari piccoli in cui magari sono figli unici; per questi bambini la scuola può essere estenuante, fino a quando non si saranno adattati a un'accresciuta esperienza sensoriale).

Il modo migliore di gestire il rifiuto di andare a scuola è quello di trovare la ragione sottostante, ce n'è sempre una, e impegnarsi a risolverla insieme al bambino e alla scuola. Il rifiuto di andare a scuola non è un problema che riguarda esclusivamente il bambino, spesso si tratta di un problema della scuola e a volte dei genitori, quindi la sua risoluzione non dovrebbe essere incentrata solo sul bambino. In alcuni casi, la soluzione potrebbe essere cercare un'altra scuola o prendere in considerazione opzioni di educazione alternativa come l'istruzione parentale o altri tipi di scuola.

Le amicizie

Una volta che vostro figlio si trova in un ambiente frequentato da coetanei, è quasi inevitabile che si presentino problemi di amicizie. I bambini possono essere molto incostanti e spesso brutali nella loro onestà con i propri coetanei. Andare d'accordo e litigare con gli altri sono importanti occasioni di apprendimento per i bambini e anche per i loro genitori, che devono occuparsi di aiutarli a esplorare il campo minato dell'amicizia. Inoltre, spesso anche il rapporto con gli altri genitori viene deteriorato dalle interazioni dei rispettivi figli a scuola.

Andare d'accordo e litigare con gli altri sono importanti occasioni di apprendimento per i bambini e anche per i loro genitori.

Prima di tutto, ricordatevi che i bambini piccoli non pensano come gli adulti. Stanno ancora sviluppando la capacità di empatizzare e di comprendere i pensieri e i sentimenti altrui, e questo spesso vuol dire che non avevano intenzione di offendere nessuno, anche se è questo il risultato del loro comportamento. Può essere molto utile aiutare i bambini a considerare il punto di vista degli altri e anche dar loro la responsabilità di risolvere i loro problemi con gli amici. Per un genitore, è difficile resistere alla tentazione di intervenire per risolvere i problemi di un figlio, ma a lungo andare questo può essere deleterio perché non gli permette di imparare a risolvere le cose da solo. Il vostro ruolo dovrebbe essere quello di ascoltarlo e guidarlo: sicuramente vostro figlio avrà bisogno del vostro aiuto per farsi strada tra i problemi con gli amici, ma non ha bisogno che vi intromettiate per risolverli.

L'ora di andare a letto è un momento perfetto per chiacchierare con vostro figlio della sua giornata a scuola e di qualunque problema sia sorto con i suoi amici. Ascoltatelo senza interromperlo. Quando ha finito di raccontarvi cos'è successo, fategli capire che l'avete ascoltato e che date importanza alle sue esperienze ed emozioni, ad esempio dicendo «Dev'essere stato difficile per te quando ti ha detto così» o «Anche io mi arrabbierei se mi togliessero la palla mentre sto giocando», ma evitate di criticarlo o di dirgli che cosa avreste fatto al suo posto. Poi, chiedetegli se capisce come mai l'altro bambino si è comportato in quel modo: «Ti viene in mente qualche motivo per cui ti può aver detto quelle cose che ti hanno fatto stare male?» o «Chissà che cosa stava provando prima di prenderti la palla». In questo modo, state dando importanza ai sentimenti di vostro figlio e lo state anche aiutando a considerare il punto di vista dell'altro bambino senza prendere posizione. Infine, chiedetegli se gli viene in mente una soluzione: «Mi chiedo se avresti potuto fare o dire qualcosa per risolvere la situazione» o «Se dovesse provare a prenderti di nuovo la palla, c'è qualcosa che potresti fare per accontentare entrambi?». Lasciando al bambino la possibilità di raccogliere le idee, gli state dimostrando che vi fidate della sua capacità di risolvere le situazioni da solo, contribuendo di molto ad accrescere la sua autostima. È improbabile che quest'approccio basterà a risolvere il problema successivo, ma con tempo, pazienza e pratica, vostro figlio acquisirà le competenze necessarie per risolvere da solo i problemi sociali con sicurezza, cosa che molti bambini più grandi non sono in grado di fare e che anche un buon numero di adulti non padroneggia del tutto.

A volte, nonostante i vostri, e i suoi, sforzi, ci saranno dei problemi che vostro figlio non riuscirà a risolvere. In questi casi, occorre continuare a essere empatici e pazienti, svolgendo il vostro ruolo di contenitore per la loro delusione e la loro ansia. Se il problema dovesse persistere o peggiorare, potrebbe essere il caso di coinvolgere la scuola, che dovrebbe essere in grado di gestire la situazione adeguatamente.

In generale, cercate di non indirizzare le amicizie di vostro figlio né verso i bambini con cui preferireste giocassero né lontano da quelli che vorreste evitassero, per quanto difficile possa risultarvi. Potrebbe mettervi in difficoltà, come genitore, il fatto che vostro figlio decida di non voler giocare col figlio di un vostro amico, ma è una sua prerogativa e dovreste rispettare le sue scelte in fatto di amicizia.

Il rapporto tra fratelli

I rapporti tra fratelli creano problematiche simili a quelli con gli amici, ma in questi è ancora più importante che non prendiate posizione. Ancora una volta, il vostro ruolo dovrebbe essere quello di ascoltare, guidare e fare da cassa di risonanza. Anche se sembra che sia sempre uno dei vostri figli a scatenare i litigi, ogni episodio dev'essere affrontato con uno sguardo nuovo ed entrambi i bambini devono poter dire la loro. La tentazione di fare da arbitro, individuare chi ha cominciato e risolvere il problema può essere forte, ma è meglio fare un passo indietro. Se il vostro coinvolgimento diventa necessario in ogni litigio fra i vostri figli, potrebbe diventare un'abitudine in futuro e potrebbero non essere in grado di risolvere alcuna divergenza senza di voi. Il vostro compito, in questo caso, è quello di aiutare ogni bambino a comprendere il punto di vista dell'altro, a rispettare le opinioni diverse dalla propria e ad arrivare a un reciproco compromesso per risolvere la situazione.

Nel caso di due fratelli che litigano per un giocattolo, ad esempio, potreste cominciare col descrivere esattamente quello che vedete: «Vedo due bambini molto arrabbiati in questo momento». Così facendo, i bambini si sentiranno incoraggiati a raccontarvi quello che sta succedendo, ma assicuratevi che capiscano che volete ascoltare la versione dei fatti di entrambi. Chiedete al primo bambino «Mi puoi dire cos'è successo?» e poi fate la stessa domanda al secondo bambino. Chiedete al primo bambino «E come ti sei sentito?» e fate la stessa domanda al secondo bambino. Poi descrivete di nuovo la situazione: «Dunque, volevate entrambi giocare con lo stesso giocattolo e ora siete tristi e arrabbiati perché l'altro vuole la stessa cosa che volete voi». Dopodiché, ripassate loro la palla con decisione: «Come si può risolvere questo problema?». Chiedete al primo bambino «Cosa pensi che possiamo fare?» e poi fate al secondo bambino la stessa domanda. Ora potete discutere dei loro suggerimenti. Se differiscono in modo significativo, potete chiedere di nuovo: «Come pensate che possiamo risolvere questa situazione in modo da accontentare entrambi? Possiamo scegliere una via di mezzo fra le cose che avete proposto?». Quando finalmente è stato raggiunto un accordo, fategli capire quanto siete orgogliosi di loro per aver risolto il problema: «Sono davvero orgoglioso/a del fatto che abbiate pensato ai sentimenti l'uno dell'altro e abbiate raggiunto una buona soluzione da soli».

Si può ulteriormente contribuire alla costruzione di fiducia e cooperazione fra fratelli facendo attività in famiglia in cui serva del lavoro di squadra, come costruire una capanna. Potete anche comprare giochi da tavolo speciali chiamati «giochi da tavolo cooperativi», che incoraggiano i bambini a impegnarsi insieme per risolvere i problemi e vincere il gioco, invece che a mettersi in competizione l'uno con l'altro.

Se avete più di un figlio, è estremamente importante che passiate del tempo di qualità individualmente con ognuno di loro ogni giorno. Dovreste passare un minimo di quindici minuti al giorno a chiacchierare con ognuno dei vostri figli individualmente in una stanza separata da quella in cui si trovano i suoi fratelli. Il momento ideale per farlo potrebbe essere prima di andare a letto, mentre gli rimboccate le coperte per la notte. Se i bambini condividono una camera, cercate di metterli a letto in orari diversi, in modo da avere tempo individuale con il più piccolo, poi con quello un po' più grande e così via. Oltre a questo, bisogna cercare di integrare regolarmente queste chiacchierate con momenti più lunghi. Preferibilmente, questo tempo dev'essere trascorso facendo un'attività a scelta del bambino. Potrebbe essere una mattinata al parco con un bambino e un pomeriggio al cinema o in

Se avete più di un figlio, è estremamente importante che passiate del tempo di qualità individualmente con ognuno di loro ogni giorno.

piscina con un altro; ma non è strettamente necessario uscire di casa: anche fare un puzzle, costruire modellini o coccolarsi sul divano guardando un film sono ottime occasioni per riconnettersi, ammesso che coinvolgano solo voi due. Nessun altro fratello o sorella dovrebbe essere presente, neanche neonati. Tempo individuale vuol dire esattamente questo: voi, vostro figlio e nessun altro. Dedicare a ogni figlio questi momenti con regolarità e aggiungere tempo extra quando possibile è forse il modo migliore di superare la rivalità fra fratelli.

Crescere: come parlarne

Quand'è il momento giusto per parlare ai vostri figli di sesso, pubertà e delle differenze fra il corpo maschile e quello femminile? È probabile che non sia mai troppo presto. Educare un bambino in modo che sappia da dove viene e in modo che capisca e accetti fin da piccolo le differenze fra i corpi umani, sempre in modo adeguato alla sua età, è forse il modo migliore di prevenire la necessità di conversazioni imbarazzanti più in là. Educare un bambino in modo che non si vergogni del proprio corpo e non si senta imbarazzato dai cambiamenti che presto avverranno può rendere più facile la transizione verso la pubertà.

Le ricerche hanno riscontrato che i bambini che hanno una buona comunicazione con i genitori riguardo il sesso e la crescita tendono ad avere meno probabilità di essere coinvolti in attività sessuali precoci e corrono meno rischi di gravidanze durante l'adolescenza, aborti e malattie sessualmente trasmissibili.[70] Quindi, invece di cercare di preservare l'innocenza dei

[70] J.M. Grossman, A. Frye, L. Charmaraman e S. Erkut, «Family homework and school-based sex education: delaying early adolescents' sexual behavior», in *Journal School Health,* 83(11), 2013.

bambini il più a lungo possibile, i genitori dovrebbero fare proprio il contrario. E lo stesso vale per l'esposizione a un parto o all'allattamento. Quanto prima questi eventi vengono normalizzati, quanto più sano sarà l'atteggiamento e i comportamenti che il bambino avrà crescendo.

A questo punto, i bambini dovrebbero conoscere i nomi anatomicamente corretti dei genitali, il funzionamento degli organi riproduttivi (compresi latte materno e mestruazioni), dovrebbero sapere come nascono i bambini e quali sono i cambiamenti del corpo durante la crescita. E a tutte le loro domande, si dovrebbe rispondere con semplicità e onestà. Un buon libro può essere d'aiuto in questo ambito e ce ne sono molti sul mercato. Se vostro figlio frequenta una scuola tradizionale, farà anche delle lezioni di educazione sessuale, ma è meglio non affidarsi esclusivamente a queste, sia perché la loro qualità è spesso dubbia, sia perché dovrebbe sapere che voi siete il suo punto di riferimento per rispondere a qualsiasi domanda.

Il cervello di vostro figlio dai quattro ai sette anni

Il cervello di vostro figlio è ancora molto impegnato in questa fase. Alla fine di questo periodo, il numero di sinapsi (connessioni) cerebrali ha quasi raggiunto il culmine, prima che il processo di sfrondamento neurale cominci a rimuovere le connessioni inutilizzate. Il lobo frontale è ancora in fase di connessione, però, e questa è l'ultima area a maturare, il che spiega perché il comportamento e la comprensione di un bambino, specialmente a livello sociale, non sono ancora equiparabili a quelli di un adulto. Per quanto riguarda dimensioni e peso, entro la fine di questo periodo il cervello ha quasi raggiunto le dimensioni di quello di un adulto, misurando circa l'85-90% del volume di un cervello maturo di un adulto.

All'inizio di questa fascia d'età, i bambini sono estremamente egocentrici, ma verso la fine diventano molto più sociocentrici: iniziano cioè a comprendere e considerare di più i sentimenti e i pensieri altrui e come questi possano differire dalle proprie emozioni. Verso la fine di questo periodo, inizieranno anche ad afferrare sempre meglio le regole sociali. La comprensione diventa lentamente sempre più intuitiva e i processi cognitivi maturano, permettendo ai bambini di riconoscere sempre meglio concetti logici. Tuttavia, si tratta ancora di uno stadio abbastanza primitivo, per cui i bambini sono in grado di pensare a un solo aspetto di un oggetto per volta; allo stesso modo, non sono ancora in grado di seguire e comprendere istruzioni multiple e classificazioni. Dunque, alla fine di questo periodo, i bambini non riescono ancora a pensare in modo astratto e metaforico e possiedono ancora un certo grado di egocentrismo.

Cosa aspettarvi dal sonno di vostro figlio dai quattro ai sette anni

Gli esperti concordano nell'affermare che un bambino dai quattro ai sette anni abbia bisogno di otto-dodici ore sonno a notte, considerando che la maggior parte ne dorme dieci-undici. L'ora di andare a letto si aggira di solito intorno alle otto di sera e il risveglio intorno alle sette di mattina. I risvegli notturni non sono molto comuni a quest'età, ma possono ancora avvenire, spesso a causa di incubi, terrori notturni ed episodi di pipì a letto. Quasi la metà dei bambini di questa fascia d'età ha incubi lucidi e necessita dell'aiuto di un adulto per calmarsi, mentre il 6% ha terrori notturni. All'inizio di questo periodo, circa uno su sei bambini ha incidenti di pipì a letto e ha bisogno di pannolini durante la notte, mentre alla fine di questo periodo la cifra si riduce a uno su venti. Se il bambino bagna ancora regolarmente il letto all'età di sei o sette anni, spesso è necessaria un'assistenza medica. Di solito, questa consiste in un sistema di sveglie e monitor per svegliare il bambino prima che avvenga l'enuresi (l'episodio di pipì a letto), benché per alcuni bambini la causa si rivela essere fisica.

I bambini di questa fascia d'età hanno ancora bisogno di una routine della buonanotte coerente e la maggior parte di loro avrà ancora bisogno di un adulto per addormentarsi.

8

La transizione da genitori tradizionali a genitori gentili

Spesso mi sento dire: «Se non obbligassimo i bambini a fare le cose, non farebbero niente». E ancora peggio: «Se non mi obbligassero a fare le cose, non farei niente». Questo è il credo di uno schiavo.

John Holt, educatore e autore,
How Children Fail (Come i bambini falliscono)

È possibile abbracciare uno stile di genitorialità gentile se avete cominciato il vostro percorso utilizzando metodi più tradizionali? Assolutamente sì. E per alcuni, questo cambiamento porterà una ventata d'aria fresca.

Molti genitori trovano nella genitorialità gentile una conferma degli istinti e dei pensieri che avevano avuto spontaneamente sul modo di crescere i propri figli. Finalmente, si sentono liberi di fare i genitori nel modo in cui hanno sempre desiderato. Spesso parlo con genitori che mi dicono: «L'istinto mi ha sempre detto di fare così, ma mi comportavo diversamente perché pensavo fosse sbagliato». Comprendere la genitorialità gentile e le ragioni scientifiche che la sostengono può essere davvero liberatorio per un genitore. Anche i bambini accettano spesso il cambiamento velocemente e di buon grado.

Non è raro vedere risultati significativi e genitori e figli felici anche solo dopo una settimana o due in cui si seguono principi più gentili.

Per altri, tuttavia, la transizione può essere più lunga e faticosa. Emotivamente, può essere difficile scoprire che ci sono alternative e modi più positivi di essere genitori, perché ci si ritrova a dover fare i conti con la presa di coscienza che i metodi usati in precedenza potrebbero non essere ottimali e potrebbero aver causato danni, anche se non intenzionali, ai propri figli. Per questo, è possibile che ci si trovi ad attraversare un periodo iniziale di disagio e ansia mentre si cerca di accettare il passato e si decide di fare le cose in modo diverso nel futuro. Ma questo processo può anche rivelarsi catartico, se lasciate che lo sia, non solo per voi ma anche per i vostri figli.

In alcuni casi, il cambiamento verso una genitorialità più gentile può causare una regressione temporanea o un peggioramento nel comportamento. Questa è la parte più difficile da affrontare durante la transizione perché ci fa mettere in discussione l'efficacia del nuovo ethos. Inoltre, il nuovo comportamento può costituire una vera e propria sfida da affrontare in una dinamica familiare già fragile. Ma la buona notizia è che questi effetti collaterali negativi sono quasi sempre temporanei.

> Il cambiamento verso una genitorialità più gentile può causare una regressione temporanea o un peggioramento nel comportamento.

Mi piace suddividere la transizione verso una genitorialità gentile in fasi. Per alcune famiglie, la transizione è talmente facile che passano attraverso queste fasi così velocemente da non accorgersene. Ma che le attraversiate velocemente o lentamente, è essenziale che capiate cosa sta succedendo per essere sempre preparati e anche per rimanere ottimisti e concentrati sull'obiettivo finale. Se nel vostro caso la transizione si rivelasse particolarmente insidiosa, può aiutarvi la consapevolezza che spesso le ore più buie sono un segnale che i vostri sforzi stanno funzionando e che il futuro si prospetta luminoso.

Le cinque fasi della transizione verso una genitorialità gentile

Il cambiamento verso uno stile di genitorialità più gentile passa attraverso cinque fasi distinte che possono durare da un giorno o due fino a diversi mesi l'una.

1. Una sensazione di perdita di controllo

Questa sensazione è avvertita sia dai genitori che dai figli, dato che tutti i metodi di controllo comportamentale utilizzati fino a quel momento vengono meno e nessuno sa bene cosa dovrebbe prendere il loro posto. I bambini possono avere difficoltà a gestire un cambiamento dei paletti stabiliti e del modo in cui vengono fatti rispettare, non sapendo più cosa aspettarsi. E gli adulti hanno difficoltà a non reagire nel loro modo abituale. La sensazione di perdita di controllo e la fatica emotiva che ne deriva si riflettono spesso nel comportamento del bambino (e a volte anche in quello dell'adulto).

2. Una regressione nel comportamento

La perdita di controllo, avvertita da entrambi, può portare a una considerevole regressione comportamentale. I bambini potrebbero improvvisamente avere accessi di rabbia, urlarvi contro, smettere di mangiare, smettere di dormire, strillare e in generale comportarsi in modo «selvaggio».

Gli adulti tendono a reagire urlando a loro volta, irrigidendosi e abbassando le soglie di tolleranza, scatenando, di conseguenza, un comportamento ancora peggiore nei bambini. Questo è il momento in cui molti genitori in fase di transizione si tirano indietro e dichiarano che «essere genitori gentili non funziona». Nella maggior parte dei casi, le cose peggiorano molto per poi migliorare, ma la regressione è comunque un ottimo segnale del fatto che la vostra famiglia sta diventando più autentica e che tutti hanno finalmente il permesso di provare emozioni e liberarle.

3. Rabbia e tristezza

Queste emozioni sono frequenti da entrambe le parti. Spesso la rabbia scaturisce dalla perdita di controllo e dal peggioramento del comportamento; la tristezza subentra invece quando i genitori comprendono che il comportamento del bambino potrebbe derivare da decisioni che hanno o non hanno preso. Per i bambini, questa fase è cruciale. Hanno bisogno di essere arrabbiati, hanno bisogno di essere tristi. State aprendo i cancelli a quelli che forse sono anni di emozioni soppresse, che devono essere liberate, accumulate durante tutte le punizioni, le volte in cui hanno ingoiato i propri sentimenti per ottenere un adesivo o le notti in cui non hanno pianto perché nessuno accorreva. Il fatto che ora queste emozioni riaffiorino è un segnale molto positivo che indica che il nuovo stile genitoriale sta funzionando per la vostra famiglia, anche se può sembrarvi poco sano e anormale e anche se molti potrebbero pensare che sia la genitorialità gentile a provocare queste emozioni «inaccettabili». Al contrario, la genitorialità gentile sta permettendo a emozioni che già erano presenti di uscire finalmente alla luce. In questa fase, bisogna incoraggiare queste emozioni allo stato grezzo. Tutti hanno bisogno di poter provare dei sentimenti senza averne paura o vergogna. Piangere è davvero curativo, sia per i bambini che per i genitori.

4. Il bisogno di riconnessione

Una volta liberati i sentimenti repressi, subentra il bisogno di riconnettersi e di instaurare un legame di fiducia. Vostro figlio ha bisogno di sapere che ci sarete sempre. A volte è necessario innamorarsi di nuovo l'uno dell'altro. In questo periodo dovreste concentrarvi quasi esclusivamente nella ricostruzione di questi fili invisibili d'amore fra voi e vostro figlio, occupandovi di contenere le sue forti emozioni e dimostrandogli che non lo lascerete mai più solo ad affrontarle. In questa fase è anche doveroso dedicare amore a voi stessi, rappacificarvi con le vostre decisioni e constatare che siete degli ottimi genitori, altrimenti non sareste arrivati a questa fase. Ci vuole coraggio a cambiare il proprio modo di essere genitori e voi avete già fatto molta strada. Dovreste essere davvero orgogliosi di voi stessi.

5. La svolta

Questa è la fase in cui finalmente tutto comincia a mettersi a posto e potrebbe verificarsi mesi o anche anni dopo aver preso la decisione di fare la transizione verso una genitorialità gentile. Ma, un bel giorno, succederà qualcosa e vi sembrerà che tutto torni. Potrebbe essere qualcosa che uno dei vostri figli dirà all'altro, qualcosa che voi gli direte, o un comportamento che vi capiterà di osservare. La svolta si manifesta in modo diverso per ognuno, ma quando succederà, saprete senza ombra di dubbio che avete fatto la migliore scelta possibile per la vostra famiglia. Da questo momento, si può cominciare a guardare avanti, senza più voltarsi indietro.

Come affrontare le regressioni comportamentali

Durante la transizione verso la genitorialità gentile, è quasi inevitabile che il comportamento di vostro figlio regredisca, anche se temporaneamente. I bambini hanno bisogno di esplorare i loro nuovi limiti e paletti e voi dovete ricordarvi di farli rispettare in modo coerente. Questo periodo di prova è cruciale per permettere a tutta la famiglia di andare avanti. Se vostro figlio ha quattro anni o più, allora può essere una buona idea spiegargli che le cose stanno cambiando. Non dovete necessariamente spiegargli l'intero ethos della genitorialità gentile o perché sia importante per voi, ma è comunque un'ottima idea prendersi il tempo di radunare i membri della famiglia, raccogliere le idee e parlare dei nuovi paletti. I bambini reagiscono molto bene quando gli si affida la responsabilità di qualcosa. Chiedetegli quali dovrebbero essere secondo loro i «No» categorici a casa vostra e chiedetegli di trovare delle soluzioni quando qualcuno non rispetta questi limiti. Per esempio, la vostra famiglia potrebbe decidere che bisogna sempre mettere le scarpe nella scarpiera. Potreste decidere tutti insieme che, se qualcuno dovesse notare delle scarpe abbandonate in giro, dovrebbe farlo notare con calma al proprietario delle scarpe, che deve quindi metterle a posto. Questo, ovviamente, vale sia per i genitori che per i bambini e non è irragionevole aspettarsi che i vostri figli vi facciano notare eventuali vostre contravvenzioni alle regole e vi chiedano di mettere a posto le vostre scarpe.

I bambini hanno bisogno di esplorare i loro nuovi limiti e paletti e voi dovete ricordarvi di farli rispettare in modo coerente.

Come in tutte le regressioni comportamentali, la chiave risiede nel comprendere le cause e le motivazioni dietro al comportamento. Cosa sta cercando di comunicare il bambino attraverso le sue lacrime, i suoi accessi di rabbia, il rifiuto del cibo, la tendenza a picchiare o la resistenza ad andare a letto?

Una volta compreso questo, e potrebbe essere semplicemente che il bambino si senta scombussolato a causa del vostro nuovo modo di fare le cose, potete affrontare il problema rassicurandolo e facendo rispettare i limiti in modo coerente. Ricordatevi che questa fase è normale e transitoria ed è un segnale che il vostro nuovo modo di essere genitori sta iniziando ad avere degli effetti. Soprattutto, però, cercate di rimanere il più possibile calmi. La vostra reazione a un'eventuale regressione comportamentale è fondamentale. Nel capitolo 10, parleremo delle tecniche per affrontare le giornate difficili e le nottate spossanti.

Accettare i propri errori

La terza fase nella transizione verso una genitorialità gentile, quella della rabbia e della tristezza, è forse la più difficile da attraversare, perché richiede che guardiamo in fondo dentro di noi e accettiamo le nostre azioni e decisioni passate. Ciò può essere catartico o doloroso, o spesso entrambe le cose. Nei giorni in cui essere genitori mi risultava particolarmente difficile, desideravo non dover essere più un adulto. Pensavo che sarebbe stato meraviglioso non solo non aver a che fare con la pratica dell'essere genitore, ma anche non dover navigare nel mare di emozioni turbolente che l'essere genitore porta con sé.

Tutti i genitori commettono degli errori. Imparare e crescere sono parti integranti del viaggio di un genitore e non è possibile fare nessuna delle due cose senza commettere errori. Essere genitori modella il vostro comportamento e la vostra personalità quasi come quelli di vostro figlio. Diventare genitori è l'ultimo passo del percorso di crescita. Una delle mie frasi preferite relative all'essere genitori è «Quando si sa di più, si agisce meglio». L'unico modo per fare del vostro

Tutti i genitori commettono degli errori.

meglio è utilizzare le informazioni che ritenete corrette in quel determinato momento. Il problema è che si viene sommersi da valanghe di informazioni, spesso provenienti da fonti attendibili, come medici o insegnanti, e può essere difficile mettere in discussione la validità dei loro consigli.

Tuttavia, se non riusciamo a elaborare il nostro senso di colpa, rischiamo di rimanere in una posizione di sospensione genitoriale. Riceviamo il peggio da entrambi i mondi: la costante spina nel fianco che ci ricorda una decisione presa in un momento in cui non ne conoscevamo le implicazioni o non potevamo fare di meglio e l'incapacità di progredire facendo sì che l'esperienza vissuta ci innalzi verso un nuovo livello di consapevolezza. Ma per quanto a volte possa rivelarsi difficile essere adulti, è l'unico modo, sia per il nostro bene che per quello dei nostri figli. Come scrive l'autore e scienziato Steve Maraboli: «Tutti facciamo degli errori, abbiamo delle difficoltà e a volte dei rimorsi. Ma voi non siete i vostri errori, non siete le vostre difficoltà, voi siete qui e ora e avete il potere di forgiare la vostra giornata e il vostro futuro.»[71]

Se state passando una brutta giornata, e vi capiterà, perché capita a tutti, ricordatevi che non è altro che questo: una brutta giornata. L'indomani è un'occasione di ricominciare. E anche se sul momento possa non sembrarvi così, una brutta giornata è una grande occasione per imparare, permettendovi di capire cosa funziona e cosa non funziona per la vostra famiglia. Quindi, non considerate azzerato tutto il vostro duro lavoro per via di una sola giornata o di un solo incidente. È fondamentale essere clementi con voi stessi mentre attraversate questa fase

[71] Steve Maraboli, *Unapologetically You: Reflections on Life and the Human Experience,* Better Today, 2013.

della transizione verso la genitorialità gentile. Essere gentili con voi stessi è altrettanto importante che essere gentili con vostro figlio. Affronteremo l'importanza di prendersi cura di sé nel capitolo 10, proprio per questo motivo.

Perché alcuni genitori non riescono a (o decidono di non) diventare genitori gentili

Per alcuni genitori, la transizione verso una genitorialità gentile si rivela troppo impegnativa, spesso perché erano alla ricerca di una soluzione veloce per risolvere il comportamento del proprio figlio: magari sono in attesa di un altro figlio, stanno per rientrare al lavoro o c'è un'altra scadenza che li mette sotto pressione. Altri sono sopraffatti dalla frenesia della vita quotidiana o in difficoltà per la mancanza di supporto e non riescono a perseverare attraverso tutte le fasi. E altri decidono semplicemente che la genitorialità gentile non fa per loro.

Il rimorso che emerge dalla presa di coscienza che il modo in cui hanno cresciuto i propri figli fino a quel momento potrebbe non essere stato ideale li sopraffà e alcuni genitori non riescono a superare il senso di colpa. È abbastanza comune per queste persone rifiutare le ricerche e le informazioni che si trovano in contrasto con i metodi che hanno sempre usato o che stanno usando al momento. Sono queste le persone che spesso provano a dissuadervi dal cambiare il vostro modo di essere genitori, perché il vostro cambiamento li fa sentire a disagio con sé stessi. Avete per caso un amico o un parente che vi prende in giro per le vostre scelte, rifiutandole a scatola chiusa? Che vi punzecchia dicendovi che state viziando o «rammollendo» vostro figlio? Nella maggior parte dei casi, la loro reazione non riguarda affatto voi o il vostro modo di essere genitori, ma è piuttosto parte di un processo ben noto in psicologia come «dissonanza cognitiva».

Dissonanza cognitiva

Lo psicologo sociale americano Leon Festinger elaborò la sua teoria della dissonanza cognitiva alla fine degli anni cinquanta. La descrisse come un processo costituito da due fasi:

1. L'esistenza della dissonanza, o la sensazione di sentirsi a disagio psicologicamente, spingerà l'individuo a provare a ridurre la dissonanza, per ottenere consonanza.
2. Quando la dissonanza è presente, oltre a tentare di ridurla, l'individuo eviterà attivamente situazioni e informazioni che porterebbero ad aumentare la dissonanza.

Questo processo spiega la tendenza delle persone a evitare o denigrare situazioni o idee in conflitto con le proprie credenze, indipendentemente da quanto accurate e attendibili siano tali informazioni.

Da un punto di vista genitoriale, la dissonanza cognitiva è, prevedibilmente, molto diffusa. L'idea di aver, involontariamente, arrecato dei danni ai propri figli attraverso le proprie azioni è forse la sensazione più scomoda che ci sia ed è molto più facile accantonare le nuove ricerche etichettandole come stupidaggini new age o con commenti come «Ma che ne sanno questi scienziati? Io da piccolo ho preso le botte e sono cresciuto bene».

Per fare i genitori nel modo più cosciente e positivo possibile, un certo livello di dissonanza è inevitabile. Ma un genitore gentile prende atto di questa dissonanza, la elabora e va avanti, per rispetto dei propri figli e di sé stesso. Questa è forse la parte più difficile dell'essere genitori, specialmente se si sta cambiando il proprio modo di esserlo, ma è qualcosa che tutti dovremo affrontare prima o poi.

Quando gli altri attaccano le vostre scelte di genitorialità gentile

Oltre a dover gestire la dissonanza che provate in relazione al vostro cambiamento verso un modo più gentile di essere genitori, è molto probabile che vi ritroviate a suscitare dissonanza nelle persone attorno a voi. In queste circostanze, è importante riconoscere le azioni degli altri per quello che sono: ricordarvi che riguardano loro, e non voi. Focalizzatevi sul vostro modo di essere genitori e cercate di non farvi destabilizzare dalle opinioni altrui.

Molti genitori rimangono in uno scomodo limbo di dissonanza durante tutto il loro percorso da genitori. Alla fine, il senso di colpa si trasforma in amarezza, che tende a manifestarsi o come attacco interno nei confronti di sé stessi o come condanna delle scelte genitoriali altrui. Purtroppo, queste critiche vengono spesso dirette alle persone più prossime: amici e famiglia. Ancora una volta, ricordatevi che il vero problema non siete voi o il vostro modo di essere genitori, bensì le sensazioni spiacevoli suscitate nelle persone che vi stanno giudicando. E purtroppo, in alcune persone, la dissonanza assume proporzioni così enormi, che non sono affatto in grado di riconoscere che questi sentimenti amari provengono dal proprio senso di colpa.

Ricordatevi che il vero problema non siete voi o il vostro modo di essere genitori, bensì le sensazioni spiacevoli suscitate nelle persone che vi stanno giudicando.

Quindi, una volta fatta la scelta di essere genitori gentili, preparatevi a diventare il catalizzatore della dissonanza di tutti quelli che, intorno a voi, hanno fatto o fanno scelte genitoriali più tradizionali e vi trasformano per questo nell'oggetto del loro criticismo. Molti genitori reagiscono con la convinzione che «provare» la validità della genitorialità gentile attraverso articoli e ricerche sia la risposta a ogni condanna, soprattutto in ambito familiare. Sfortunatamente, non è così. Ogni volta che li confrontate con un nuovo studio, un nuovo articolo o un nuovo libro, per quanto ben scritti, non fate altro che alimentare il loro stato di dissonanza. Anzi, più la ricerca è convincente, più è probabile che il loro disagio psicologico aumenti e che, di conseguenza, la combattano ancora più duramente.

Qual è la risposta giusta, allora? Purtroppo, a volte non c'è. A volte, incorporare nuove credenze è troppo difficile, per via dello sforzo richiesto per accettarle. In questi casi, l'opzione migliore che avete è quella di accordare a queste persone la stessa considerazione ed empatia che accordate ai vostri figli. Cercate di capire come dev'essere difficile per loro ascoltare il vostro messaggio, considerando che il vostro modo di essere genitori li fa sentire a disagio. A volte, può essere utile trasmettere qualche piccola informazione con il contagocce, lentamente e delicatamente, ma spesso è meglio far pace col fatto che non ci si trova d'accordo, mantenendo il rispetto reciproco.

Andare avanti: fare buon uso della dissonanza

Troppo spesso, i genitori rimangono impantanati in uno stato di dissonanza, non riuscendo ad ascoltare informazioni riguardanti le scelte che hanno fatto in relazione al parto o durante le prime settimane di vita del neonato. Dobbiamo imparare a riconoscere e a elaborare il senso di colpa e non permettergli di intralciarci nel nostro intento di fare la differenza nella vita di coloro che seguiranno le nostre orme. Solo perché qualcosa è doloroso da ascoltare (che sia relativo al parto, all'allattamento, all'educazione al sonno, alla disciplina o a qualsiasi altro argomento), non dobbiamo rimanere schiavi del senso di colpa e dobbiamo utilizzarlo come forza propellente per un cambiamento sociale positivo. Se usato in questo modo, il senso di colpa diventa qualcosa di buono: ha uno scopo e permette di curare le ferite, sia dei genitori che dei bambini.

Quindi, se viene pubblicato un nuovo studio che dimostra come una pratica genitoriale comune possa essere nociva, o comunque meno positiva di quanto credevamo fosse quando l'abbiamo messa in pratica con i nostri figli, dobbiamo accettarlo, indipendentemente da come questo ci faccia sentire. È tempo di porre fine al ciclo che il dottor Michel Odent definisce «epidemiologia *cul-de-sac*»:

> *In questa definizione si inquadrano ricerche su temi di grande importanza. Nonostante vengano pubblicati su giornali medici e scientifici di grande autorevolezza, i risultati sono completamente ignorati sia dalla comunità medica che dai mass-media. Gli studi dell'epidemiologia cul-de-sac non vengono ripetuti, neppure dai ricercatori originali, e vengono raramente citati dopo la pubblicazione.*[72]

I genitori gentili capiscono l'importanza di accettare e di non negare la validità delle scoperte scientifiche a causa dei sentimenti che provano a riguardo. Ancora una volta, sapendo di più agiremo meglio, non importa quanto faticoso sia il cammino e quanto possa mettere in discussione le nostre credenze e i nostri comportamenti abituali. Quindi nel caso vi capitasse di provare quei famosi sensi di colpa o di sentire il rimorso che si insinua nei vostri pensieri, ripetetevi: «Ho fatto quello che ho fatto con le informazioni che avevo a quel tempo. Ora so di

[72] Michel Odent, «Between circular and cul-de-sac epidemiology», in *Lancet*, 355 (9212), 2000, p. 1371.

più e posso agire meglio». Affrontate un giorno alla volta e siate clementi con voi stessi e con la vostra famiglia. Si tratta di una novità per tutti e ci saranno intoppi e ostacoli, ma avete già superato la parte più difficile del cammino. Le cose miglioreranno. Le cose diventeranno più facili. Ricordatevi che la rabbia, la tristezza e le regressioni comportamentali sono fasi sane da attraversare e vanno interpretate come reazioni positive. Tutti hanno delle giornate difficili, anche i genitori che hanno adottato questo stile fin dall'inizio.

Il prossimo capitolo è interamente dedicato a come affrontare le giornate nere, anche grazie all'aiuto di strategie di sopravvivenza suggerite dai genitori stessi.

9

Che risultati aspettarsi

Non giudicare una giornata in base al raccolto che hai ottenuto, ma in base ai semi che hai piantato.

Robert Louis Stevenson, scrittore e poeta

Che vuol dire che qualcosa funziona? Nel caso di un oggetto, vuol dire che svolge il compito per cui è stato acquistato, che è idoneo allo scopo; nel caso di una medicina, che cura o allevia i sintomi di una malattia; e nel caso di una relazione, che procura felicità e serenità alle persone coinvolte.

Dunque, come si capisce se la genitorialità gentile sta funzionando? Dovremmo aspettarci che i neonati non piangano? Che i bambini piccoli non abbiano accessi di rabbia? Che non mordano, picchino, lancino oggetti o spingano? Dovremmo aspettarci che i bambini condividano con piacere e non piagnucolino? Che i fratelli non litighino e le amicizie non finiscano mai? Che i nostri figli non ci rispondano mai male né si rifiutino mai di mettere a posto la camera? E se una di queste cose dovesse succedere, dovremmo forse considerare la genitorialità gentile un fallimento?

Spesso, sento genitori proclamare che la genitorialità gentile «non funziona». Dicono: «L'idea è buona, ma mio figlio piange comunque tutto il tempo» o «Abbiamo seguito tutti i suggerimenti, ma mio figlio ha ancora accessi di rabbia e picchia suo fratello». L'ovvia conclusione che si trae da questi casi è che anche se i genitori capiscono e giudicano positivamente le teorie soggiacenti la genitorialità gentile, non ci credono del tutto, semplicemente perché nella loro famiglia non sta funzionando.

Le persone tireranno fuori le più svariate ragioni per cui la genitorialità gentile non fa per loro, dicendo che non funziona se si ha più di un figlio, se si deve tornare al lavoro, se si è un genitore single o se si hanno dei gemelli. È assolutamente possibile essere genitori gentili in tutti questi casi e molti altri ancora. Il punto è il livello di investimento che la famiglia è disposta a fare. E non parlo di investimento economico: si possono comprare tutte le fasce e i pannolini riutilizzabili di questo mondo, senza essere genitori gentili. Parlo del tempo e dell'impegno necessari per cambiare le proprie scelte e preferenze, in modo da fare spazio a un nuovo modo di essere genitori. Molti, però, non hanno voglia di fare questo tipo di investimento.

Parte del problema risiede nell'ossessione della società per le soluzioni veloci, che si tratti di *fast food*, prestiti immediati, diete di tre giorni o tate famose che dichiarano di poter risolvere tutti i problemi di una famiglia nel giro di una rapida visita. La vita reale non funziona così. La vita reale è caotica. I veri traguardi richiedono tempo e disponibilità a rivalutare le circostanze oltre che una grande dose di impegno e forza di volontà. Le soluzioni veloci hanno un costo, che spesso si manifesta solo dopo straordinari risultati iniziali. Ma per essere genitori gentili, il prezzo va pagato prima di vedere i risultati e a questo la nostra società non è abituata.

Essere genitori gentili è difficile: è fin troppo facile ricadere nell'abitudine di premiare o punire i bambini, soprattutto se, in passato, questi metodi hanno prodotto velocemente gli effetti desiderati.

Ed è anche fin troppo facile optare per un veloce programma di educazione al sonno per insegnare ai bambini a dormire tutta la notte. Nel lungo termine, però, queste scorciatoie non risolvono nulla: mascherano semplicemente il problema, riservandolo per un altro giorno.

Come abbiamo detto, la genitorialità gentile è un grande investimento. A volte può sembrare di depositare migliaia di ore nella banca del futuro mentre si combatte per la sopravvivenza quotidiana. Queste sono difficoltà comuni durante la transizione verso un modo più gentile di essere genitori. La genitorialità gentile non è una soluzione veloce, ma darà i suoi frutti con il tempo.

Anche i neonati dei genitori gentili piangono, hanno le coliche e si svegliano spesso di notte. Anche i bambini dei genitori gentili mordono, picchiano, scalciano, lanciano oggetti e non vogliono mangiare le verdure. Anche i figli dei genitori gentili rispondono male, piagnucolano e litigano con fratelli e sorelle. Con il tempo, però, un bambino cresciuto da genitori gentili avrà un rapporto saldo con la sua famiglia e si sentirà in grado di condividere i suoi problemi. Probabilmente, diventerà un adolescente che resiste alla pressione delle influenze dei coetanei e non ha bisogno di mentire ai genitori e infine si trasformerà in una persona a suo agio nella propria pelle, sicura di sé e in grado di costruire rapporti significativi con gli altri.

Un bambino cresciuto da genitori gentili avrà un rapporto saldo con la sua famiglia e si sentirà in grado di condividere i suoi problemi.

Per un figlio cresciuto da genitori gentili sarà più facile dire quello che pensa ed essere in controllo delle proprie emozioni, e sarà ambizioso e motivato a raggiungere il suo massimo potenziale nella vita. Ma forse la cosa più entusiasmante di tutte è che i figli di genitori gentili cresceranno un'intera nuova generazione di bambini emotivamente intelligenti.

La genitorialità gentile funziona, ma non nei tempi che molti si aspettano o desiderano. Il primo barlume di speranza, il primo segnale che le cose stiano funzionando, è qualcosa a cui aggrapparsi con fiducia. Usatelo per ritrovare la motivazione nei giorni in cui vorreste mettere in discussione tutto quello che fate. Con il tempo, questi segnali si moltiplicheranno, fino a quando saprete, senza ombra di dubbio, che essere genitori gentili funziona davvero.

Cosa fare se vi sembra che la genitorialità gentile non funzioni

Prima di tutto, è passato abbastanza tempo? Mettete in conto un minimo di otto settimane in cui abbiate messo in pratica religiosamente i principi della genitorialità gentile, anche se è probabile che ci voglia molto di più. Poi, ricordatevi i sette mari della genitorialità gentile:

- Connessione
- Comunicazione
- Controllo
- Contenimento
- Sostegno
- Fiducia
- Coerenza

State davvero facendo attenzione a tutti i punti? I genitori che hanno difficoltà con la transizione stanno spesso tralasciando qualcuno dei sette punti, spesso comunicazione, fiducia e coerenza, che sono i tre di gran lunga più difficili.

Comunicazione

Se siamo stressati o stiamo passando una brutta giornata, lo riversiamo spesso nel nostro modo di essere genitori, specialmente nella comunicazione con i nostri figli. I bambini, grandi imitatori, copiano non solo le parole che diciamo, ma anche il significato e le intenzioni sottostanti, nonché il tono e il volume della nostra voce. A volte, se la genitorialità gentile non sta funzionando, è un segnale che dobbiamo modificare un poco la nostra comunicazione. Fate un respiro profondo e pensate a quello che state per rispondere a vostro figlio: è vero, utile, stimolante, indispensabile e gentile? Prendersi il tempo di pensare prima di parlare può fare una straordinaria differenza non solo nelle reazioni di vostro figlio, ma anche in quelle del vostro compagno o compagna e di altri familiari, amici e colleghi.

Fiducia

La fiducia viene con il tempo. I genitori che hanno appena intrapreso il cammino della genitorialità gentile tendono a mettere in dubbio le proprie abilità genitoriali: «Dev'essere una persona calma di natura, io non lo sono, con me non funzionerà mai» o «È proprio un bravo padre, è così paziente e non urla mai. Io non riuscirei mai a essere così». Posso quasi assicurarvi che persino il più gentile dei genitori e la più perfetta delle madri, quelle che fanno sembrare che sia tutto facile, hanno i loro momenti difficili. Anche se sembra che per loro sia tutto semplice, avranno anche loro, ogni giorno,

Persino il più gentile dei genitori e la più perfetta delle madri, quelle che fanno sembrare che sia tutto facile, hanno i loro momenti difficili.

dei momenti in cui perderanno la fiducia in sé stessi. Non potete sapere cosa succede dietro i muri delle loro case o nella loro testa. La parte invisibile della loro vita da genitori è raramente calma e ordinata come può apparire dall'esterno.

Perdere fiducia nelle proprie abilità, o peggio, in quelle del proprio figlio, è il primo ostacolo in cui incappano i genitori. Quindi, se ora vi sembra difficile, è normale: lo è per tutti. Ma così come altri hanno percorso questo cammino senza arrendersi, anche voi potete seguire le loro orme e un giorno essere vòi a ispirare gli altri. Potete farcela. Avete solo bisogno della fiducia necessaria per andare avanti.

Coerenza

Avete provato di tutto, ma non serve a niente. Vostro figlio ha troppa energia, troppa forza di volontà. Tutti i vostri sforzi stanno fallendo, siete troppo occupati, troppo stanchi... Posso quasi assicurarvi che il trucco, in questi casi, è rimanere coerenti. Perché è proprio quando siete stanchi e impegnati, quando fareste di tutto pur di non dover seguire la nuova routine della buonanotte di vostro figlio, che è importante rispettare i limiti e i paletti che avete stabilito.

Troppo spesso, i genitori passano da una tecnica all'altra senza dare a nessuna di loro il tempo di funzionare. Otto settimane è un buon obiettivo da porsi. Seguire in modo coerente i principi della genitorialità gentile ogni giorno per otto settimane è il minimo assoluto prima di poter valutare i risultati. La mancanza di coerenza rovina molte buone intenzioni; non lasciate che rovini le vostre. Nel prossimo capitolo, vedremo che cosa potreste dover cambiare nella vostra vita per riuscire a essere più coerenti.

Come superare i giorni difficili

Durante il lavoro di ricerca per scrivere questo libro, ho parlato con molti genitori del modo in cui superavano i giorni difficili, i giorni in cui si potrebbe facilmente perdere la fiducia nella genitorialità gentile. Ecco alcune delle loro risposte. Spero vi siano d'ispirazione, così come lo sono state per me.

- Concentratevi solo su questa notte, su questa giornata, su quest'attività. La prossima notte, la prossima giornata, la prossima attività non hanno ancora bisogno di voi.
- Ricordatevi che ci sono genitori in tutto il mondo con i vostri stessi problemi. Non siete soli.
- Un giorno, non ricorderete più quanto siano difficili questi momenti e vi mancherà stringere a voi quel corpicino, che aveva bisogno solo di un abbraccio. I giorni passano lentamente, ma gli anni passano in fretta.
- Mi dico: «Mia figlia ha forza di volontà, è determinata, mette tutto in discussione, è indipendente, vivace... Questi sono tutti pregi, sono tutti pregi!».
- Se non potete cambiare un comportamento, cambiate il vostro atteggiamento nei suoi confronti.
- Cerco di ricordarmi di rispondere con calma, invece che reagire di scatto. In questo modo, riesco a svuotare la mia reazione dalle emozioni che sto provando e a pensare al punto di vista di mio figlio invece che alle conseguenze che ha su di me.
- «È anche la loro giornata». È una buona frase per quando avevate centinaia di cose da fare e siete riusciti solo a leggere libri e andare al parco... Fa sentire meglio sapere che i bambini hanno avuto una bella giornata, anche se per voi non è stata produttiva.

- Penso al primo momento in cui li ho tenuti in braccio, a quell'emozione meravigliosa. Questo pensiero mi aiuta sempre a calmarmi.
- Mi ripeto che c'è una ragione per cui si sta comportando in quel modo. Evidentemente per lei questo è un grande problema. Grandi sentimenti in un piccolo corpo.
- Non è mai troppo tardi per dare una svolta alla giornata di oggi e cominciare a essere il genitore che voglio essere.

Penso che l'ultima citazione sia un bel modo di chiudere questo capitolo. Non importa cosa sia successo nel passato, e neanche quello che sta succedendo nel presente. Il futuro è lì, pronto, perché ognuno possa andare incontro al cambiamento. Non è mai troppo tardi.

10

Prendersi cura dei propri bisogni

Sono arrivata alla conclusione che prendermi cura di me stessa non è autoindulgenza. Prendermi cura di me stessa è un atto di sopravvivenza.

Audre Lorde, scrittrice

Se c'è un segreto per essere genitori gentili, è sicuramente prendersi cura di sé stessi. Se i vostri bisogni emotivi e fisici sono soddisfatti, riuscirete a essere più calmi e pazienti. Se siete più calmi e pazienti, riuscirete probabilmente a essere più pacifici e rispettosi. E se siete tutte queste cose, è molto più probabile che vi comportiate in modo gentile con i vostri figli.

Come vi sentite in questo momento? Vi sentite riposati? La vostra mente è completamente concentrata sul presente? Il vostro corpo è rilassato? Sentite di aver abbastanza spazio mentale per dedicarne un po' a vostro figlio?

Oppure vi sentite esausti, con la testa piena di pensieri, preoccupati per cose che forse non accadranno mai? Sentite il corpo teso, il petto oppresso, le spalle curve e il collo dolorante? E avete mai la sensazione di non farcela, di aver bisogno di una pausa dall'essere adulti e da vostro figlio?

Se siete tesi, preoccupati, malnutriti e poco riposati, malgrado le vostre migliori intenzioni, è probabile che scattiate, strilliate o ignoriate i problemi di vostro figlio perché non avete spazio per nient'altro. Se oggi doveste scegliere una sola cosa da cambiare nel vostro modo di essere genitori, che sia il modo in cui vi prendete cura di voi stessi. Prendervi cura di voi stessi non è egoista, non è un lusso. È una necessità, fondamentale quanto respirare e mangiare. E i genitori consapevoli di questo sono genitori migliori. Dopotutto, com'è possibile dedicarsi a qualcuno con amore se non si ha abbastanza nutrimento per sé stessi?

Molti genitori sacrificano i propri bisogni per occuparsi di quelli dei propri figli. Essere genitori può essere un compito ingrato, di dedizione estrema. Ma anche voi siete importanti. Se non vi prendete cura di voi stessi, chi lo farà? E se non vi prendete cura di voi stessi e vi dovesse capitare qualcosa di brutto, chi si prenderà cura dei vostri figli? Non sottolineerò mai abbastanza l'importanza di questo punto. I genitori gentili devono prendersi cura di sé stessi, alimentare il proprio corpo, la propria anima, la propria mente. Quindi fate qualsiasi cosa vi serva per restare calmi e rilassati. Sceglietevi un hobby, ritagliatevi del tempo per leggere, andate a nuotare, fate yoga, jogging, fate lunghe passeggiate da soli con i vostri pensieri, vedetevi con i vostri amici, prendetevi del tempo per un lungo bagno una volta a settimana con la porta chiusa a chiave. Perché se vi siete presi cura di voi, tutto diventa più semplice e se siete calmi, lo saranno anche i vostri bambini. È un circolo virtuoso che per molti, purtroppo, diventa vizioso.

I genitori gentili devono prendersi cura di sé stessi, alimentare il proprio corpo, la propria anima, la propria mente.

Mangiare bene

La vostra alimentazione è sana e nutriente o sacrificate spesso i vostri bisogni nutrizionali per occuparvi di quelli dei vostri figli, mangiando un panino al volo o cibo take away, mentre cuocete verdure biologiche al vapore per il vostro bambino? Scegliete con cura gli ingredienti dei pasti di vostro figlio e non prestate altrettanta attenzione ai vostri? Vi ricordate di dare a vostro figlio integratori di vitamine e minerali ogni giorno, ma non fate lo stesso per voi? Magari state cercando di rimettervi in forma dopo il parto, limitando un po' troppo le vostre calorie?

Seguire una dieta sana e ben bilanciata è indispensabile non solo per vostro figlio ma anche per voi.

Seguire una dieta sana e ben bilanciata è indispensabile non solo per vostro figlio ma anche per voi. Questo è particolarmente importante per le mamme che allattano e per quelle che hanno partorito da poco. Assicuratevi di mangiare una grande varietà di alimenti ogni giorno, che includano grassi sani e proteine. Evitate cibi e bevande dietetici e concentratevi sul mangiare sano. Mangiare sano vuol dire evitare cibi processati e preferire alimenti semplici e nutrienti, privi di additivi, compresi zucchero e edulcoranti artificiali. Si potrebbe obiettare che per mangiare sano ci vuole troppo tempo, ma in realtà, organizzandosi un po', non è così difficile. Cucinare in grandi quantità e pianificare i pasti sono strategie vincenti per far mangiare bene tutta la famiglia in modo economico. Quindi, se state cucinando per un pasto, provate a raddoppiare le quantità e congelarne una metà per un altro giorno, in cui dovrete solo scongelare e riscaldare. Potete anche preparare gli ingredienti crudi e congelarli, in modo che il più del lavoro sia già stato fatto e che, al momento di preparare un pasto, dobbiate solo tirarli fuori e cucinarli. Questo vale soprattutto in caso abbiate una pentola a cottura lenta, in cui possiate lasciar cuocere gli ingredienti già preparati al mattino per tutto il giorno e godervi un buon pasto nutriente la sera.

A volte, soprattutto nel caso di neomamme, i cui corpi hanno bisogno di tempo per recuperare dalla fatica della gravidanza e del parto, nell'alimentazione possono mancare alcuni minerali e vitamine e queste carenze possono contribuire a farvi sentire esausti, ansiosi e depressi, oltre ad avere un impatto negativo sul vostro sistema immunitario.

Vitamina B12

Una carenza di B12 può provocare una sensazione di estrema stanchezza e spossatezza, irritabilità, depressione, confusione, formicolii, lesioni orali e dolore alla lingua. La B12 si trova disponibile sotto varie forme, fra cui cianocobalamina e metilcobalamina. La prima è di solito più economica, ma la metilcobalamina è molto più efficace e di più facile assorbimento.

Vitamina D

La carenza di vitamina D è stata associata a molte malattie, fra cui alcuni tipi di cancro, diabete e intolleranza al glucosio, ipertensione (pressione sanguigna alta) e anche debolezza muscolare e dolori articolari. Durante la gravidanza e l'allattamento, bisognerebbe prendere un integratore di vitamina D. C'è anche chi sostiene, e con buone argomentazioni, che la maggior parte delle persone dovrebbe prendere un integratore di vitamina D, soprattutto se non viene sufficientemente esposta alla luce del sole ogni giorno. Quando scegliete un integratore, cercatene uno che includa la vitamina D3 (o colecalciferolo), che è la forma naturale è più facilmente assorbibile di vitamina D.

Magnesio

La carenza di magnesio può provocare difficoltà ad addormentarsi e rilassarsi, sensazioni di ansia e depressione, crampi e spasmi muscolari e tremore oculare. La carenza di magnesio è abbastanza comune e si può rimediare integrando il magnesio con uno spray transdermico, conosciuto anche come «olio di magnesio», che si può semplicemente spruzzare sulla pelle una o due volte al giorno. In questa forma viene assorbito molto più facilmente dal corpo che attraverso le più comuni ed economiche pillole che si trovano nei negozi. Un altro buon modo di assimilare maggiori quantità di magnesio è fare un bagno con una o due tazze di sali di Epsom miscelati all'acqua, una o due volte a settimana.

Zinco

Lo zinco è essenziale per un sano funzionamento del sistema immunitario, quindi una carenza di zinco può aumentare la propensione a prendere raffreddori e altri tipi di virus. Una carenza di zinco può inoltre contribuire a perdita di capelli, calo di appetito e di desiderio sessuale e irritazioni cutanee. Lo zinco si può integrare facilmente sotto forma di pillole.

Dormire bene

Il caro vecchio consiglio di dormire quando il bambino dorme è molto saggio, anche se può risultare frustrante. E non vale solo per i genitori di neonati, ma anche di bambini più grandi. Eppure, molti genitori non seguono questo consiglio e si affrettano a pulire e mettere in ordine la casa quando i bambini dormono. Le faccende di casa possono aspettare: non importa che la casa sia in disordine, quello che importa è se la mancanza di sonno vi rende troppo esausti per essere i genitori che vorreste essere. Dormire a sufficienza è fondamentale e, sebbene con dei bambini piccoli sia spesso impossibile dormire per sette o otto ore di seguito a notte, si può, e si dovrebbe, recuperare facendo dei riposini di giorno e andando a dormire presto la sera.

Se vivete insieme al vostro compagno o compagna, può essere molto utile prendervi un giorno a settimana per fare una scorta di sonno. Uno di voi si occuperà dei bambini durante la notte e parte della mattinata seguente, mentre l'altro dorme e fa una scorta di sonno. Ho notato che questo metodo funziona molto bene se uno dei due genitori si incarica del venerdì notte mentre l'altro recupera, per poi scambiarsi i ruoli il sabato sera. Altri genitori utilizzano un metodo simile, ma assegnandosi solo la mattina, dando l'un l'altro l'opportunità di dormire fino a tardi almeno una volta a settimana.

Paradossalmente, molti genitori faticano ad addormentarsi anche se i bambini stanno dormendo. Se questo è il vostro caso, vi suggerisco di prendere in considerazione i seguenti punti:

- Controllate la vostra alimentazione: state consumando troppa caffeina? State assumendo abbastanza magnesio o avete bisogno di integrare?
- Assicuratevi che la camera da letto sia abbastanza fresca: la temperatura ideale per dormire è di 18 °C.
- Rimuovete tutti gli schermi dalla camera da letto: niente televisori, computer, tablet o smartphone.
- Fate attenzione all'illuminazione della camera da letto, sostituendo le lampadine normali con quelle di tonalità rossa per non inibire la melatonina, l'ormone del sonno.
- Provate a seguire un vostro rituale personale prima di andare a dormire: potreste cominciare «scollegandovi» da tutti i dispositivi elettronici due ore prima di andare a dormire, per

poi fare un bagno o una doccia, bere una bevanda calda e infilarvi sotto le coperte con un libro.

Una volta a letto, non concentratevi sul cercare di addormentarvi, bensì sulla sensazione del corpo e della mente che si rilassano. Il sonno arriverà, ma è meno probabile che lo faccia se ci pensate troppo. Secondo la «legge dello sforzo convertito» di Coué, più ci sforziamo di fare qualcosa, più ci riesce difficile. Quindi più ci si concentra sulla difficoltà a prendere sonno, più ci si stressa e diminuiscono le probabilità di dormire. I consigli che trovate nel paragrafo «Cosa fare quando avreste voglia di urlare» (vedi pagina 241) sono davvero utili per rilassarvi e raggiungere lo stato di calma necessario per addormentarvi abbastanza velocemente.

Fare esercizio fisico

Quando vi sentite esausti e bisognosi di risposo, può sembrare controproducente fare esercizio fisico; spesso, però, è proprio ciò di cui avete bisogno. Quando si fa sport, il cervello produce sostanze chimiche positive chiamate endorfine. Le endorfine possono aiutare a ridurre lo stress e la depressione e fungono anche da analgesici e antidolorifici. Dunque, fare sport, e di conseguenza rilasciare endorfine, può aiutarvi a pensare in modo più positivo e a sentirvi più energici, anche se, prima di cominciare, era l'ultima cosa che avreste avuto voglia di fare.

Fare esercizio fisico non vuol dire necessariamente andare in palestra. Camminare è un toccasana per il corpo e per la mente, così come nuotare e danzare. Anche fare giardinaggio è un ottimo modo di fare esercizio fisico e ha anche il vantaggio di incrementare l'assorbimento di vitamina D. Mantenersi attivi può davvero aiutarvi a rimanere calmi e rilassati e anche a fare il pieno di energia.

Cosa fare quando avreste voglia di urlare

Quanto spesso vi capita di urlare contro i vostri figli? Per molti la risposta è: «troppo spesso». Inevitabilmente, genitori che urlano portano a bambini che urlano. I bambini imitano i comportamenti degli altri, quindi se vostro figlio si arrabbia e urla facilmente, vale la pena chiedersi se sia un riflesso del vostro comportamento. Se il vostro capo vi urlasse contro perché avete fatto qualcosa di sbagliato a lavoro, lo stareste ad ascoltare e riflettereste sulle sue ragioni? O chiudereste i canali e ignorereste gran parte di quello che vi sta dicendo? Quest'ultima sarebbe la reazione della maggioranza delle persone. E lo stesso vale per la comunicazione con i vostri figli: più strillate, meno vi ascolteranno. Più strillate, meno comunicheranno con voi per paura della vostra reazione.

Un buon modo di ridurre le urla, oltre a prendervi cura dei vostri bisogni, è preparare un «barattolo degli strilli» da usare per una settimana. Ogni volta che urlate, dovete mettere una monetina nel barattolo (del valore che volete). Alla fine della settimana, contate le monete (potreste rimanere scioccati da quante ce ne saranno) e utilizzate i soldi per comprare qualcosa con il fine di dedicare del tempo a voi stessi: una rivista, un nuovo libro, sali per il bagno o una tavoletta di cioccolata. Cominciate da capo ogni settimana e, se tutto va bene, dovreste notare una graduale diminuzione delle monete, a mano a mano che prendete coscienza del vostro comportamento. Il lato positivo è che nelle settimane in cui avrete più bisogno di prendervi cura di voi, avrete anche più soldi da dedicare a questo scopo.

Un buon modo di ridurre le urla, oltre a prendervi cura dei vostri bisogni, è preparare un «barattolo degli strilli» da usare per una settimana.

Inoltre, pensate a cosa potreste fare invece di urlare. Uno di questi suggerimenti potrebbe fare al caso vostro:

- **Rallentate la respirazione.** Chiudete gli occhi, inspirate profondamente dal naso contando fino a sette ed espirate, sempre dal naso, contando fino a undici.
- **Usate le tecniche di respirazione dello yoga.** Chiudete gli occhi. Posate il pollice destro sulla narice destra e il medio della stessa mano sulla narice sinistra. Ora chiudete la narice destra con il dito e inspirate profondamente. Trattenete il respiro per un secondo, sollevate il pollice, chiudete la narice sinistra con il medio ed espirate attraverso la narice destra. Trattenete il respiro per un secondo e chiudete di nuovo la narice destra inspirando da quella sinistra. Continuate fino a che non vi sentite calmi.
- **Immaginate il vostro paradiso personale.** C'è un posto immerso nella natura che vi fa sentire davvero bene? Una spiaggia, un bosco, una montagna, un lago o una cascata? Chiudete gli occhi e immaginatevi in quel luogo per qualche momento fino a che non vi sentite calmi.
- **Immaginate di abbassare il vostro termostato della rabbia.** Chiudete gli occhi e immaginate di avere un termostato in testa, come uno di quelli che controllano la temperatura di un sistema di riscaldamento centralizzato. Visualizzatevi mentre girate la manopola o premete i bottoni per abbassare il termostato e sentite il vostro corpo che reagisce.
- **Fate qualcosa di inaspettato.** Cantate, saltellate, fate una pernacchia o fischiettate. Usate queste azioni come valvola di sfogo per le vostre emozioni.
- **Create un braccialetto della coscienza.** Indossate un elastico al polso, più stretto che potete. Quando sentite il bisogno

di urlare, pizzicate l'elastico al polso e, mentre lo fate, ripetete mentalmente: «Sono calmo/a, la mia voce è calma».

- **Lasciate la stanza.** Distanziate, letteralmente, le azioni di vostro figlio dalle vostre reazioni. In un certo senso, si tratta di un *time out* per adulti. Non state punendo vostro figlio con la vostra assenza però, piuttosto gli state mostrando rispetto, allontanandovi da una situazione in cui potreste dire o fare qualcosa che non volete. Spiegategli perché ve ne state andando e chiedetegli di lasciarvi un momento per calmarvi. Ditegli che tornerete subito però, non appena vi sarete calmati.
- **Utilizzate un oggetto antistress.** Una palla, un pezzo di pongo antistress, qualsiasi cosa che possiate strizzare tenendola in tasca, può far sì che lo stress esca dal corpo, passando attraverso la mano.

Mindfulness

Il termine *mindfulness* può suonare complicato, o «alternativo», ma in realtà è un concetto scientifico molto semplice. *Mindfulness* vuol dire semplicemente concentrare tutta la vostra attenzione, senza giudizi o pregiudizi, sulle sensazioni del vostro corpo, sulle vostre emozioni e sull'ambiente circostante in un determinato momento. Consiste nel concentrarsi sul momento senza considerare passato o futuro: vivere completamente nel momento presente. Praticare la *mindfulness* vuol dire essere completamente coscienti del proprio essere e dell'ambiente circostante, senza preoccuparsi di cose e persone che si trovano altrove.

Praticare la *mindfulness* vuol dire essere completamente coscienti del proprio essere e dell'ambiente circostante.

I bambini piccoli lo fanno naturalmente, ma, con l'età, perdiamo la concentrazione sulle cose davvero importanti e creiamo ogni sorta di realtà artificiali intorno a noi, basate su cose che potrebbero non succedere mai o su cose che sono già successe e che non abbiamo il potere di cambiare. La *mindfulness* consiste nell'accettare chi siete e il luogo in cui siete in questo momento e prendere atto del fatto che questo è tutto ciò di cui ora avete bisogno. Più vi eserciterete in questa pratica, più la vostra mente sarà calma e il vostro corpo rilassato.

Benché molte delle tecniche di *mindfulness* al giorno d'oggi nascano dagli insegnamenti del Buddismo, la sua pratica non implica necessariamente un sottofondo spirituale o religioso. La *mindfulness* al giorno d'oggi è una pratica accettata dalla comunità scientifica e raccomandata da medici e psicologi in tutto il mondo. È stato dimostrato che contribuisce a risolvere una moltitudine di problemi, da ansia e depressione a malattie della pelle e dell'intestino, oltre a facilitare il sonno, il parto e l'apprendimento e il comportamento dei bambini.

La *mindfulness* al giorno d'oggi è una pratica accettata dalla comunità scientifica e raccomandata da medici e psicologi in tutto il mondo.

Chiunque può imparare e praticare la mindfulness. Ci sono molti corsi e workshop disponibili, ma si può anche imparare facilmente con un libro, un CD o un corso online. La *mindfulness* è forse uno dei modi migliori di ritagliarsi del tempo per sé stessi e anche solo dieci o quindici minuti al giorno possono rivoluzionare il vostro modo di essere genitori.

La rete di supporto

Proprio all'inizio di questo libro, ho menzionato l'importanza di crearvi una rete di supporto attorno. Questo è fondamentale per prendervi cura di voi, quindi se non ne avete una, è il momento di cominciare a costruirla. La vostra rete può essere composta da familiari, amici, organizzazioni di volontariato o, se vi è possibile, personale pagato. Per trovare idee su come formare una rete di supporto, in caso non ne abbiate ancora una (vedi pagine 32-34).

Ecco alcuni suggerimenti per utilizzare la vostra rete di supporto per aiutarvi nel vostro ruolo di genitori gentili:

- Prendete il telefono e chiamate qualcuno, se state passando una brutta giornata. Non dev'essere necessariamente un amico o un parente, può anche essere una linea di supporto telefonico per genitori.
- Chiacchierate online con qualcuno che sta passando attraverso qualcosa di simile, in modo da rendervi conto che non siete da soli.
- Organizzate un incontro con altri bambini e genitori, in modo da intrattenere vostro figlio e avere qualcuno con cui chiacchierare.
- Chiedete a qualcuno nella vostra rete se può tenere vostro figlio per un'ora o due mentre vi ritagliate un po' di tempo per voi.
- Se avete famiglia o amici abbastanza prossimi e bambini che si svegliano regolarmente la notte, chiedete se possono sostituirvi per una notte, in modo da recuperare un po' di sonno.
- Organizzatevi regolarmente con un'altra famiglia per farvi reciprocamente da babysitter.
- Organizzate una grande riunione con amici e altri bambini, all'aria aperta, in modo da non dover riordinare e pulire la casa.

11

Essere genitori gentili in situazioni particolari

I bambini non si ricorderanno di quello che cercate di insegnargli. Si ricorderanno di quello che siete.

Jim Henson, sceneggiatore, regista e marionettista

La genitorialità gentile non è un lusso. I genitori gentili provengono da ogni estrazione sociale. Possono avere uno o più figli. Possono essere genitori adottivi, affidatari o biologici. Possono essere single, separati, in una relazione omo o eterosessuale. La genitorialità gentile non è fatta per un solo tipo di bambini: si adatta a tutti e a tutti i bisogni specifici.

I sette mari non escludono nessuno, né genitori né bambini. L'ethos della genitorialità gentile si basa sull'individualità, quindi sta al genitore adattare i punti alla propria situazione specifica e assicurarsi di prendersi cura di sé a sufficienza per poterli mettere in pratica.

Essere genitori gentili di gemelli

L'idea che per crescere dei gemelli sia necessario applicare orari e rigidi metodi di controllo comportamentale è tanto diffusa quanto errata. Benché essere genitori di gemelli sia senza dubbio un compito più faticoso che avere un solo bambino alla volta, non è impossibile farlo in modo gentile.

Spesso si tende a trattare i gemelli come un bambino solo. Questo è uno degli errori più comuni dei metodi tradizionali per crescere gemelli. Se avete due gemelli, avete due bambini con bisogni molto distinti, allo stesso modo che se aveste due figli nati in momenti diversi. Questo significa che, molto probabilmente, i gemelli avranno bisogno di diverse routine della buonanotte, diversi approcci alla gestione del comportamento, avranno diversi livelli di bisogno di connessione e di distanza e diverse preferenze di cibo, giochi e attività. Anche se può sembrare più facile considerare i gemelli in coppia e creare un orario che valga per entrambi, questo spesso crea più problemi a lungo termine, così come fare paragoni fra i due bambini.

Per rispettare l'individualità e i bisogni specifici dei vostri figli, è necessario che vi prendiate cura di voi stessi a sufficienza e creiate attorno a voi la miglior rete di supporto possibile. Ricevere aiuto di tipo pratico sarebbe ideale, ad esempio una doula post-natale, un aiuto-mamma, o anche qualcuno che faccia le pulizie a casa (una situazione finanziaria sfavorevole non dovrebbe precludervi questo tipo di aiuti, perché esistono molte associazioni di beneficienza che forniscono questi servizi gratuitamente o in cambio di una piccola somma). All'inizio, ad esempio, è probabile che abbiate bisogno di due persone per mettere i bambini a letto la sera; e man mano che crescono, aumenterà anche il loro bisogno di tempo individuale con un genitore, senza la presenza dell'altro gemello, per cui sarà nuovamente necessario un paio di braccia in più.

Anche il supporto emotivo è fondamentale. Incontrarsi con altri genitori di gemelli nella vostra zona attraverso gruppi di supporto locali può essere una salvezza. Anche se il loro modo di essere genitori dovesse differire in modo significativo dal vostro, ci sono comunque moltissimi benefici nel passare del tempo con altri genitori di gemelli. Il senso di condivisione e di reciproca comprensione può aiutare molto ad affrontare le difficoltà e a crescere i vostri figli nel modo che più vi si addice.

> Il senso di condivisione e di reciproca comprensione può aiutare molto ad affrontare le difficoltà.

La pianificazione preparto durante una gravidanza gemellare

Prepararsi per l'arrivo di gemelli è emozionante, ma richiede un po' più di organizzazione e di riflessione di quando si aspetta un solo bambino. Due delle più grandi decisioni da prendere inizialmente riguardano il parto e l'allattamento. In base allo stato di salute e alla posizione dei bambini e delle placente, potrebbe essere perfettamente possibile avere un parto naturale vaginale e persino un parto in acqua o a casa, se è ciò che desiderate, anche se potrebbe non essere quello il percorso suggerito dal vostro medico. Se decideste di volere un parto naturale, probabilmente il miglior investimento che possiate fare è quello di assumere una doula o un'ostetrica specializzata in parti gemellari che vi aiuti ad analizzare tutte le opzioni disponibili.

Per quanto riguarda l'allattamento, è possibile allattare i gemelli esclusivamente al seno e molte mamme possono testimoniarlo. Anche in questo ambito, potreste aver bisogno di un aiuto esterno da parte di un consulente all'allattamento che possa mostrarvi delle posizioni speciali per allattare due bambini allo stesso tempo. Un'altra ottima idea è quella di incontrarvi, prima del parto, con una mamma di gemelli che allatta al seno.

Per i primi mesi, conviene investire in un buon marsupio, o due, e anche dedicare del tempo a una consulenza di babywearing con un esperto. Imparare a portare due gemelli allo stesso tempo può rivelarsi impagabile, soprattutto se si hanno altri figli più grandi. Ci sono molti video online che mostrano diversi tipi di marsupi e fasce, ma in questo caso è davvero meglio farsi guidare dal vivo.

Infine, nel decidere dove far dormire i vostri bambini, considerate le loro sensazioni nell'utero. Oltre a essere sempre in contatto con voi, erano anche sempre in contatto l'uno con l'altro. Per questo motivo, far dormire i bambini insieme nello stesso lettino o nella stessa culla può aiutarli a tranquillizzarsi. Se volete dormire nello stesso letto, ricordatevi di seguire le regole per farlo in modo sicuro (vedi pagina 59) e posizionate un bambino per ogni lato; nessun altro dovrebbe dormire nello stesso letto ed è preferibile dormire su un materasso poggiato a terra per evitare cadute.

Essere genitori gentili dopo un affidamento o un'adozione

Nel mondo dell'assistenza sociale viene data importanza all'attaccamento, benché, spesso, solo a parole. È sulla bocca di tutti, ma molto spesso vengono dati consigli in conflitto con la sua messa in pratica. Un bambino proveniente dalle cure di qualcun altro ha un disperato bisogno di connessione e contenimento, sia attraverso il contatto fisico che con altri mezzi. Ha bisogno che la sua storia venga ascoltata, ma solo quando si sentirà abbastanza al sicuro per raccontarvela. Per questi bambini, l'ethos della genitorialità gentile è forse più importante che per chiunque altro. A meno che non stiate prendendo in affidamento o in adozione un neonato, il che accade molto raramente, il bambino che accoglierete nella vostra casa viene probabilmente da un ambiente in cui ci si prendeva cura di lui in modo tutt'altro che ottimale. E anche nel caso non fosse così, dovrete comunque aiutarlo a riprendersi dal trauma di separarsi dai suoi genitori biologici oppure dal dolore della separazione dai genitori a cui era stato precedentemente affidato.

A causa del dolore, del trauma e, in alcuni casi, dell'aver vissuto in un ambiente carente o abusivo, il bambino potrebbe essere più sensibile o emotivamente immaturo, potrebbe esternare le proprie emozioni in modo violento o interiorizzarle, per poi mostrare segni di ansia o depressione. Questi bambini hanno bisogno di enormi quantità di empatia e pazienza, oltre che di amore incondizionato e senza limiti. È molto importante non etichettare né loro né il loro comportamento come «cattivi». Un'alta percentuale di bambini in affidamento o adozione finisce per avere problemi comportamentali; questi, tuttavia, sono solo un sintomo dei sentimenti forti e difficili che stanno provando e che hanno probabilmente provato molto a lungo. In questi casi, più che mai, le misure di controllo comportamentale convenzionali vanno evitate. Qualsiasi cosa che porti il bambino a interiorizzare e reprimere ulteriormente le sue emozioni, come il time out o le punizioni all'angoletto, può causare danni irreparabili.

Questi bambini hanno bisogno di enormi quantità di empatia e pazienza, oltre che di amore incondizionato e senza limiti.

Allo stesso modo, ignorare i classici consigli, dispensati da moltissime agenzie di affidamento e adozione, di «premiare ed elogiare il più possibile i buoni comportamenti» può aiutare il bambino a costruirsi un po' della motivazione intrinseca di cui ha tanto bisogno e di cui è probabilmente carente nella maggior parte dei casi. Elogi superficiali e ricompense per un buon comportamento suggeriscono al bambino che si merita affetto solo quando si comporta «bene» e che non gli è permesso comportarsi in modo autentico ed esprimere come si sente attraverso parole e azioni. Ciò è invece vitale per i bambini in affidamento o adozione e bisogna evitare qualsiasi cosa possa reprimere questa capacità, come ricompense ed elogi.

Questi bambini hanno bisogno di supporto, di molta coerenza e di un po' di controllo sulla loro vita, finora fuori controllo. Ciò di cui hanno più bisogno in assoluto, però, sono pazienza e comprensione. Non cercate di accelerare la creazione di un legame fra voi: affinché il bambino possa formare un legame, ha bisogno di potersi fidare, e perché cominci a farlo, ha bisogno di sapere che gli volete bene, anche nei momenti in cui è più difficile volergliene. Anzi, è proprio quando si comporta nel modo peggiore che ha più bisogno di amore, attenzione e comprensione.

Se state prendendo in affidamento o adozione neonati o bambini piccoli, la vicinanza fisica può essere di grande aiuto per costruire un legame, per esempio portandoli in fascia, dormendo insieme e praticandogli dei massaggi. Il contatto pelle a pelle e la costante rassicurazione della vostra presenza può aiutarli a lenire le ferite derivanti dall'ansia da separazione e da un attaccamento poco sicuro. Purtroppo, le agenzie di affidamento di solito sconsigliano la pratica del bedsharing, in gran parte per ragioni di tutela dei minori. In questi casi, è importare chiedersi quali siano i bisogni più importanti e chi proteggano davvero queste regole.

I genitori adottivi e affidatari devono considerare anche i propri bisogni: prendersi cura di sé stessi e cercare supporto è fondamentale. Accogliere un bambino nella vostra casa, che sia in modo temporaneo o definitivo, è un compito enorme e può avere un alto costo sia fisico che emotivo. Assicuratevi di avere una buona rete di supporto attorno, che includa anche altri genitori adottivi e affidatari, e concedetevi regolarmente il tempo di riposare e recuperare. Se siete genitori affidatari, dovreste, se possibile, far passare almeno un mese o due fra un affido e l'altro, proprio per questo motivo.

Diventare genitori dopo una cura per la fertilità o una perdita

Dare il benvenuto al vostro primo figlio dopo una lunga battaglia per riuscire a concepire sarà senza dubbio uno dei momenti più belli della vostra vita, se non il più bello. Nel momento in cui terrete il vostro bambino fra le braccia, vi renderete conto che l'attesa è valsa la pena. Molti genitori si adattano facilmente alla transizione, accogliendo ogni giornata in tranquillità, colmi di gratitudine per la fortuna di aver avuto un bambino in salute. Per altri, però, la sensazione di dover essere grati e di dover accettare con gioia la propria fortuna può generare alti livelli di stress e ansia.

Non è raro, per chi diventa genitore dopo una precedente perdita o dopo una cura per l'infertilità, sentirsi in colpa perché si ritrova a provare risentimento nei confronti del bambino o a dover ammettere a sé stesso che non si sta godendo l'esperienza come aveva immaginato. Tutti i genitori si sentono così a un certo punto del loro percorso, ma questi sentimenti possono colpire molto più duramente coloro il cui cammino è stato più lungo o impervio. Conoscendo la sensazione di volere disperatamente un figlio, sentono di non dover mai lamentarsi o ammettere a nessuno che la vita non è il letto di rose che speravano. Se vi trovate in questa situazione, sappiate che i vostri sentimenti sono completamente normali e assolutamente comprensibili. Non siete dei superumani e vostro figlio non viene da una di quelle pubblicità o cartoline irrealistiche in cui i bambini non piangono mai e non hanno mai accessi di rabbia. Siete entrambi reali, così come lo sono le vostre emozioni. Siate clementi con voi stessi e concedetevi di sentire qualunque sentimento abbiate bisogno di sentire; non siete di certo cattive persone se ogni tanto vi capita di chiedervi perché l'avete fatto. Solo perché avete impiegato più tempo per raggiungere l'obiettivo, non vuol dire che dovreste provare più gratitudine degli altri.

Siate clementi con voi stessi e concedetevi di sentire qualunque sentimento abbiate bisogno di sentire

Essere genitori gentili di bambini con bisogni speciali

Se avete un figlio con bisogni educativi speciali (BES), è probabile che vi abbiano raccomandato metodi di controllo comportamentale incentrati sul ricompensare i buoni comportamenti e ignorare il bambino quando fa «il cattivo».

Attualmente, sembra essersi instaurata una preoccupante tendenza a trattare piuttosto duramente i bambini con bisogni speciali. I metodi di controllo comportamentale sono dilaganti, specialmente per quanto riguarda il sonno, nonostante i bambini con bisogni speciali abbiano spesso ancora più difficoltà a dormire a causa del loro livello di sviluppo e delle loro abilità cognitive. Per qualche ragione, tuttavia, molte delle grandi organizzazioni di supporto per genitori di bambini con BES promuovono un'educazione al sonno basata su forme di pianto controllato, ritorno rapido (che consiste nel mettere il bambino nel lettino, lasciare la stanza, ritornare per poco tempo per calmarlo se piange e poi uscire di nuovo dalla stanza e continuare così fino a che il bambino non si addormenti) o di estinzione graduale del pianto. Tutto ciò viene raccomandato nonostante tali metodi siano in contrasto con i bisogni e le abilità di questi bambini.

Invece di aiutare i genitori a comprendere i processi psicologici e biologici sottostanti il comportamento del proprio figlio, che dovrebbe essere di primaria importanza, i consigli riguardanti la disciplina includono spesso l'uso di punizioni all'angoletto, time out e abbondanza di elogi e ricompense quando il bambino «fa il bravo». La motivazione estrinseca viene incoraggiata, a discapito della motivazione intrinseca del bambino, spesso ignorando le sue capacità neurologiche. Per esempio, alcuni bambini con bisogni speciali potrebbero avere più difficoltà ad acquisire la teoria della mente (vedi pagina 131), ma questo non vuol dire che non svilupperanno mai un comportamento socievole, è solo improbabile che vengano incoraggiati a farlo subendo punizioni per il loro comportamento antisociale. Il miglior modo di aiutare un bambino con BES a sviluppare un comportamento sociale appropriato è lo stesso da utilizzare con tutti gli altri bambini, ovvero costituire un esempio di rispetto ed empatia. Inevitabilmente, questo vuol dire azzerare le aspettative riguardo le abilità del bambino e ridurre il desiderio di educare e controllare. Certamente, anche in questo caso, avrete bisogno di una rete di supporto incredibilmente stabile, che includa in particolare altri genitori di bambini con BES, e di prendervi molta cura di voi stessi.

Un genitore single può essere un genitore gentile?

La genitorialità gentile non è un dominio esclusivo di famiglie con due genitori. Niente nei sette mari suggerisce che siano necessari due genitori. Crescere i figli con compassione, rispetto ed empatia può essere fatto anche da una sola persona ed è molto meglio un approccio coerente da parte di un solo genitore che due approcci contrastanti. La coerenza del messaggio che il bambino riceve in questo modo può avere un impatto davvero positivo. Non concordo neanche con il fatto che i bambini abbiano bisogno di cose diverse dalla figura materna e da quella paterna. Una madre è perfettamente in grado di giocare alla lotta, fare attività sportive e sostenere conversazioni in merito, così come un padre è perfettamente in grado di fornire contatto emotivo, chiacchierate e coccole; la visione stereotipata della genitorialità che suggerisce altrimenti è deleteria per tutti. Il punto è semplicemente essere attenti ai bisogni del bambino.

Chiaramente, quest'attenzione richiede una grande quantità di cura per sé stessi, così come una solida rete di supporto (ci sono buone organizzazioni di supporto per genitori single). Fate in modo di ritagliarvi del tempo per voi stessi. Potrebbe trattarsi di organizzare regolarmente una serata con gli amici, passare una giornata a fare un'attività che vi piace una o due volte al mese o lasciare vostro figlio con amici o familiari un weekend una volta ogni tanto, per fare il pieno di cose che vi fanno stare bene. Tutti i genitori devono fare

> Tutti i genitori devono fare attenzione a prendersi cura di sé stessi, ma è doppiamente importante farlo se siete da soli a prendervi cura di vostro figlio.

attenzione a prendersi cura di sé stessi, ma è doppiamente importante farlo se siete da soli a prendervi cura di vostro figlio.

Se siete genitori single, qualunque sia il vostro genere, è importante analizzare il vostro modo di essere con vostro figlio e provare a individuare eventuali lacune che potrebbero essere colmate da altre persone. Per esempio, se vi risulta difficile fare giochi scalmanati con vostro figlio, potrebbe valere la pena trovare un amico o un parente a cui viene più naturale, piuttosto che sforzarvi di essere qualcosa che non siete. Se non siete grandi amanti della natura e rabbrividite dall'orrore al pensiero di giocare con il fango, saltare nelle pozzanghere o arrampicarvi sugli alberi, è una buona idea trovare un amico o un parente che possa assicurare a vostro figlio, nel caso lo desideri, di fare il pieno di queste attività.

Ricordatevi che non è facile per nessun genitore essere tutto ciò di cui un bambino ha bisogno; non è una mancanza da parte vostra, siete esseri umani, quindi non colpevolizzatevi se avete necessità di cercare all'esterno qualche elemento in più per crescere vostro figlio.

Quando i genitori sono divorziati o separati

Una separazione può essere incredibilmente difficile per un bambino, anche molto tempo dopo che sia avvenuta; tuttavia, vivere in una casa con dei genitori sempre in lotta può essere ancora più difficile. Forse la peggiore decisione che dei genitori possano prendere è quella di restare insieme per il bene dei loro figli anche quando la loro relazione è finita per sempre. Per chi non è ancora in questa fase, intraprendere una terapia di coppia può costituire un passo molto positivo (e può essere molto utile anche durante una separazione). Se però la vostra relazione è compromessa, è di gran lunga meglio per vostro figlio avere due genitori felici che vivono separati piuttosto che due genitori infelici che vivono assieme.

Come dire a un bambino che vi state separando

Idealmente, la notizia dovrebbe essere data da entrambi i genitori allo stesso tempo, ma se la loro relazione si è conclusa in modo tale che i genitori non riescano a essere amichevoli l'uno con l'altro, è meglio che il bambino riceva la notizia soltanto da uno di loro.

Cercate di parlare ai vostri figli della decisione di separarvi in un venerdì pomeriggio, o un sabato, quando tutta la famiglia è a casa per il weekend, ma non il giorno prima di un evento o di un'attività pianificata. Cercate di usare parole semplici e rimanete neutrali parlando del vostro compagno o compagna, indipendentemente dai sentimenti che provate nei suoi confronti. Rassicurate vostro figlio che, anche se non volete più vivere insieme, non è colpa di nessuno, soprattutto non è sua, e sottolineate il fatto che entrambi gli volete bene così come avete sempre fatto.

Rassicurate vostro figlio che, anche se non volete più vivere insieme, non è colpa di nessuno, soprattutto non è sua.

Dopodiché, preparatevi a rispondere a tutte le sue domande: alcune potrebbero essere imbarazzanti e potreste non aver voglia di affrontare certi argomenti, ma dovreste essere pronti a rispondere a tutto onestamente.

Ripetetegli che sarete sempre a disposizione per rispondere alle sue domande e suggeritegli che, se ci sono domande che non vuole farvi sul momento, può scriverle in un quaderno speciale o su un foglio di carta e imbucarle in una «scatola delle preoccupazioni» (una vecchia scatola di scarpe con una fessura ritagliata), che lascerete in un posto speciale e che controllerete regolarmente.

Ci sono molti ottimi libri e risorse per aiutare i bambini a superare la separazione dei genitori e sarebbe bene offrire qualcosa al bambino a cui possa fare riferimento quando vorrà. Soprattutto, però, accettate qualsiasi sua reazione e siate pronti a confortarlo in qualunque modo ne abbia bisogno. Spesso si verifica una regressione nel comportamento, anche nella relazione con il cibo e il sonno, quindi preparatevi in anticipo e, se vostro figlio va a scuola o all'asilo, avvisate il personale del cambiamento nella vostra situazione familiare, in modo che possa aiutarlo.

Andare avanti

Se uno dei due genitori ha un nuovo compagno o compagna, è raccomandabile aspettare il più possibile prima di farlo/a conoscere al bambino. È importante che non veda questa nuova persona come la causa della rottura avvenuta della sua famiglia, cosa che potrebbe accadere se si facessero le presentazioni troppo presto. È preferibile lasciar passare sei mesi fra la separazione e la presentazione del nuovo compagno o compagna. E anche allora, fateli entrare nella vita del bambino rispettando i suoi tempi. Soppesate le sue reazioni e fate le cose con la calma necessaria, anche se il vostro desiderio è che le cose progrediscano più velocemente. Questo vale soprattutto nel caso si stiano presentando al bambino anche gli eventuali figli del nuovo compagno o compagna.

Cercate di rimanere neutrali nei confronti della nuova relazione del vostro ex o della vostra ex di fronte a vostro figlio.

Se siete negativi rispetto alla nuova persona nella vita dell'altro genitore, il bambino potrebbe reagire negativamente nei suoi confronti per compiacervi, il che, in fin dei conti, non sarebbe un vantaggio per nessuno. Questa nuova persona potrebbe rimanere nella vita di vostro figlio per molto a lungo e, che vi piaccia o no, è di gran lunga meglio che abbiano un buon rapporto.

Molti bambini con genitori separati traggono enormi benefici da un percorso terapeutico, anche se non dovessero mostrare segni particolari di stress. Parlare con qualcuno di imparziale senza preoccuparsi di rattristarlo o farlo arrabbiare può aiutarli a elaborare i propri sentimenti molto più velocemente e questo è cruciale per andare avanti. E non sono solo i bambini a trarre benefici dall'aiuto di un professionista: spesso anche per i genitori avere qualcuno che li ascolti in modo neutrale è un supporto preziosissimo.

Dal punto di vista della genitorialità gentile, la cosa più importante da tenere a mente è che tutte le decisioni devono essere prese rispettando vostro figlio oltre che voi stessi. Questo spesso implica che i genitori debbano riconsiderare le proprie aspettative in termini di affidamento e visite. Un buon esempio è una coppia recentemente separata, il cui bambino è allattato al seno. In questo caso, far stare il bambino lontano dalla madre durante la notte è inappropriato e irrispettoso dei bisogni del bambino. Forzare la separazione di una coppia così ben connessa non è il meglio per il bambino. Ci saranno molti anni a venire in cui il bambino potrà passare la notte a casa

La cosa più importante da tenere a mente è che tutte le decisioni devono essere prese rispettando vostro figlio oltre che voi stessi.

del papà, ma non è questo il momento. Per i bambini piccoli, quindi, si potrebbe decidere che la madre si occupi del bambino per gran parte del tempo e che il padre, inizialmente, l'abbia in affidamento soltanto di giorno, fino a quando sia più grande e in grado di passare del tempo lontano dalla sua figura di attaccamento primaria. Questo potrebbe non essere in linea con i desideri del padre, ma fare la scelta migliore per il bambino è sicuramente il miglior modo di gestire la situazione e creerà i presupposti per un futuro rapporto positivo con entrambi i genitori.

La comunicazione fra genitori separati è vitale. Anche nel caso proviate tutt'altro che rispetto nei confronti dell'altro genitore, è necessario comunque trasmettere rispetto, soprattutto in presenza di vostro figlio, tenendo a mente che i bambini imparano dal nostro esempio e non dalle nostre parole. Anche se doveste essere arrabbiati con l'altro genitore, è fondamentale che vostro figlio non lo capisca e non si senta insicuro all'interno del loro rapporto di conseguenza. Una terapia familiare durante e dopo la separazione, anche se questa si stesse svolgendo con relativa semplicità, è un'ottima idea per prevenire l'interruzione della comunicazione e le conseguenze negative per i bambini.

Anche se doveste essere arrabbiati con l'altro genitore, è fondamentale che vostro figlio non lo capisca e non si senta insicuro all'interno del loro rapporto di conseguenza.

Infine, ancora una volta, è importante prendersi cura di sé. È essenziale avere a disposizione un contenitore per le forti emozioni che proverete durante e dopo la separazione, in modo da rimanere emotivamente calmi e presenti per vostro figlio.

Assicuratevi di ritagliarvi abbastanza spazio mentale per riflettere ed esplorare le vostre emozioni e anche per prendervi cura del vostro corpo. La fine di una relazione è dura anche senza bambini; con dei bambini, può essere spossante e, se non si tiene sotto controllo, questo spossamento può facilmente riflettersi nel vostro modo di essere genitori, proprio in un momento in cui vostro figlio è già molto fragile e bisognoso della vostra comprensione.

Qualche parola finale

Ho cominciato questo libro con le parole dell'antropologa Margaret Mead:

> *Non dubitare mai che un gruppetto di cittadini coscienti e risoluti sia in grado di cambiare il mondo. In verità, è così che da sempre avviene ogni cambiamento.*

Questa è una delle mie citazioni preferite, in parte perché mi spinge a voler essere migliore e ad agire in modo migliore, dandomi la consapevolezza di poter fare la differenza. È una frase che mi stimola, anche solo per il fatto che credo sia vera. Nel corso della storia, i grandi cambiamenti, positivi o meno, sono quasi sempre stati generati da piccoli ma determinati gruppi di individui.

Non pensate mai che i vostri sforzi non possano fare la differenza: possono farla e la faranno, non solo per i vostri figli, ma anche per i figli dei vostri figli, per i loro nipoti e anche per tutte le persone con cui entreranno in contatto. Se la vedete sotto quest'ottica, capirete quanto l'empatia possa diffondersi velocemente e quanto gli sforzi di una sola famiglia abbiano il potenziale di cambiare le vite di migliaia di persone. Il mondo attuale ha un disperato bisogno di un cambiamento sociale. Immaginate un mondo in cui la maggior parte dei bambini venga educata in modo più gentile. Ecco, qui e ora, abbiamo quest'opportunità. Il futuro è nelle mani dei nostri figli e del modo in cui li educhiamo.

In una scala meno globale, il modo in cui crescete vostro figlio avrà conseguenze anche sul vostro futuro. Vi ricordate il vecchio modo di dire: «verrà il giorno in cui vostro figlio sceglierà la vostra casa di risposo»? Se trattate vostro figlio con empatia, è probabile che vi restituisca il favore negli anni a venire. Ma anche prima di quel momento, è molto più probabile che un bambino educato da genitori gentili sia gentile, premuroso e abbia uno stretto rapporto con voi durante la crescita. È proprio vero che i semi che piantate ora determinano il raccolto che otterrete durante gli anni della preadolescenza e dell'adolescenza.

Non mi rimane altro che augurarvi buona fortuna per il vostro viaggio, che sia un salterello da un'isola all'altra o una spedizione verso terre lontane. Tenete sempre in mente i sette mari e, se in qualsiasi momento doveste mettere in discussione l'efficacia dei vostri sforzi, ricordatevi che la cosa più importante è la vostra famiglia, non le opinioni né tantomeno le critiche degli altri. Non lasciate che la loro dissonanza eroda la vostra fiducia. Siate clementi con voi stessi, soprattutto quando sentite di meritarlo di meno, perché sarà proprio in quei momenti che avrete più bisogno di comprensione. Create una rete di supporto che vi sostenga, in modo da poter sostenere vostro figlio.

E infine, ricordatevi che i genitori migliori non sono perfetti, sono «sufficientemente buoni» e ho la sensazione che, se avete scelto di leggere questo libro, lo siete già, più che a sufficienza.

Bon voyage!

Ringraziamenti

Questo libro è dedicato alle mie più vecchie amiche, nonché socie di Gentle Parenting Ltd: Kate e Lorraine. Ai tempi in cui eravamo undicenni ridacchianti, chi l'avrebbe mai detto che avremmo studiato in campi così simili, lavorato insieme e avuto dieci figli (in tutto)?

Come sempre, sono grata a tutti i genitori che mi hanno aiutato a scrivere questo libro, condividendo le loro storie, rispondendo alle mie infinite domande e suggerendomi le informazioni che avrebbero voluto vedere incluse. Grazie a tutti per l'incrollabile supporto che date alla genitorialità gentile e al mio lavoro.

Vorrei anche ringraziare tutto lo staff di Piatkus ed Eve White Literary Agency per aver portato alla luce questo libro, nello specifico Anne, Jillian, Eve, Jack e Kitty.

E infine, ma non certo in ordine di importanza, grazie alla mia famiglia per avermi dato l'ispirazione necessaria per fare quello che faccio.

Bibliografia

Bennett Sara e Kalish Nancy, *The Case Against Homework: How Homework Is Hurting Our Children and What We Can Do About It*, Three Rivers Press, 2007

Davis Angela, «Experts and childcare "bibles": mothers and advice literature», in *Modern Motherhood*, Manchester University Press, 2014

King Truby, *Feeding and Care of Baby*, 1913

Lawrence R.A. e Lawrence R.M., *Breastfeeding: A Guide for the Medical Profession, Elsevier*, settima edizione, 2011

Leach Penelope, *Come allevare il bambino dalla nascita ai 6 anni*, Mondadori, 1998

Louv Richard, *L'ultimo bambino nei boschi. Come riavvicinare i nostri figli alla natura*, Rizzoli, 2006

Rapley Gill e Murkett Tracey, *Baby-led Weaning: Helping Your Baby to Love Good Food*, Vermilion, 2008

Shore Rima, *Rethinking the Brain: New Insights into Early Development*, Families and Work Institute, 1997

Spock Benjamin, *Il bambino. Come si cura e come si alleva*, Longanesi, 1975

Stern Daniel, *La costellazione materna. Il trattamento psicoterapeutico della coppia madre-bambino*, Bollati Boringhieri, 2007

Watson John Broadus, *Psychological Care of Infant and Child*, W. W. Norton & Company, 1928

Nota sull'autrice

Sarah Ockwell-Smith è madre di quattro figli. È laureata in psicologia e ha lavorato per molti anni nel campo della ricerca e sviluppo farmaceutici. Dopo la nascita del suo primogenito, Sarah ha intrapreso un nuovo percorso di formazione come pediatra omeopata, insegnante di corsi preparto e doula per il sostegno al parto e al postparto. Si è inoltre formata in massaggio per neonati, ipnoterapia e psicoterapia. Sarah è specializzata in metodi di genitorialità gentile ed è la co-fondatrice del sito web inglese sulla genitorialità gentile *www.gentleparenting.co.uk.* Sarah gestisce un blog per genitori (*www.sarahockwell-smith.com*), letto da tre milioni di genitori all'anno, ed è l'autrice dei libri *BabyCalm (Neonati calmi)*, *ToddlerCalm (Bambini calmi)* e *The Gentle Sleep Book (Il libro del sonno gentile).* Scrive di frequente per riviste e giornali ed è spesso invitata in televisione e radio nazionali in qualità di esperta sulla genitorialità.

Indice

Introduzione. Cos'è la genitorialità gentile? 5

1. I sette mari 19
2. Si comincia da subito: dal pancione al parto 30
3. Il quarto trimestre: da zero a tre mesi 56
4. Il bambino dai tre ai sei mesi 81
5. Il bambino dai sei ai dodici mesi 93
6. Il bambino da uno a quattro anni 124
7. Crescere: dai quattro ai sette anni 177
8. La transizione da genitori tradizionali a genitori gentili 212
9. Che risultati aspettarsi 226
10. Prendersi cura dei propri bisogni 234
11. Essere genitori gentili in situazioni particolari 246

Qualche parola finale 262
Ringraziamenti 265
Bibliografia 267
Note sull'autrice 269